高等院校特色规划教材

企业法律实务

宋玉霞 郑 翔 编著

石油工业出版社

内容提要

本书以企业生命周期中所涉及的相关法律为出发点，系统阐述了企业主体资格确立、企业设立、公司章程制定、股东资格确立、股权转让、公司治理、公司法人人格否认、公司变更、企业清算和企业破产等环节的法律实务。本书将相应的企业基本理论、基本原理和基本制度穿插到法律法规、司法文件、裁判文书、典型案例中，以实务研究为基本导向，从而使本书具有较强的可操作性。

本书可作为高等院校法律专业本科生和研究生教材，也可供法官、律师、企业法务人员、企业管理人员、投融资机构工作人员等作为实务操作的指引。

图书在版编目（CIP）数据

企业法律实务 / 宋玉霞，郑翔编著. —北京：石油工业出版社，2023.12
高等院校特色规划教材
ISBN 978-7-5183-6468-8

Ⅰ.①企… Ⅱ.①宋… ②郑… Ⅲ.①企业法–中国–高等学校–教材
Ⅳ.①D922.291.91

中国国家版本馆CIP数据核字（2023）第238131号

出版发行：石油工业出版社
（北京市朝阳区安华里二区 1 号楼 100011）
网　　址：www.petropub.com
编 辑 部：(010) 64523697
图书营销中心：(010) 64523633
经　　销：全国新华书店
排　　版：北京嘉美和数字传媒科技有限公司
印　　刷：北京中石油彩色印刷有限责任公司

2023年12月第1版　　2023年12月第1次印刷
787毫米×1092毫米　开本：1/16　印张：13
字数：290千字

定价：36.00元
（如发现印装质量问题，我社图书营销中心负责调换）
版权所有，翻印必究

前 言

研究企业法律实务，首先应当明确法律事务和法律实务之间的不同。"法律事务"是指与法律相关的事务；"法律实务"是指从事法律工作的人员（如律师、法官等）的实践活动、实战经验，包括律师实务、外贸法律事务、债券法律实务等。企业法律实务研究的是企业在设立、运行和终止的整个生命周期的关键节点所涉及的法律问题与问题的解决。因企业的主要组织形式为公司，商事纠纷多集中于公司类纠纷，故而本书主要集中于公司类法律实务相关问题，研究的范围跨越公司生命周期中主体资格确立、设立、公司章程制定、股东资格确立、股权转让、公司治理、公司法人人格否认、变更、清算和破产等。

本教材是一本实用技能教科书，其编写的目的：一方面是使读者能够按图索骥，直接对照教材处理公司法律实务问题，培养读者操作公司业务的基本技能；另一方面是使读者能够以法律工作者的视角来发现、分析、解决公司在其设立、运行、交易、诉讼和终止中的各类法律问题。本教材在编写过程中将以实务研究为基本导向，在实务分析中贯穿企业基本理论、基本原理和基本制度，突破理论和实务之间的罅隙，全面培养读者的理论素养和实务能力。

本教材共十一章，每一章的展开遵循理论和实务两个部分（除第三章外）。其中第一章、第二章、第三章和第四章是关于企业设立过程中所涉及的法律问题，主要包括企业主体资格、企业如何设立、公司章程和股东资格确立。第五章、第六章、第七章、第八章和第九章是关于公司运行过程中所涉及的法律问题，主要包括股权转让、公司决议瑕疵、公司法人人格否认、公司治理和公司变更。第十章和第十一章是关于企业常态和非常态退出市场过程中所涉及的法律问题，主要包括企业清算和企业破产。为行文方便，无特别说明，本教材所列法律法规均为简称，如《中华人民共和国公司法》简称《公司法》，《中华人民共和国民法典》简称《民法典》等。

本教材由西南石油大学法学院组织编写，由宋玉霞、郑翔编著。具体编写分工如下：第一章至第五章（约15万字）由宋玉霞编写；第六章至第十一章（约14万字）由郑翔编写。

本教材获"西南石油大学研究生教材建设项目"资助，编写过程中，得到了西南石油大学法学院和研究生院的领导的大力支持，在此一并感谢。

由于编著者水平有限，书中难免存在错误之处，请读者批评指正。

编著者

2023 年 10 月

目 录

第一章　企业主体资格 ··· 1
　第一节　企业主体资格基本理论 ··· 1
　第二节　企业主体资格实务 ·· 10

第二章　企业设立 ·· 18
　第一节　企业设立基本理论 ·· 18
　第二节　企业设立实务 ·· 37

第三章　公司章程 ·· 45
　第一节　公司章程基本理论 ·· 45
　第二节　公司章程可自由约定的事项 ···································· 59

第四章　股东资格 ·· 70
　第一节　股东资格基本理论 ·· 70
　第二节　股东资格纠纷实务 ·· 81

第五章　股权转让 ·· 89
　第一节　股权转让基本理论 ·· 89
　第二节　股权转让纠纷实务 ·· 98

第六章　公司决议瑕疵 ·· 110
　第一节　公司决议瑕疵基本理论 ·· 110
　第二节　公司决议瑕疵实务 ·· 114

第七章　公司法人人格否认 ·· 119
　第一节　公司法人人格否认基本理论 ···································· 119
　第二节　公司法人人格否认实务 ·· 122

i

第八章 公司治理 ······ 132
第一节 公司治理基本理论 ······ 132
第二节 公司治理实务 ······ 144

第九章 公司变更 ······ 152
第一节 公司变更基本理论 ······ 152
第二节 公司变更实务 ······ 158

第十章 企业清算 ······ 165
第一节 企业清算基本理论 ······ 165
第二节 企业清算纠纷实务 ······ 174

第十一章 企业破产 ······ 180
第一节 企业破产基本理论 ······ 180
第二节 企业破产实务 ······ 188

参考文献 ······ 199

第一章 企业主体资格

第一节 企业主体资格基本理论

一、企业的概念和特征

(一) 企业的概念

企业作为市场经济的主要参与者,界定其定义对市场经济的发展具有重要意义。传统观点认为,企业是指从事生产、流通、服务等经济活动,以及产品或劳务,以满足社会需要,并以获取盈利为目的,依法设立,实行自主经营、自负盈亏的经济组织,是社会经济的基本单位。现代经济学理论认为,企业本质上是"一种资源配置的机制",其能够实现整个社会经济资源的优化配置,降低整个社会的"交易成本"。企业一般是指以盈利为目的,运用各种生产要素(土地、劳动力、资本、技术和企业家才能等),向市场提供商品或服务,实行自主经营、自负盈亏、独立核算的法人或其他社会经济组织。企业是市场交易费用节约的产物,即企业作为生产的一种组织形式,在一定程度上是对市场机制的一种替代,而企业作为一种组织形式,大大减少了需要签订的契约数量,可以大量节约交易费用。

(二) 企业的特征

1. 营利性

企业所从事的活动主要是经济活动,即根据市场经济的规律专门从事生产、销售以及提供营利性的服务,以满足人类在物质文化生活方面的需求。一般企业经营的目的是营利,实现企业利润效益,当然,也有个别的政策性和公益性企业经营的目的不单纯是满足企业效益,更重要的是实现社会公共利益。是否从事经营性的经济活动这一特征,是企业与从事社会活动的国家机关、事业单位、社会团体之间最主要的区别。

2. 组织性

企业是一个经济实体,所谓经济实体,是指企业具有自己的名称,占据一定的营业地点,有相对独立或者能够独立支配的财产,并由有相应的组织机构组成的一种组织形态。企业需要汇集人力和物力,诸如劳动力、技术、资金、设备、管理等生产要素,形成一定的经济实体,从而开展经营活动,这种经营行为不是一次性的或瞬间的生产经营或服务活动,而是长期的、可持续的。企业这一特征将企业与非组织的公民个人、个体工商户区分开来。

3. 独立性

企业具有独立或相对独立的法律人格。独立或者相对独立的法律人格,是指企业的法律地位。企业依据其不同的组织形式,具有不同的法律地位。需要说明的是,企业并非都具有法人资格,企业可分为法人企业和非法人企业,两类企业都享有法律所赋予的主体资格,能够开展经营活动。不同的是,法人企业享有独立的法律人格,而非法人企业不具有独立的法律人格。

二、企业的法律形式

(一) 企业法律形式的概念

企业的法律形式,主要由企业法律地位、组织机构、经营方式和责任形式等组成。科学规范的法律形式,是企业从事经营活动的前提。企业法律形式是指企业在法律上的类别状态,它是企业形式法定化的结果,更是企业依法规定的标准和条件所形成的组织形式,具有法律调整意义。它将企业这个内涵丰富的经济学概念转化为相应的法律界定形式,用一般的法律抽象对企业作出分类。

把握企业法律形式含义的重要问题在于区别企业的法律形式与企业的经济形态,尽管两者有密切的联系,但性质不同。企业的经济形态是指企业在经济活动中的存在形式,有什么样的经济活动或经济生活,企业就有什么样的存在形式。经济活动按内容划分,分为工业、农业、商业、交通运输等行业,相应地就有工业企业、农业企业、商业企业和交通运输企业的企业形态;经济活动按经营方式分为生产、批发与零售,相应地就有生产企业、批发企业与零售企业等企业形态;经营活动的规模不同,相应地就有巨型企业、大型企业、中型企业和小型企业等企业形态;经营活动还有地域范围的区别,相应地可以将企业分为全国性企业和地方性企业、本国企业和跨国企业等企业形态。

企业的经济形式随企业经营活动的侧面和层次的展开而有所不同,这些形式对于从不同角度观察和研究企业的经济学、经济管理学、会计学、统计学、行政管理学等学科来说,具有十分重要的意义。

(二) 企业法律形式的分类

1. 企业法律形式的学理分类

企业的法律形式一般是由企业的出资方式、财产关系、责任承担方式及其他与之相适应的组织形式构成。由于法律形式是在不同的生产方式和所有制状况,以及在某一国家或地区特定的商业和法律习惯的基础上形成,因此不同国家或地区存在不同的企业法律形式。就算是在同一国家或地区,由于历史时期的不同,其企业法律形式也存在着差异。尽管如此，企业法律形式也不外乎独资、合伙、公司这三种形式。

（1）独资企业，即自然人企业或个人企业，是最原始、最普遍、最简单的一种非法人企业。换而言之，仅一人出资经营，出资者即为企业业主，对企业的财产、业务等重大事项有独立、排他的控制权，且对企业债务承担无限责任。这种企业的优点在于可以避免合资经营中的相互牵制，企业业主可以最大限度地按照自己的意志去经营，收益归个人，自由程度大，实用性强。按照法律人格理论，民事主体人格分为自然人人格和法人人格，独资企业是典型的非法人企业，不具有独立的法人人格，即不具有法人地位。因此，独资企业是以独资企业主的个人人格或主体身份进行民事或商事活动的，实质上是自然人从事商业经营活动的一种组织形式。

（2）合伙企业，指两个或两个以上的合伙人依照法律和合伙协议共同出资、共同经营、共享收益、共担风险，并对合伙企业所产生的债务承担无限连带责任的非法人企业。合伙企业的类型因划分标准的差异而存在不同：按照合伙人对合伙企业承担的责任有无限额的标准，可以将合伙企业划分为普通合伙企业和有限合伙企业；按照合伙企业是否具有法人合伙人的标准，合伙企业分为个人合伙企业与法人合伙企业。创建合伙企业作为最古老的集资方式之一，迄今为止已经有几百年的历史，合伙企业也成为现代公司的雏形。

（3）公司，是以营利为目的，根据本国公司法创立并登记成立的企业。股东按其出资比例获得利润，并以其出资额为限承担有限责任，这是当今世界最流行的一种企业组织形式。公司具有法人资格，因此，享有独立的法律人格，从而把公司的财产与投资者的财产区分开来，公司以其全部财产对外承担债务责任，公司享有独立支配其财产的权利。依据不同的标准可以将公司分为以下几类：以资本结构和股东对债务承担责任的方式为标准，公司分为有限责任公司、股份有限公司、无限公司、两合公司、股份两合公司；以公司的信用基础为标准，公司分为资合公司、人合公司、人合兼资合的公司；以公司的组织关系为标准，公司分为母公司和子公司、关联公司、总公司和分公司；以公司的股本来源和性质为标准，公司分为国有公司、集体所有制公司、私营公司、外商投资公司。

2. 我国现行企业法律形式的分类

目前我国的企业形式可以分为普通企业形式和特殊企业形式。普通企业形式是指按产权形式、责任形式和管理形式划分的具有不同法律地位的企业形式，其反映了企业自身的发展规律，可以概括所有的企业类型；特殊企业形式是基于特殊立法目的，分别依据某种特殊标准划分的企业形式，往往是与特殊经济发展阶段或国家特殊的经济政策等基本国情相关联的。在我国目前的经济形势下，普通企业形式和特殊企业形式并存，各自发挥着优势。

依据产权形式、责任形式、管理形式可将普通企业法律形式分为个人独资企业、合伙企业和公司三种，这三种企业形式在我国企业形式中占主导地位。

第一类，个人独资企业，指依照我国《个人独资企业法》在中国境内设立，由一个自然人单独出资并经营的企业。它不具有法人资格，法律也未对它规定最低注册资本，个人独资企业的资产由投资者个人所有，并对企业的债务承担无限责任。

第二类，合伙企业，指依照我国《合伙企业法》在中国境内设立的，由多个合伙人订立合伙协议、共同出资、合伙经营、共享收益、共担风险，并对合伙企业债务承担无限连带责任的营利性组织。合伙企业在我国主要包括普通合伙企业和有限合伙企业。普通合伙企业是指由普通合伙人组成，合伙人对合伙企业承担无限连带责任的企业；有限合伙企业是指由一个或一个以上有限合伙人与普通合伙人共同组建的合伙企业，其中普通合伙人对有限合伙企业债务承担无限连带责任，有限合伙人以其认缴的出资额为限对有限合伙企业债务承担责任。此外，我国《合伙企业法》新增了一种合伙形式，即特殊的普通合伙企业，一般说来，这类企业是指以专业知识和专门技能为客户提供有偿服务的机构，如律师事务所、会计师事务所、医师事务所等。

第三类，公司，指依据我国《公司法》设立的，股东以其认缴的出资额或认购的股份为限对公司债务承担责任，公司以其全部财产对公司的债务承担责任的企业法人。我国《公司法》规定的公司包括有限责任公司和股份有限公司，有限责任公司又可以分为普通有限责任公司和一人有限责任公司，普通有限责任公司是指由两个以上的股东共同出资，每个股东以其认缴的出资额为限对企业承担有限责任，公司以其全部资产对其债务承担责任的企业法人；一人有限责任公司依据投资人的不同还可以进一步划分为自然人、法人创办的有限责任公司和国家单独出资、由国务院或者地方人民政府授权本级人民政府国有资产监督管理机构履行出资人职责的国有独资有限责任公司。股份有限公司是指公司全部资本由等额股份构成，并通过发行股票筹集资本，股东以其所认购的股份为限对公司债务承担责任，公司以其全部资产对公司债务承担责任的企业法人。依设立标准的不同，又可以将股份有限公司分为发起设立的股份有限公司和募集设立的股份有限公司。

在我国，特殊企业法律形式主要包括国有企业、集体企业和外商投资企业。国有企业是中央或地方政府对其施加支配性影响的企业，它在我国具有特定的含义，是指在计划经济时期或非计划经济时期设立，或者虽于改革开放后设立，但主要适用《全民所有制企业法》，而非适用《公司法》、"三资"企业法等，仍然属于"旧体制内"的企业。集体企业是指财产属于劳动群众集体所有，实行共同劳动，在分配方式上以按劳分配为主体的社会经济组织，主要分为城镇集体企业和乡村集体企业两大类。外商投资企业是指全部或部分由境外投资者投资，依中国法律在中国境内设立的企业，主要包括外商投资、中外合资、中外合作三种企业形式，我国加入世贸组织之后，按照"国民待遇原则"，这类企业也逐步纳入《公司法》及《合伙企业法》的调整范围之中。

（三）企业法律形式的选择

创业伊始，创业者不但需要了解我国现有的企业组织形式有哪些，更应当了解每一种组织形式的优劣，从而选择一种最合适的企业组织形式。通常来说，选择组织形式需要考虑以下因素：

（1）拟投资的行业。对于一些特殊的行业，法律规定只能采用特殊的组织形式，如律师事务所只能采用合伙形式，而不能采用公司形式，银行、保险等行业只能采用公司制。因此，拟投资的行业是企业选择组织形式的首要考虑因素。对于法律强制性规定的行业，只能按照法律的要求选择组织形式。近来非常热门的私募股权基金，法律规定只能选择公司制和合伙制，实务中大多私募股权基金选择了有限合伙制的组织形式。

（2）创业者的风险承担能力。创业者自身的风险承担能力是创业者必须考虑的因素之一。企业组织形式与创业者日后承担的风险息息相关。公司制企业股东仅以出资额为限承担责任，普通合伙制企业投资人、个人独资企业投资人都要承担无限责任。选择后两种企业组织形式，创业者要承担较大风险。

（3）税务因素。由于不同的企业组织所缴纳的税不同，因此选择企业组织形式时必须考虑税负问题。根据我国法律规定，个人独资企业和合伙企业的生产经营所得计征个人所得税，而公司制企业既要缴纳企业所得税，又要在向股东分配利润时为股东代扣代缴个人所得税。因此从税负筹划的角度，选择个人独资企业和合伙企业税负更低。

（4）未来融资需要。如果创业者资金充足，拟投资的事业所需资金需求也不大，则采用合伙制和有限责任公司制均可；如果日后发展业务所需资金规模非常大，建议采取股份有限公司组织形式。

（5）关于经营期限的考量。对于个人独资企业，一旦投资人死亡且无继承人或者继承人决定放弃继承，则企业必须解散；合伙企业由合伙人组成，一旦合伙人死亡，除非不断吸收新的合伙人，否则合伙企业寿命也是有限的。因此，合伙企业和个人独资企业经营期限都不会很长，很难持续发展下去。但公司制企业则不同，除出现法定解散事由或股东决议解散外，原则上公司制企业可以永远存在。

当然，除了上述因素之外，还可以从投资权益的自由流通和经营管理需要等多个方面就企业组织形式的优劣进行分析比较，进而选择最合适的组织形式。

三、公司概述

（一）公司的概念

公司作为一种重要的企业组织形式，在世界各国都得到了广泛的适用。在不同的国家，由于法律体系的差异，公司的概念也不尽相同。即便是在同一国家，公司的概念也随着经济和法律的发展，不断发生变化。

1. 大陆法系的公司概念

在大陆法系国家及地区，大多都是采用概括规定的方式来定义公司，如我国的台湾地区和日本。我国台湾的《公司法》规定："本法所称公司，谓以营利为目的，依照本法组织登记成立之社团法人。"日本《商法》规定："本法所谓公司，指以经营商行为为目的而设立的社团""依本法规定设立的以营利为目的的社团，虽不以经营商行为为业者，亦视为公司""公司为法人"。

2. 英美法系的公司概念

英美法系与大陆法系国家的法律传统不同，英美法系国家不注重对法律概念的严格界定，缺少对公司概念的明确定义。我国香港地区作为英美法系的代表，在其《公司条例》中将公司解释为："根据本条例组成及注册的公司或指现有公司。"由此可见，虽然《公司条例》中规定了公司需要依法登记，但是对公司的概念没有一个完整的定义。

我国《公司法》第二条规定："本法所称公司是指依照本法在中国境内设立的有限责任公司和股份有限公司。"第三条规定："公司是企业法人，有独立的法人财产，享有法人财产权。公司以其全部财产对公司的债务承担责任。有限责任公司的股东以其认缴的出资额为限对公司承担责任；股份有限公司的股东以其认购的股份为限对公司承担责任。"

根据《公司法》上述规定，公司是指股东依照公司法的规定，以出资方式设立，股东以其认缴的出资额或认购的股份为限对公司承担责任，公司以其全部独立法人财产对公司债务承担责任的企业法人。

（二）公司的特征

公司是一种企业组织形态，是依照法定的条件与程序设立的、以营利为目的的商事组织。根据我国《公司法》的规定，公司包括有限责任公司和股份有限公司两种类型。尽管对于公司的特征有不同的理论阐释，但是，既能体现公司的普遍性和一般性，又能区别于其他经济组织体的公司特征，概括起来有以下三种：

1. 公司是社团组织，具有社团性

依照法人内部组织基础的不同，可将法人分为社团法人和财团法人，公司属于社团法人。公司的社团性表现为它通常由两个或两个以上的股东出资组成。股份有限公司具有完全的社团性，其股东为2人以上。有限责任公司同样体现了公司的社团性，只是法律允许存在例外情形。我国《公司法》关于有限责任公司社团性的例外情形规定了两种情况，一是一人有限责任公司，二是国有独资公司，在这两种公司中，都只有一个股东。但是社团性除了含有社员因素外，还含有团体组织性，即不同于单个的个人特性，而是一个组织体。就此特性而言，一人有限责任公司和国有独资公司同样体现了公司的社团性。

2. 公司具有法人资格

在法律上赋予了公司以人格，使公司像一个真实的人那样，能够以自己的名义从事经营，享有权利，承担责任，起诉应诉，从而使公司在市场上成为竞争主体。在现实的经济活动中，公司是一个经济实体。公司作为法人组织，具体表现在：

首先，公司拥有独立的财产。这种独立财产既是公司赖以进行业务经营的物质条件和经营条件，也是其承担财产义务和责任的物质保证。我国《公司法》对公司最低注册资本无法定的要求，公司的财产主要由股东出资构成，公司的盈利积累或其他途径也是形成公司财产的来源。其次，公司设有独立的组织机构。完善、健全的组织机构既是公司进行正常经营活动的组织条件，也是公司法对每个公司提出的法定要求。与民法对一般企业法人组织条件的要求不同，公司法对公司的组织机构规定有更严格、更健全、更规范的模式。这种组织机构包括公司的管理机构和公司的业务活动机构。公司管理机构是形成公司决策、对内管理公司事务，对外代表公司进行业务活动的机构，如股东大会、董事会、监事会、经理等。公司的业务活动部门包括公司会计、审计、供应、销售部门等。最后，公司独立承担财产责任。基于权利与义务相一致、利益与风险相一致的法律原则，公司既然作为经营性组织为了营利参与经济活动，享有广泛的权利，那么，它也应承担行使权利过程中产生的义务和风险。同时，公司又只能独立地承担财产责任——以其自身拥有的全部资产对其债务负责。公司的独立责任是其独立人格的标志，是公司具有法人地位的集中表现。

3.公司以营利为目的，具有营利性

公司以营利为目的，这是公司基本属性之一，因为投资者投资于公司是有一定利益追求的，希望从公司取得收益；从经济整体来说，公司资产的增值是社会发展的需要。为此，公司必须连续不断地从事某种经济活动，如商品生产、交换或提供某种服务。公司的营利性特征已为世界上许多国家和地区的公司立法所确认，从而成为公司的基本特征。公司的营利性是公司区别于非营利性法人组织的重要特征。营利法人的宗旨是获取利润并将利润分配于成员（出资人或股东）；而非营利法人的宗旨是发展公益、慈善、宗教、学术事业，它们即使从事商业活动、赚取利润，也只是以营利为手段，旨在实现与营利无关的目的，而且其营利所得不能直接分配于成员。区分营利法人和非营利法人的主要法律意义在于对其设定不同的设立程序、赋予不同的权利能力、适用不同的税法等。

公司的营利性实质上是股东设立公司的目的反映。公司只有以营利为目的，实现公司利益最大化，才能让股东收回投资，进而实现盈利。法律承认并保护公司的营利性，才能鼓励投资、创造社会财富，促进市场经济的发展。

（三）公司的分类

市场经济强调交易安全，这就要求公司类型需要法律来规定。公司类型法定原则，有益于提高公司法律关系的透明度和预期度，在债权人与公司缔结法律关系时留有选择的余地。现实中的公司分类形形色色，有的属于法律或法学上的分类，有的则属于经济学或其他领域的分类。《公司法》中对公司进行的分类，是具有法律意义的分类，这种分类的目的是根据公司的不同法律属性和法律关系对公司进行相应的法律规范和调整。各个国家对公司的立法和规范本身就是在公司分类的基础上对其进行法律调整。下面将从法律和学理的角度介绍公司的主要类型。

（1）以公司资本结构和股东对公司债务承担责任的方式为标准，可以将公司分为以下几类：有限责任公司、股份有限公司、无限公司、两合公司和股份两合公司。我国《公司法》规定的公司形式仅为有限责任公司和股份有限公司。

有限责任公司是指每个股东以其所认缴的出资额为限对公司承担有限责任，公司以其全部资产对其债务承担责任的经济组织。

股份有限公司是指公司资本为股份所组成的公司，股东以其认购的股份为限对公司承担责任的企业法人。

无限公司是无限责任公司的简称，它是由两个以上的股东组成的，全体股东对公司的债务负连带无限责任的公司。无限责任公司具有以下几个特征：第一，必须由两个或两个以上的股东组成。两个以上的股东都必须是自然人，公司不能成为无限公司的股东。如果公司只剩一人时，公司应当解散或变更为独资企业。第二，股东对公司债务承担连带无限责任，即股东对公司债务的责任，不是以其出资额为限。当公司资产不足以清偿债务时，公司的债权人可以要求公司全体股东或任一股东就未能清偿部分的债务以自己的全部资产予以清偿，偿还公司债务超过自己应当承担数额的股东，有权向其他股东追偿。第三，公司组织稳定。无限公司中股东结合的基础建立在股东个人信用之上，信用及劳务都可以用来出资，属典型的人合公司。无限公司股东的出资转让受到严格的限制。这些特点使其具有稳定的公司组织结构。第四，股东关系具有合伙性，公司具有法人地位。无限公司股东之间债务责任的连带性类似于合伙人的关系。

两合公司是指由无限责任股东和有限责任股东所组成的公司。其中无限责任股东对公司债务负连带无限的清偿责任，而有限责任股东则以其出资额为限对公司债务负有限清偿责任。两合公司是在大陆法系国家公司法中规定的公司形式。在英美法国家，一般视其为有限合伙，以有限合伙来进行规范。

此外，还有一种特殊的两合公司，即股份两合公司，它是两合公司的一种特殊形式，普通的两合公司兼有无限公司和有限公司的特点，而股份两合公司则兼有无限公司和股份有限公司的特点。股份两合公司与一般两合公司的不同在于，其有限责任股东是以认购股份即购买公司股票的形式进行出资，从而使得其在对外吸收社会投资上比一般两合公司更容易。

（2）以公司的信用基础为标准，可以将公司分为以下几类：资合公司、人合公司、人合兼资合公司。

资合公司是指以公司资本和资产条件作为其信用基础的公司。这种公司对外进行经济活动时，依靠的不是股东个人的信用情况，而是公司本身资本和资产的雄厚程度。由于此种公司的股东对公司债务只负出资额范围内的有限责任，因此，公司股东间以出资相结合，无须相互了解，公司具有公众化的特点，前述有限责任公司具有资合公司的特点，而股份有限公司则是最典型的资合公司。

人合公司是指以股东个人条件作为公司信用基础而组成的公司。这种公司对外进行经济活动时，依据的主要不是公司本身的资本或资产状况，而是股东个人的信用状况。因为人合公司的股东对公司债务承担无限连带责任，公司资不抵债时，股东必须以个人的全部财产清偿公司债务。这种情况下，公司股东间应有相当的了解，因此，这种公司大多具有家族性的特点。前述有限责任公司也具有人合公司的特点，而无限公司就是典型的人合公司。

人合兼资合公司是指信用基础兼具股东个人信用及公司资本和资产信用的公司，公司既有人合性质又有资合性质。两合，意指"人合"与"资合"。前述有限责任公司、两合公司、股份两合公司即为人合兼资合公司。此种分类是大陆法系国家公司法理论上所作的一种分类，是一种学理分类，尽管不是一种法定分类，其意义仍是很重要的，因为它揭示了公司法的立法意旨，公司法具体规定中对有限公司、股份有限公司和无限公司所作的不同，很大程度上是基于这两种公司信用基础的不同。因而，这种分类对于理解公司法的许多规定和原理具有重要的作用。

（3）以公司组织关系为标准，可以将公司分为以下几类：

①根据公司在控制与被控制关系中所处地位的不同，可以划分为母公司和子公司。我国《公司法》第十四条第二款规定："公司可以设立子公司，子公司具有法人资格，依法独立承担民事责任。"实际控制其他公司的公司是母公司，受其他公司实际控制的公司是子公司，它们都具有法人资格。母公司是指拥有另一个公司一定比例以上的股份或通过协议等方式能够对另一个公司实行实际控制的公司，具有法人资格，可以独立承担民事责任。子公司是与母公司相对应的法律概念，是指一定比例以上的股份被另一个公司持有或通过协议等方式受到另一个公司实际控制的公司。母公司对子公司的重大事项拥有实际决定权，能够决定子公司董事会的组成，可以直接行使权力任命董事会的非职工董事。子公司虽然处于受母公司实际控制的地位，在许多方面受到母公司的制约和管理，但在法律上，子公司属于独立的法人，以自己的名义从事经营活动，独立承担民事责任。

②根据公司内部管辖关系的不同，可以划分为总公司与分公司。我国《公司法》第十四条第一款规定："公司可以设立分公司。设立分公司，应当向公司登记机关申请登记，领取营业执照。分公司不具有法人资格，其民事责任由公司承担。"总公司是指具有独立法人地位的企业总机构。分公司是指在业务、资金、人事等方面受总公司管辖而不具有法人资格的分支机构。总公司与分公司享有的权利、承担的义务有所不同，因此，准确区分子公司和分公司相当重要。

总公司和分公司的关系虽然同母公司和子公司的关系相类似，但是仍然存在以下区别。第一，子公司具有独立的法律地位，具有法人人格，拥有独立的名称、公司章程和组织机构，对外以自己的名义从事经营活动。分公司不具有法人资格，没有独立的名称、公司章程和组织机构，以总公司分支机构的名义从事经营活动。第二，母公司对子公司一般不直接控制，而是通过任免子公司董事会成员、作出投资决策等方式影响子公司的生产经营活动。分公司的人事、业务、财产受总公司的直接控制，在总公司的经营范围内从事经营活动。第三，子公司作为独立的法人，以子公司的全部财产为限对其债务承担责任。分公司由于没有自己独立的财产，与总公司在财务上统一核算，因此，其经营债务由总公司负责清偿，即总公司以其全部财产为限对分公司在经营活动中的债务承担责任。第四，子公司由公司股东按照《公司法》的规定设立，应当符合《公司法》对公司设立条件和投资方式的要求。分公司由总公司在其住所地之外向分公司所在地工商机关申请设立，属于设立公司分支机构。

（4）根据公司的股份是否公开发行及股权是否允许自由转让为标准，可以将公司划分为开放式公司和封闭式公司。开放式公司的特点是，可以在证券市场上向社会公开发行股票，其股东拥有的股票也可以在证券交易市场上自由进行买卖和流通。封闭式公司特点则与公开式公司相反，封闭式公司的股票不可以以向社会公开的方式在证券交易市场发行，同时股东拥有的公司股票不能在证券交易市场上进行自由买卖和流通，只能有条件地进行转让。

第二节 企业主体资格实务

一、法人分支机构

（一）法人分支机构的概念与特征

法人分支机构，是指法人的组成部分。在法人主要活动地点以外的一定领域内，实现法人的全部或部分职能。分支机构通过它的代理人所为的法律行为，对法人产生直接的权利义务，并构成整个法人权利义务的一部分。分支机构的代理人根据法人的委托以法人代表的身份，负责分支机构的业务工作。关于法人分支机构能否是独立的法人，大多数学者认为，法人分支机构不是独立的法人；也有学者认为，构成联合企业法人的每一个成员本身就是独立的法人。一方面，它们是联合企业法人的组成部分，以分支机构的身份执行联合企业法人的职能，并对联合企业法人产生权利和义务；另一方面，它们有独立的财产，可以承担独立的财产责任。所以法人分支机构有时也可以具有法人资格。

法人分支机构是法人的组成部分，直属于设置它的法人，不具有独立法人资格，这在国际上是一项通行的法律原则。作为法人的业务机构，法人分支机构在外部形式上常表现出与法人组织的类似的特点，它要经核准登记才能进行业务活动，有自己的名称和组织机构，也可以支配和使用的财产或经费。尤其是当分支机构设在远离法人的地区或别国时，其相对的独立性表现得更为充分，这使人们很容易误解其法律地位，或模糊其与法人组织之间的法律关系。然而，无论法人分支机构的独立性多大，其经营规模如何，都不能改变其与法人组织完全不同的法律属性。

第一，法人分支机构的设立，是由法人决定并申请登记的。我国的《市场主体登记管理条例实施细则》第二十一条第三款规定："市场主体设立分支机构的，应当自决定作出之日起30日内向分支机构所在地登记机关申请办理登记。"我国《公司法》第十四条第一款规定："公司可以设立分公司。设立分公司，应当向公司登记机关申请登记，领取营业执照。分公司不具有法人资格，其民事责任由公司承担。"

第二，分支机构无独立财产。如分公司没有自己独立的财产，分公司的所有资产全部属于总公司。分公司与总公司的经济是统一核算的，其实际占有和使用的财产是总公司财产的一部分，列入总公司的资产负债表中。分支机构所占有的财产来源于法人的授权，是法人对自己财产所有权的内部处分，授权分支机构按照一定的程序予以支配，法人的财产授权处分应属法人内部资源配置，而非所有权转移。

第三，分支机构无独立法人人格。如分公司虽开展商事活动，但不具备独立法人资格。根据《民事诉讼法》第五十一条第一款规定："公民、法人和其他组织可以作为民事诉讼的当事人。"《最高人民法院关于适用〈中华人民共和国民事诉讼法〉的解释》第五十二条对其他组织的内涵进行了解释，即合法成立、有一定的组织机构和财产，但又不具备法人资格的组织，其中包括依法成立并领取营业执照的法人的分支机构。

第四，分支机构从事业务活动的法律后果由其所属法人承担，其中包括法人应以其全部财产对其分支机构的债务承担责任。此外，分支机构的管理人员并非从内部产生，而由其所属法人指派。这里需要澄清下面一些问题：（1）分支机构作为法人的组成部分，不同于只承担管理任务的业务部门及其他生产职能部门。（2）法人分支机构区别于由法人所设立的具有独立法律人格法人组织。（3）分支机构与不直接从事经营活动的法人派驻地方的办事处等办事机构也不同。

（二）法人分支机构的责任

我国《民法典》规定了自然人、法人、非法人组织三类民事主体，而对于法人分支机构，法律并未赋予其民事主体地位而赋予其民事诉讼权利能力。

《公司法》第十四条第一款规定："分公司不具备法人资格，其民事责任由公司承担"。《民事诉讼法》第五十一条第一款规定："公民、法人和其他组织可以作为民事诉讼的当事人"；并结合《最高人民法院关于适用〈中华人民共和国民事诉讼法〉的解释》第五十二条对其他组织解释为合法成立、有一定的组织机构和财产，但又不具备法人资格的组织，其中包括依法成立并领取营业执照的法人的分支机构；第四百七十一条规定其他组织在执行中不能履行法律文书确定的义务的，人民法院可以裁定执行对该其他组织依法承担义务的法人或者公民个人的财产。《民法典》第七十四条第二款同样也规定："分支机构以自己的名义从事民事活动，产生的民事责任由法人承担；也可以先以该分支机构管理的财产承担，不足以承担的，由法人承担。"

（三）典型案例

案例：赵某玉与某建设集团有限公司黑龙江分公司等建设工程分包合同纠纷【（2019）黑0127民初1106号】

【关键词】：民事责任；分支机构

【相关法条】：《最高人民法院关于适用〈中华人民共和国民事诉讼法〉的解释》第五十二条；《中华人民共和国民法总则》第七十四条

【基本案情】：

某建设集团有限公司（以下简称某建设公司）于2016年9月9日依法设立某建设公司分公司，2017年4月25日，吴伟公司与某建设公司分公司签订了《鲜食玉米冷链物流产加销一体化项目》建设工程施工合同。某建设公司分公司与赵某玉分别于2017年5月5日签订了《木兰劳务合同》、2017年7月7日签订了《车间内墙彩钢板及天棚吊顶安装合同》、

2017年7月9日签订了《车间天棚吊顶安装合同》三份建设工程分包合同。赵某玉承包的工程范围分别是项目图纸范围内的照明、弱电、消防电、采暖通风、给排水、消防水、屋面排水工程及车间内墙彩钢板安装及天棚吊顶安装（含龙骨）等工程。上述三份建设工程分包合同约定的工程款分别为：388560元、78000元、62415元。其中《车间天棚吊顶安装合同》因施工方案改变，工艺简化，原安装包干单价为45元/m^2调整为35元/m^2，经计算工程款应为48545元。赵某玉按合同要求从2017年5月组织施工人员进场工作，在施工过程中，有其他工程需要人员工作，经某建设公司分公司现场项目经理刘某森、王某志签字确认单4张，额外增加工作量的人工费用应为16650元，以上合计工程款531755元。赵某玉所承包工程于2017年9月中旬经某建设公司分公司现场项目经理刘某森、王某志验收后施工人员离场。其间，某建设公司分公司向赵某玉支付工程款303320元，尚欠工程款228435元未给付。昊伟公司与某建设公司分公司于2017年12月11日对鲜食玉米冷链物流产加销一体化项目工程进行竣工验收，双方签订了竣工结算书，工程验收合格，工程款最终结算价11450000元，双方于2018年4月19日签订补充协议，将剩余3400000元工程款按某建设公司分公司要求支付给相关工程承包人。另据查明：昊伟公司预留某建设公司分公司保证金330000元，不是拖欠某建设公司分公司的工程款而是对存在质量问题工程的维修费用，如不足昊伟公司将依法继续追偿。原告赵某玉向一审院提出诉讼请求：请求被告某建设公司分公司、某建设公司给付原告拖欠的工程款257395元，并自2017年7月31日工程竣工交付之日起按中国人民银行发布的同期同类贷款利率给付工程款利息直至实际给付之日止。一审判决被告某建设集团有限公司黑龙江分公司于判决生效之日起十日内给付原告赵某玉拖欠工程款228435元及利息。

某建设集团有限公司黑龙江分公司不服一审判决提出上诉。某建设公司分公司上诉请求：撤销一审判决，驳回赵某玉全部诉讼请求。二审法院对一审查明的事实予以确认，判决：驳回上诉，维持原判。

【裁判理由】：

二审法院认为，一审判决对案涉合同效力的认定正确，本院予以确认。关于某建设公司分公司是否为本案责任主体问题。根据最高人民法院关于适用《中华人民共和国民事诉讼法》的解释第五十二条对法人的分支机构的诉讼主体地位的规定，某建设公司分公司于2016年9月9日在工商部门领取了营业执照，因而取得了开展对外经营活动的资格，属于该条规定的其他组织范畴。按照《中华人民共和国民事诉讼法》第四十八条之规定，该类分支机构具有民事诉讼主体资格。某建设公司分公司既然可以作为适格的民事诉讼主体，就应承担与其民事行为能力相适应的民事责任。某建设公司分公司作为本案诉讼主体符合法律规定。该规定与实体法中民事责任主体的规定并不冲突，《中华人民共和国公司法》中关于分公司与总公司间的关系是公司内部管理、责任承担的分配，分公司承担民事责任后，并不免除总公司的责任，总公司仍要对分公司承担责任不足部分负有清偿义务。《中华人民共和国民法总则》第七十四条"分支机构以自己的名义从事民事活动，产生的民事责任由法人承担；也可以先以分支机构管理的财产承担，不足以承担的，由法人承担"的规定，赋予了分支机构责任承担的选择权。本案中，根据某建设公司分公司签订施工合同并分包工程的事实，一审判决确认某建设公司分公司承担责任，某建设公司承担补充清偿责任符合法律规定。

【典型意义】：

依法设立并领取营业执照的法人分支机构具备诉讼主体资格，能够以自己的名义起诉或应诉，独立行使诉讼权利、履行诉讼义务。法人分支机构的民事责任依法应由法人承担，如法人分支机构管理的财产较为充足的，可以由其单独承担责任，如财产不足的，可以在法人分支机构承担责任的同时，由法人对其分支机构的责任承担补充责任。

二、企业法人内设部门的法律地位

企业法人的内设部门不具备法人资格，没有独立的财产，其设立是法人内部组织机构的增加，不同于法人的成立，故不以是否有财产投入为前提。企业法人的内设部门成立后采取何种性质的经营方式以及他人是否对其投入资产等均不能改变其法人内设部门的法律属性。出资者对法人出资后，仅能对其所持股份主张相应的股份权益，其出资为法人财产不可分割的部分。

案例：李某志诉某建工集团界定产权、返还财产纠纷【（2004）民二终字第190号】

【关键词】：法人内设部门；法人资格；投资入股；个人财产；法人财产

【相关法条】：《中华人民共和国民法通则》第八十四条

【基本案情】：

1986年1月1日，李某志与某市一建公司负责人罗某廷签订合同：为深化企业改革，市一建公司经理同一建五处主任李某志合资经营建立一建五处，李某志固定资产投资入股额为125209元，公司投资入股额为88万元，对超计划部分实行四、六分红（公司为六、个人为四）等，李某志任处长。1992年李某志辞去一建五处处长职务，离开该建筑公司。1994年，根据某市政府的发函精神，一建公司改制为建工集团一建公司，不具有法人资格，其债权债务归建工集团享有和承担。1998年6月18日，李某志以一建公司和建工集团为被告向省高院起诉，请求确认一建五处的全部财产归其所有，判令一建公司和建工集团返还财产及利息，一审判决驳回其诉讼请求。后李某志死亡，继承人李某表示不放弃该案诉讼权利，法院依法变更该案原告为李某。李某不服一审判决，向最高人民法院提起上诉，最高院判决驳回其上诉，维持原判。

【裁判理由】：

一建五处是一建公司根据企业发展需要，经其主管部门建工局审批设立的企业内部独立核算单位，不具备法人资格，不是法律意义上的民事主体，没有独立的法人财产，其全部财产均为一建公司法人财产不可分割的部分。法人内设部门的设立，仅仅是法人内部组织机构的增加，不同于法人的成立，故其设立并不以是否有财产投入为前提。故李某志关于一建公司并未对一建五处投入任何财产的主张，对认定一建五处的性质并无实质意义。一建五处成立后采取什么性质的经营方式以及李某志是否对其进行投入等均不能改变一建五处系一建公司内设部门的法律属性。从一建公司《关于对一建五处实行独立核算自负盈亏经营承包的暂行办法》和《关于对一建五处试行股份经营制的规定》载明的内容看，一建公司将一建五处作为其承包经营和股份制经营的试点，仅仅是在经营方式上采取了特殊的方式，并未因此改变法人的属性和投资结构。即使李某志主张一建公司曾试图对一建五处采取股份制的经营方式，但因一建公司最终并未正式实行股份合作制改造，即一建公司国有企业的法律属性并未变更，其投资主体仍仅限于国家，并无其他性质的投资主体加入，故一建公司《关于一建五处试行股份经营制的规定》和1988年合同中，虽然对李某志125209元固定资产的投入有"个人入股""投入股额"等字样，但也不宜简单据此认定李某志个人对一建公司有投资，即李某志并非一建公司的投资主体之一。且即使认定李某志通过股份制改造对一建公司有投入，其也仅能作为一建公司的出资者对一建公司主张有关股份权益，一建五处仍然是一建公司的内设部门，其全部财产仍然是一建公司法人财产不可分割的部分。故李某志关于一建五处系其个人投资成立，一建五处的全部财产权利均属其个人所有，其要求建工集团予以返还的诉讼请求，缺乏事实和法律依据，本院不予支持。

【裁判意义】：

法人内设部门的设立，是法人内部组织机构的增加，其不同于法人的成立，不以是否有财产投入为前提。内设机构成立后采取什么性质的经营方式以及投资人是否对其进行投入等均不能改变该部门为企业内设部门的法律属性，其不具备法人资格，不是法律意义上的民事主体，没有独立的法人财产。投资人投资入股，应以该资本作为自己的投资额所占公司股权比例享有股权权利，承担入股资本范围内的有限责任，其不存在固定股息，也不存在最终未经清算而抽回股本。投资者向企业法人投资成立法人内设部门但其个人并不对外承担有限责任的，该投资行为的性质应视为一般意义上的借款或企业集资款。本案中，李某志仅能作为法人的出资者对法人主张有关股份权益，但该内设部门的全部财产属于法人财产不可分割的部分，因此不能认定为是其个人财产。

三、未经登记的临时机构被撤销后，其对外发生民事行为的法律后果

临时机构指为完成某项阶段性临时性的工作而设置的机构。由于其目标是具体的和短暂的，其任务是非经常的和不便于划归常设机构承担的，故其存在的时间一般相对较短。在其所承担的工作任务完成之后，即行撤销。临时机构成立且未经工商或民政部门登记的临时机构，活动结束后便不再存在，以组委会名义对外发生的民事行为法律后果，应由组委会各成员连带承担。

案例： 某日报报业集团、王某平合同纠纷【（2018）豫01民终9891号】

【关键词】： 未经登记；临时机构；对外民事行为；法律后果

【基本案情】：

2006年1月9日，经某市文化局批准，同意由该新区管委会、某日报报业集团、该市某石化有限公司联合主办的"2006（某市）国际嘉年华"活动，于2006年4月28日至6月28日在该新区举行，活动场地面积不少于6万平方米。2006年5月27日，该新区管委

会向该市文化局提出关于2006（某市）国际嘉年华活动延期的申请，并申请"由该新区管理委员会、某日报报业集团、该市某石化有限公司联合主办2006（某市）国际嘉年华活动"变更为"由该新区管理委员会、某日报报业集团主办，某投资管理有限公司承办2006（某市）国际嘉年华活动"。2006年5月29日，该市文化局作出郑文〔2006〕81号文件，原则上同意由该新区管委会、某日报报业集团、某投资管理有限公司承办的2006（某市）国际嘉年华活动延期至2006年6月18日至10月8日在该市东开发区举行。后嘉年华组委会解散，且嘉年华组委会未进行工商登记。

王某平系个体经营者，其字号为市建材商品大世界某电器销售部。2006年4月24日、27日，王某平分别向嘉年华组委会供应配电柜及各种电料货款价值85992元，后因嘉年华活动结束，嘉年华组委会解散，王某平多次向主办单位报业集团和管委会催要货款未果。王某平提起诉讼，请求判令某日报报业集团（以下简称某日报）、某市新区管理委员会（以下简称某新区管委会）、市某石化有限责任公司（以下简称某石化）、市某投资管理有限公司（以下简称某投资公司）连带偿还货款85992元，并支付银行同期贷款利息（自2006年8月5日起至实际清偿之日止）。一审法院判决如下：一是被告某日报、某新区管委会、某石化、某投资公司于本判决生效后十日内支付原告王某某货款85992元及利息（以中国人民银行同期贷款利率为准，自2006年11月1日起至实际清偿之日止）。二是驳回原告王某平的其他诉讼请求。某日报不服一审判决，提出上诉：请求依法撤销一审判决，依法改判上诉人不承担责任或将本案发回重审。二审认定的事实与一审认定的事实一致，二审法院判决，驳回上诉，维持原判。

【裁判理由】：

王某平向嘉年华组委会供应动力配电柜及电料，嘉年华组委会应当按约定支付货款85992元。但嘉年华组委会的性质是未经登记的临时机构，不具备对外独立承担民事责任的能力，因嘉年华组委会名义对外产生的民事行为的法律后果，应由嘉年华组委会的成员共同承担责任。某日报作为嘉年华组委会主办单位之一，应当承担本案的民事责任。

【典型意义】：

临时机构未经登记，不具备对外独立承担民事责任的能力，在其被撤销前以临时机构的名义对外所实施的民事法律行为，由设立该临时机构的组织承担相应的法律责任。

四、公司的股东或股东会能否以自身的名义直接作为公司对外法律关系的参与者及后果的承受者？

案例：某消费电子有限公司与某电子有限公司、某电子股份有限公司承包经营合同纠纷【最高人民法院（2005）民二终字第90号】

【关键词】：承包经营；合同主体；法律后果

【相关法条】：《中华人民共和国公司法》第三十七条、第三十八条、第三十九条

1998年2月26日，某电子公司与某电子制造有限公司签订《合作生产某品牌彩电合同书》，约定双方合作在某市生产厦华牌彩电相关事宜，内容涉及使用注册商标、产品质量

管理、技术支持、维修与销售价格管理等内容。1998年3月28日，某消费电子有限公司与某电子公司签订《协议书》。约定双方在合作生产厦华牌彩电的基础上，共同与某电视机总厂成立合资企业，暂定名"某电子有限公司"，在合资的前二年内，某消费电子有限公司向某电子公司交付承包经营利润并一次性提前支付，某电子公司承担利息，承包期限为1998年5月1日至2000年4月30日，还约定合资公司的生产量、商标费等条款。1998年3月28日，某电子制造有限公司、某电子公司、某电视机总厂签订《协议书》，约定三方在武汉成立合资公司，暂定名"某电子有限公司"，并约定协议必须经各方股东会（董事会）审查批准后，方为有效。1998年8月18日，某电子公司和某消费电子有限公司签订《协议书》，约定某消费电子有限公司独资设立某销售中心，负责销售合资公司生产的某系列彩电，并对某省市场的移交、返利比例等销售政策进行了约定。1999年1月28日，某电子公司、某物资贸易有限公司、某机电国有控股（集团）公司、某电视机总厂签订《某电子有限公司合同》，约定四方投资成立某电子有限公司，并约定各方投资的比例及责任、董事会组成等重大事项。1999年1月28日，某电子有限公司、某消费电子有限公司签订《承包经营合同》，约定由某消费电子有限公司承包经营某电子有限公司，期限自1999年1月28日起至2001年1月27日止，并约定解决纠纷方式为仲裁裁决。2000年2月15日，某消费电子有限公司与某电子公司签订《补充协议书》，约定为完成某消费电子有限公司承包合资公司两年的期限，某电子有限公司2000年生产量不低于25万台，某电子公司来料加工不低于12万台，还约定生产计划安排、商标费、维修年保费、加工费、运费等内容。

2002年8月，某消费电子有限公司以某电子公司、某电子有限公司不履行承包经营合同，构成违约并造成某消费电子有限公司的损失总计27110880.84元为由，向法院提起诉讼，请求判令：一、确认某电子公司和某电子有限公司行为违约；二、某电子公司向某消费电子有限公司支付违约赔偿金27110880.84元；三、某电子公司承担本案诉讼费用。一审法院经审理，判决驳回某消费电子有限公司的诉讼请求。某消费电子有限公司不服该判决，提起上诉，某消费电子有限公司认为一审判决认定事实不清，适用法律不当，请求撤销某省高级人民法院的一审判决，依法改判被上诉人承担违约责任，判令其支付违约赔偿金27110880.84元并承担本案诉讼费用。二审法院经审理认为原审判决认定事实清楚，适用法律正确，判处得当，应予维持，判决：驳回上诉，维持原判。

【裁判理由】：

1999年1月28日某电子有限公司与某消费电子有限公司签订了《承包经营合同》，从该《承包经营合同》的形式要件看，合同双方某消费电子有限公司和某电子有限公司均加盖公章，在代表签字处分别有郭某理、贾某、赵某荣、李某秋的签字。从合同上签字的人员身份上看，郭某理为股东某电子公司指派到某电子有限公司并被选任为该公司法定代表人，李某秋则为股东某物资贸易有限公司的法定代表人并被该公司指派到某电子有限公司出任副董事长，又是某消费电子有限公司的法定代表人，贾某为股东某机电国有控股（集团）公司的法定代表人，赵某荣为股东某电视机总厂的法定代表人及某电子有限公司副董事长，其身份决定其签字对合同成立具有一定的意义和帮助。在某电子有限公司核准登记后，作为发包人的某电子有限公司并未对承包经营合同提出异议，并已实际履行了合同。因此，可以确认合同成立。该承包经营合同是各方当事人真实意思表示，不违反法律、法规的禁止性规定，应为有效。承包经营合同上载明的合同主体是某电子有限公司和某消费电子有限公司，某电子有限公司为发包人，某消费电子有限公司为承包人，合同上加盖的公章是双方的法人公章，某电子有限公司的四个股东代表在承包合同上签字。某消费电子有限公司主张股东之一某电子公司是本案适格的发包人，这就引发了对有限责任公司进行发包经营，谁为适格的发包人及本案中某电子公司是否为发包人问题。

《中华人民共和国公司法》第三十八条规定："股东会行使下列职权：（一）决定公司的经营方针和投资计划……"依此规定，对有限责任公司经营方针的决定权由公司股东会行使。《中华人民共和国公司法》第三十九条规定股东会的议事方式和表决程序，除公司法另有规定外，由公司章程规定。《中华人民共和国公司法》第四十一条规定："股东会会议由股东按照出资比例行使表决权。"上述规定表明：股东会对公司的经营方针进行决策，必须按照法律和公司章程的规定进行议事和表决，其决议也只能以股东会的名义作出，而不能以某个股东个人的名义作出和发布，股东仅按出资比例行使表决权。因此，有限责任公司的经营方式选择的决定权应由股东会行使，而不是某个股东意志的体现。公司的经营方针应包括经营内容和经营模式，对外发包经营是经营模式的选择之一。

《中华人民共和国公司法》第三十七条规定："有限责任公司的股东会由全体股东组成，股东会是公司的权力机构。"在公司法组织机构一节，同时规定了有限责任公司的组织机构包括：股东会、董事会、监事会、经理等，由此可见，即使股东会决定公司的重大经营方针，该机构也是有限责任公司的内部组织机构的一个组成部分，由全体股东组成，不是某个个别股东的化身，个别股东不能替代。经营方针和投资计划的决策权在于股东会，而经营方针和投资计划的施行与经办则只能以公司法人本身的名义进行，公司的股东会或股东本身并不能以自身的名义直接作为公司对外法律关系的参与者及后果的承受者。

【典型意义】：

在有限责任公司承包经营关系中，发包人让与的是部分经营权，而公司经营权由公司法人财产权而派生，由公司法人独立享有。股东并不直接参加公司的经营，股东对有限责任公司享有的股权与有限责任公司的财产所有权、经营权分离是公司法人制度的重要特征。换言之，经营权只能由公司法人享有，而不能由股东享有。所以，适格的发包人只能是公司法人财产权的所有者，即公司法人本身，而不能是公司股东。因此，股东与他人签订合同，对有限责任公司进行发包经营的，在发生争议后，由于股东不是适格的发包人，故他人不能以股东为被告提起诉讼。

第二章 企业设立

第一节 企业设立基本理论

一、企业设立概述

企业作为一个完整的系统,要行使权力、承担责任,首先需要合法设立。

(一)概念

企业的设立,也称为企业的开办,是指企业设立人为取得企业生产、经营的资格,依照法定程序所实施的创办企业行为的总称。如果所设立的企业能够取得法人资格,则这种行为也可称为创设法人的行为。

(二)企业设立的过程

企业设立的过程主要经过以下几个阶段:

第一,企业设立人(指个人独资企业的业主、合伙企业的全体合伙人、有限责任公司的全体股东、股份有限公司的发起人)根据自身投资的愿望、条件、风险责任判断、税负、其他客观环境条件等因素,选定所设企业的法律形式,同时签署企业设立协议或发起设立协议。

第二,设立人或者全体设立人指定的代表或者共同委托的代理人首先向企业登记机关申请企业名称预先核准。

第三,全体设立人依据法律规定准备企业开办的各事项,包括场地租用、资金筹措、章程起草,经营特别行业需经政府批准的或者拟定的企业经营范围中有需政府批准的项目的(企业设立后其经营范围中增加此类项目的,以企业名义申请批准)以预先核准的企业名称报有关政府机关履行批准手续。

第四,政府有关审批机关接到申请后进行实质审查,并作出批准与否的决定。

第五,设立人或者全体设立人、股份有限公司的董事会指定的代表或者共同委托的代理人持政府批准的文件、其他有关证明文件和《企业设立申请书》向企业登记机关申请登记。

第六,企业登记机关受理企业登记申请文件后一般进行形式审核,特殊情况可能进行实质审核,对企业章程中存在违反法律、法规的内容进行改正。所有申请文件齐全且无误的，应当当场予以登记；需要调查核实的，自受理之日起 15 日内（《公司登记管理条例》和《个人独资企业登记管理办法》规定为 15 日，《合伙企业法》和《合伙企业登记管理办法》规定为 20 日）作出是否准予登记的决定。符合条件予以登记的，发给《企业法人营业执照》或《营业执照》及副本，不符合条件者视具体情况，要求设立人补办或否决，申请不予核准。

第七，由登记的企业持《企业法人营业执照》或《营业执照》刻制公章，开立银行账户，申请纳税登记，然后开始从事生产经营活动。

企业设立是一种民商事行为，通常会产生一定的法律结果。这种法律结果也可以表述为法律效力，具有以下内容：

（1）企业设立应如实填报各种文件，真实如期地缴纳出资，如因违反相关法律规定，特别是企业登记法律规定的，会受到有关机关的处罚，情节严重者甚至会被吊销执照。我国《市场主体登记管理条例》第十七条规定："申请人应当对提交材料的真实性、合法性和有效性负责。"上述规定说明，我国企业登记机关对企业设立进行形式审查，这符合市场经济体制框架下主管企业登记事务的机构的适当职责，也可以避免登记机关对企业设立插手过多以至于造成行政越权的情形。

（2）企业设立成功后，即对企业名称取得专有使用权，其他企业或个人不得盗用企业名称从事商业活动或其他活动，企业可依法许可与企业存在关联投资业务的其他企业有偿使用其名称中的字号。

（3）企业设立成功，即依法取得了生产经营的资格，企业即可按注册登记的经营范围和经营方式开展商业生产经营和商业服务活动。

（4）符合法人条件的企业，一经设立便具有了法人资格，自主经营，自负盈亏，独立核算。

（5）企业的商业活动应依法在核准的经营范围内开展，否则可能会因为董事、高管人员越权的原因或者触犯其他国家禁止性规定而导致企业行为无效和受到行政处罚。

二、企业设立的原则

企业设立依各国法例贯彻特定的设立原则。由于法系、人文环境和市场经济发达程度的不同，在企业设立法律制度上各国依循的原则也有所不同。历史上和现代社会所出现的设立原则大致有自由设立原则、特许设立原则、准则设立原则、行政许可设立原则四种。

（一）企业设立的立法体例（设立原则的类型）

企业设立原则是指国家在法律上对公司设立所采取的基本指导思想，反映了国家对企业设立采取的立法态度或对企业设立的管理程度，也反映了商法基本价值的取舍与平衡。各国因其社会政治经济条件、文化、法律传统的差异在不同时期采取了不同的原则。

根据我国《关于市场主体统计分类的划分规定》（国统字〔2023〕14号）的相关规定，工商行政管理部门以企业登记注册的类型为依据，将企业登记注册类型分为：内资企业，即有限责任公司（国有独资公司、私营有限责任公司、其他有限责任公司）、股份有限公司（私营股份有限公司、其他股份有限公司）、非公司企业法人［全民所有制企业（国有企业）、集体所有制企业（集体企业）、股份合作企业、联营企业］、个人独资企业、合伙企业、其他内资企业；港澳台投资企业，即港澳台投资有限责任公司、港澳台投资股份有限公司、港澳台投资合伙企业、其他港澳台投资企业；外商投资企业，即外商投资有限责任公司、外商投资股份有限公司、外商投资合伙企业、其他外商投资企业。

企业类型的不同，对应的设立原则也有所区别。从学理上说，企业设立有四种不同的原则，即自由设立原则、特许设立原则、核准设立原则和准则设立原则。在企业法学中，这四个原则被分别概括为自由设立主义、特许设立主义、核准主义和准则主义。

（1）自由设立主义，也称放任主义，即企业设立完全由当事人自由为之，国家不干预和限制。公司设立如果过于自由，不仅很难保障债权人利益，也很难适应规范公司行为和维护社会经济秩序的需要。这种原则产生于公司制度萌芽时期。

（2）特许设立主义，即企业设立需以国家元首以发布命令或议会通过特别法令的形式予以许可。这种原则盛行于17—18世纪的英国、荷兰和法国，是早期资本和王权结合的产物，带有浓厚的封建特权色彩，严重限制了公司的自由发展。

（3）核准主义，又称许可主义或审批主义，指企业设立除应具备法定条件外，还需政府主管机关审核批准。如《公司法》第一百九十二条规定："外国公司在中国境内设立分支机构，必须向中国主管机关提出申请，并提交其公司章程、所属国的公司登记证书等有关文件，经批准后，向公司登记机关依法办理登记，领取营业执照。外国公司分支机构的审批办法由国务院另行规定。"

（4）准则主义，又称登记主义或注册主义，指企业设立不需行政主管部门的审批，只要具备法律规定的条件，即可向注册登记机关申请登记。由于早期的"单纯准则主义"难防滥设公司和欺诈行为，20世纪以后，各国开始通过立法严格规定公司设立的条件，强化政府的监管，加重发起人的责任，实行"严格准则主义"。

国外企业设立的基本原则先由自由主义到特许主义，后转为核准主义，近代采取单纯准则主义，现代则采用严格准则主义。《公司法》第六条第一款规定："设立公司，应当依法向公司登记机关申请设立登记。符合本法规定的设立条件的，由公司登记机关分别登记为有限责任公司或者股份有限公司。"对一些特定行业和特定经营项目的企业的设立实行核准主义，即法律、行政法规规定必须报经有关部门批准的，仍需在企业登记前依法办理审批，如外商投资企业的设立。

国家为了鼓励交易，提高人们设立公司的积极性，原来的股份制有限责任公司由核准主义（必须通过批准），变成了准则主义（只需具备资格就能成立）。

（二）准则主义严格化

在我国，随着经济体制市场化取向的纵深发展，传统的企业设立审批制度正经历着简政放权的革新，近年来政府每年都会取消数量不等的企业审批项目，包括对新设企业的审批，以回应市场经济的运行对政府职能转变的要求。主要资本主义国家虽然在19世纪下半叶，对包括股份公司在内的企业设立均已采取准则主义制度，但随后又实施了某些严格的措施以维护交易的安全，防止公司滥设和利用公司实施欺诈行为，规定了公司的最低资本额，加重公司发起人的法律责任，确立大股东和董事的资格及义务，规定董事会秘书的相关规范，强制性要求上市公司设立和运行中的信息披露等，学理上称其为"严格准则主义"。

20世纪90年代，我国相继颁布了《公司法》《合伙企业法》《个人独资企业法》，准则主义的企业设立制度已有所体现，并且在2005年10月修订的《公司法》（2018年再次修改）和2006年8月修订的《合伙企业法》中比较彻底地贯彻了准则主义，即一般的公司和合伙企业凭借当事人的意志就可以设立，但在某些特殊行业中，需由法律、行政法规规定且须报经有关部门审批，投资者在申请设立登记前以预先核准的企业名称首先报请政府机关批准。公司、合伙企业的经营范围中凡有须报经政府机关批准的项目的，可在设立登记前报经批准，也可在公司、合伙企业成立后申请批准。我国《市场主体登记管理条例》就体现了上述精神。

从总体上来看，我国企业设立基本上贯彻了注册制，需要审批设立的情况有如下三种：

1. 产业管制政策专属审批

在现代社会经济体系中，某些行业的企业一经设立，单个的企业就会拥有浩大的资本和现金流量，它们占有重要的经济资源，与国家的经济安全和国民的生活保障息息相关。政府为了关注这类企业的经营状况，同时为了确保新设企业的质量，合理分配垄断性经济资源，保障政府经济发展和社会发展计划的实现，通过审批来掌控这些行业的经营格局是必要的。对进入这些行业的新设企业的产业管制政策性审批，包括银行业监督管理委员会对新设金融企业的审批，如2007年3月20日中国银监会批准汇丰、渣打、东亚、花旗四家银行在中国设立银行业金融机构法人；证券监管机关、保险业监管机关对证券公司、期货公司、信托投资公司、保险公司类企业的审批；国家发展和改革委员会和国务院对新建大型工业企业建设项目的审批；地方政府、中央政府有关部门甚或国务院对电信企业、能源企业、进出口贸易企业、高新技术企业的审批等。此外，在我国设立股份有限公司，凡向公众发行股份，须由国务院证券监管机关审核批准。

2. 特殊行业经营资格确认审批

现代社会中，企业设立后生产的产品品种或提供的商业服务项目不断细化，许多行业中企业经营的产品和服务与国计民生关系密切，涉及公共安全的保障和公众利益的维护，政府不仅对这类行业的经营活动制定了出严格的标准，而且还对进入这类行业的企业的资格予以审查。市场经济发达国家为了提高企业设立的效率，把企业的商业登记与企业经营管制行业的行政许可分别处理，即所设企业如果不涉及政府特别监管和特别准许的，可先行由投资者组建企业并完成登记，设立后的企业如其经营的内容需经政府部门许可的，则由企业向政府申请获取经营牌照。无论是在发达国家，还是在我国，不需要政府专审许可的行业，企业一经设立即可开展经营活动。政府有关部门对经营危险化工产品、对环境存在重大影响的产品、涉及人身健康的医药保健产品、汽车生产、锅炉生产、烟酒类产品、计量器具产品、民用航空服务、律师会计师服务、旅游服务、进出口商检服务、印章制作服务、典当业、民用建筑、房地产开发等企业设立的申请依法履行审批职责。新设企业拟从事的经营业务如包含有前述项目的，须在企业申请登记前先行报请政府有关部门审批。

3.对外商投资企业的专项审批

目前，我国还保留有对外商投资企业的审批制度，凡在我国境内设立中外合资经营企业、中外合作经营企业、外资企业的，除按规定实行备案管理的以外，都需经过商务部门审批。2016年9月3日第十二届全国人民代表大会常务委员会第二十二次会议对《外资企业法》等作了修改，将原来一揽子的审批制度改为有条件的备案管理制度。

（三）我国公司设立的原则

根据我国《公司法》第六条，我国《公司法》对于公司设立采取的是准则主义和核准主义相结合的原则。设立公司，应当依法向公司登记机关申请设立登记。符合本法规定的设立条件的，由公司登记机关分别登记为有限责任公司或者股份有限公司；不符合本法规定的设立条件的，不得登记为有限责任公司或者股份有限公司。法律、行政法规规定设立公司必须报经批准的，应当在公司登记前依法办理批准手续。当然，公众可以向公司登记机关申请查询公司登记事项，公司登记机关应当提供查询服务。

如果是有限责任公司或股份有限公司，根据《公司法》及《公司登记管理条例》规定，在设立登记时，通过企业名称申报系统或者企业登记机关服务窗口提交有关信息和材料，对拟定的企业名称进行查询、比对和筛选，选取符合本规定要求的企业名称。这主要是为了保障公司名称质量，加快公司登记进程。但是并非所有的公司都需要进行公司名称的预先核准。我国公司设立原则根据公司性质不同而有所不同。对于有限责任公司，我国一般采用准则设立原则，而对于股份有限公司，则采用核准设立原则。

外商投资企业，由于其具有一定的特殊性，所以在申请设立时，需要提交不同的文件，主要包括下列文件、证件：（1）由董事长、副董事长签署的外商投资企业登记申请书；（2）合同、章程以及审批机关的批准文件和批准证书；（3）项目建议书、可行性研究报告及其批准文件；（4）投资者合法开业证明；（5）投资者的资信证明；（6）董事会名单及董事会成员、总经理和副总经理的委派文件等；（7）其他有关文件、证件。另外，不具备法人条件的企业或经营单位申请营业登记，外商投资企业申请设立分支机构或办事机构，也应依法提交相应的文件。

登记主管机关受理登记申请后，应对申请单位提交的文件、证件、登记申请书以及其他有关文件进行审查，此处的审查包括形式审查和实质审查，具体核实商事主体的设立条件。对不具备设立条件的，依法作出不予核准登记的决定。对符合设立条件的，作出核准登记的决定，并分别核发相应的执照。

三、企业的设立方式

（一）发起设立

发起设立又称"同时设立""单纯设立"等，是指公司的全部股份或首期发行的股份由发起人自行认购而设立公司的方式。有限责任公司只能采取发起设立的方式，由全体股东出资设立。我国《公司法》第七十七条规定，股份有限公司可采取发起设立的方式，也可以采取募集设立的方式。

（二）募集设立

募集设立又称"渐次设立"或"复杂设立"，是指发起人只认购公司股份或首期发行股份的一部分，其余部分对外募集而设立公司的方式。《公司法》第七十七条第三款规定："募集设立，是指由发起人认购公司应发行股份的一部分，其余股份向社会公开募集或者向特定对象募集而设立公司。"所以，募集设立既可以是通过向社会公开发行股票的方式设立，也可以是不发行股票而只向特定对象募集而设立。这种方式只为股份有限公司设立之方式。由于募集设立的股份有限公司资本规模较大，涉及众多投资者的利益，故各国公司法均对其设立程序严格限制。如为防止发起人完全凭借他人资本设立公司，损害一般投资者的利益，规定发起人认购的股份在公司股本总数中应占的比例。

四、企业设立的条件

（一）设立的一般性条件

企业设立的一般条件是指不同法律形式、不同行业、不同投资来源、不同所有制的企业设立时应具备的共同条件。主要有：

（1）产品或经营成果以及商业服务活动为社会所需要，且为法律所允许。

（2）有自己的名称和住所。企业的名称是企业区别于其他法律主体的标志和符号，企业的名称应当符合法律规定；住所是指企业的主要管理机构所在地，住所在法律上的意义在于确定企业的空间位置，便于建立企业对外的联系和搭建社会管控网络，如确定企业纳税区域和司法管辖等。一些生产型企业还可能拥有自己的或者租赁使用的生产场地和厂房，以作为进行生产、科研、产品展示、货物储存和销售、提供商业服务的基地。

（3）有符合国家规定的资金。一般来讲，公司企业的投资额称为注册资本，非法人企业的投资称为资金数额，企业如不具备与其经营规模相适应的资金，便不能有效地开展各项业务活动，也无法对债权人的利益提供保障，从而导致社会经济秩序紊乱。

（4）有与生产经营活动规模相适应的从业人员。

（5）要有相应的管理机构和负责人。法人企业要有法定代表人，其管理机构要符合公司法及其他有关法律的规范性要求；非法人企业要有企业负责人，如合伙企业的合伙事务执行人，个人独资企业的经理、厂长等。

（6）有明确的符合法律规定的经营范围。

（7）有明确、规范的财务会计制度。法人企业要实行独立核算，自负盈亏，能够编制资产负债表、损益表、利润分配表等，独立申报纳税事宜。非法人企业也须依法建立财务会计制度。

值得注意的是，特殊行业的企业设立存在一些特别条件。对于一般行业的企业开办，市场经济国家的通行做法是交由投资者自由决定，并在注册登记的相关文件中加以体现。对于向特殊行业投资开办的企业，政府都有审核批准的程序要求。被政府管制的特殊行业的范围各国规定并不完全一致。在我国，如大型工业企业设立时要有能源、原材料、交通运输的必要条件安排，有污染的企业则要符合环境保护的要求，探矿采矿业、空中运输企业、危险品生产企业、医药生产企业等不仅要有完整的物质基础条件，而且要经过政府的审核批准；还有一些应由政府规定市场准入标准并要求审核批准的其他行业，如饮食服务业、房地产开发业、建筑企业、各类金融企业、新闻媒体企业、烟酒生产企业等。因此，特定行业的企业设立或者企业经营范围中涉及政府管制项目的，应当经过政府批准。

（二）其他条件

公司设立以后即取得法人资格，因此法律上要求其开办的条件较合伙企业和独资企业更严格。除前述一般条件外，《公司法》和《市场主体登记管理条例》还要求具备：

（1）股东共同签署或者创立大会批准的公司章程。

（2）健全的公司管理机构，包括股东会或股东大会、董事会、监事会、经理、财务部门等。

（3）股东通过投资协议或章程认缴注册资本并对其认缴行为负责，其中法律对有限公司、股份有限公司最低资本金另有规定的，服从其规定。

（4）公司的股东以货币、实物、知识产权、土地使用权以外的其他财产出资的，须满足可以用货币评估价值并能够依法转让的条件。股东不得以劳务、信用、自然人姓名、商誉、特许经营权或者设定担保的财产等作价出资。

（5）公司委任董事、监事、高级管理人员应不违反《公司法》第一百四十六条的规定；有限责任公司的股东人数为1人以上50人以下，股份有限公司的发起人最少为2人，最多为200人，其中须有半数以上的发起人应在中国境内有住所。

（6）股份有限公司以募集方式设立向社会公开发行股票的，发起人认购的股份不得少于公司股份总数的35%，且要经国务院证券管理部门核准，要公告招股说明书，制作认股书，由依法设立的证券经营机构承销，并同银行签订代收股款协议。

其中，合伙企业依据我国《合伙企业法》的规定，要有合伙协议。《合伙企业法》第十八条规定："合伙协议应当载明下列事项：（一）合伙企业的名称和主要经营场所的地点；（二）合伙目的和合伙经营范围；（三）合伙人的姓名或者名称、住所；（四）合伙人的出资方式、数额和缴付期限；（五）利润分配、亏损分担方式；（六）合伙事务的执行；（七）入伙与退伙；(八)争议解决办法；(九)合伙企业的解散与清算；(十)违约责任。"

(三) 股东出资的方式

我国《公司法》第二十五条规定："有限责任公司章程应当载明下列事项……(四)股东的姓名或者名称；(五)股东的出资方式、出资额和出资时间……"第八十一条规定："股份有限公司章程应当载明下列事项……(五)发起人的姓名或者名称、认购的股份数、出资方式和出资时间……"可见，股东的出资方式对于股权确认具有重要意义。

理论上，虽然任何类型的财产都可以用来出资，但对法无明文规定的出资形式，要根据出资财产是否符合现物出资的标的物条件来判断，即须具有确定性、现存性、价值评估的可能性、可独立转让性的标的物才能用于出资。根据《市场主体登记管理条例》第十三条第二款："出资方式应当符合法律、行政法规的规定。公司股东、非公司企业法人出资人、农民专业合作社（联合社）成员不得以劳务、信用、自然人姓名、商誉、特许经营权或者设定担保的财产等作价出资。"《公司法》第二十七条规定，股东可以用货币出资，也可以用实物、知识产权、土地使用权等可以用货币估价并可以依法转让的非货币财产作价出资；但是，法律、行政法规规定不得出资的财产除外。对作为出资的非货币财产应当评估作价，核实财产，不得高估或者低估作价。法律、行政法规对评估作价有规定的，从其规定。由此，出资方式主要有：

(1) 货币出资。股东用货币出资，除人民币外，还可以用外币出资。如中外合资经营企业为有限责任公司，合营企业各方用现金（货币）出资时，中方合营者的货币一般为人民币，外国合营者一般为外币，外币可以按照规定折算成人民币或者套算成约定的外币。

(2) 实物、知识产权、土地使用权等非货币财产出资。实物是指房屋、机器设备、工具、原材料、零部件等有形财产。知识产权包括专利权、商标权、著作权等。土地使用权是指国有土地和农民集体所有的土地，依法明确给单位或者给个人使用的权利。以上述财产出资的，必须评估作价，并依法办理转让手续。

(3) 其他可以用货币估价并可以依法转让的非货币财产，如股权、债权、探矿权、采矿权等，都可以用于出资。

(4) 法律、行政法规规定不得作为出资的财产。如股东不得以劳务、信用、自然人姓名、商誉、特许经营权或者设定担保的财产等作价出资。❶

五、股东出资义务的履行

股东应当按期足额缴纳公司章程中规定的各自所认缴的出资额。若发生履行义务不能时，出资人则需要承担相应责任。

---

❶ 李连宇.公司法新解读.4版.北京：中国法制出版社，2016：151-154.

（一）股东的出资义务

《公司法》第二十八条规定，股东应当按期足额缴纳公司章程中规定的各自所认缴的出资额。股东以货币出资的，应当将货币出资足额存入有限责任公司在银行开设的账户；以非货币财产出资的，应当依法办理其财产权的转移手续。股东不按照前款规定缴纳出资的，除应当向公司足额缴纳外，还应当向已按期足额缴纳出资的股东承担违约责任。《公司法》第八十三条规定："以发起设立方式设立股份有限公司的，发起人应当书面认足公司章程规定其认购的股份，并按照公司章程规定缴纳出资。以非货币财产出资的，应当依法办理其财产权的转移手续""发起人不依照前款规定缴纳出资的，应当按照发起人协议承担违约责任"。

按期足额缴纳出资，是股东的一项重要法定义务，必须严格履行。如果股东没有按期足额缴纳公司章程中规定的自己所认缴出资额的，如没有按照公司章程或股东协议规定的时间、金额出资，则需依法承担相应的法律责任：

（1）承担继续履行出资义务的责任。股东不按期缴纳出资的，不能因此免除或者减轻其按照公司章程规定应当履行缴纳出资义务的责任。特别是在人民法院受理公司破产申请后，债务人的出资人尚未完全履行出资义务的，破产管理人仍应当要求该出资人缴纳所认缴的出资，而不受出资期限的限制。《全国法院民商事审判工作会议纪要》【法〔2019〕254号（简称《九民纪要》）】对股东出资加速到期作出了规定，在注册资本认缴制下，股东依法享有期限利益。债权人以公司不能清偿到期债务为由，请求未届出资期限的股东在未出资范围内对公司不能清偿的债务承担补充赔偿责任的，人民法院不予支持。但是，下列情形除外：①公司作为被执行人的案件，人民法院穷尽执行措施无财产可供执行，已具备破产原因，但不申请破产的；②在公司债务产生后，公司股东（大）会决议或以其他方式延长股东出资期限的。

（2）向其他股东承担违约责任。股东未按照公司章程规定的时间、金额缴纳出资，违反了公司章程规定的出资义务，即构成了对其他已经履行缴纳出资义务的股东违约，应当依法向其他股东承担违约责任，如支付已经支出的公司开办费用以及资金占用的利息损失等。

《最高人民法院关于适用〈中华人民共和国公司法〉若干问题的规定（三）》（法释〔2020〕18号）（以下简称《公司法司法解释（三）》）第十六条规定，股东未履行或者未全面履行出资义务或者抽逃出资，公司根据公司章程或者股东会决议对其利润分配请求权、新股优先认购权、剩余财产分配请求权等股东权利作出相应的合理限制，该股东请求认定该限制无效的，人民法院不予支持。第十七条第一款规定，有限责任公司的股东未履行出资义务或者抽逃全部出资，经公司催告缴纳或者返还，其在合理期间内仍未缴纳或者返还出资，公司以股东会决议解除该股东的股东资格，该股东请求确认该解除行为无效的，人民法院不予支持。

（二）其他影响

1. 对设立时其他股东的影响

关于公司设立时的发起人的连带责任，《公司法》第三十条规定："有限责任公司成立后，发现作为设立公司出资的非货币财产的实际价额显著低于公司章程所定价额的，应当由交付该出资的股东补足其差额，公司设立时的其他股东承担连带责任"。第九十三条规定："股份有限公司成立后，发起人未按照公司章程的规定缴足出资的，应当补缴；其他发起人承担连带责任。""股份有限公司成立后，发现作为设立公司出资的非货币财产的实际价额显著低于公司章程所定价额的，应当由交付该出资的发起人补足其差额，其他发起人承担连带责任。"

2. 对发起人和高级管理人员的影响

股东未履行或者未全面履行出资义务的行为，违反了公司资本维持原则，对债权人利益具有较大威胁，为保护债权人利益，在股东未履行或未全面履行出资义务导致公司不能清偿债务时，债权人有权请求发起人、高级管理人员承担赔偿责任。

《公司法司法解释（三）》第十三条第二款规定："公司债权人请求未履行或者未全面履行出资义务的股东在未出资本息范围内对公司债务不能清偿的部分承担补充赔偿责任的，人民法院应予支持；未履行或者未全面履行出资义务的股东已经承担上述责任，其他债权人提出相同请求的，人民法院不予支持"。第三款和第四款规定："股东在公司设立时未履行或者未全面履行出资义务，依照本条第一款或者第二款提起诉讼的原告，请求公司的发起人与被告股东承担连带责任的，人民法院应予支持；公司的发起人承担责任后，可以向被告股东追偿。股东在公司增资时未履行或者未全面履行出资义务，依照本条第一款或者第二款提起诉讼的原告，请求未尽公司法第一百四十八条第一款规定的义务而使出资未缴足的董事、高级管理人员承担相应责任的，人民法院应予支持；董事、高级管理人员承担责任后，可以向被告股东追偿。"

3. 对受让股东的影响

实践中不少股东对出资风险认识不足，值得注意的是，股东的出资责任并不随着股权转让而消灭。根据《公司法司法解释（三）》第十八条的规定："有限责任公司的股东未履行或者未全面履行出资义务即转让股权，受让人对此知道或者应当知道的，公司请求该股东履行出资义务、受让人承担连带责任的，人民法院应予以支持。"

4. 对代垫资金第三人的影响

实践中存在第三人代垫资金协助发起人设立公司，并约定在公司验资后或者成立后抽回资金偿还的情形。就代垫资金第三人而言，其在抽逃出资本息范围内对公司债务不能清偿的部分承担补充赔偿责任。

六、公司设立的程序

(一) 有限责任公司

与股份有限公司相比,设立有限责任公司程序更简单。依据《公司法》第二章和《市场主体登记管理条例》的规定,设立有限责任公司一般要履行以下程序:(1)订立公司设立协议;(2)签署公司章程;(3)认缴并及时缴纳出资;(4)报送登记文件;(5)确定公司机关及其组成人员;(6)办理登记前置的行政审批程序;(7)前往公司登记机关申请办理公司设立登记;(8)公司登记机关颁发《企业法人营业执照》。

1. 订立公司设立协议

实践中,公司发起人常常订立公司设立协议(即发起人协议),旨在明确发起人相互之间在公司设立阶段产生的权利义务关系。

2. 签署公司章程

作为设立公司的重要步骤,全体发起人应当共同签署公司章程,即在公司章程上签名、盖章。公司章程既可由发起人亲自起草,也可委托专业律师代为起草。无论何人起草,都应符合合法严谨的基本要求。我国立法并未规定公司章程需要办理公证,因此是否办理公证纯属公司自治的范畴。

3. 认缴并及时缴纳出资

缴纳出资是股东取得股东资格的对价和前提。因此,我国《公司法》第二十五条规定有限责任公司章程应载明每位股东的出资方式、出资额和出资时间。可见,股东签署公司章程之时,即为确认和允诺其出资义务之时。

在公司章程确定以后,股东就应根据《公司法》第二十八条规定按期足额缴纳公司章程中规定的各自所认缴的出资额。此处的"认缴"是指确认缴纳、允诺缴纳、承诺缴纳。股东以货币出资的,应当将货币出资足额存入有限责任公司在银行开设的账户;以非货币财产出资的,应当依法办理其财产权的转移手续。对作为出资的非货币财产还应当评估作价,核实财产,不得高估或低估作价;法律、行政法规对评估作价有规定的,从其规定。

4. 报送登记文件

为确保发起人出资的真实性、充分性与合法性,夯实公司资本基础、维护交易安全,我国《公司法》第二十九条规定,股东认足公司章程规定的出资后,由全体股东指定的代表或者共同委托的代理人向公司登记机关报送公司登记申请书、公司章程等文件,申请设立登记。

5. 确定公司机关及其组成人员

为建立与维护公司成立后的经营管理秩序,公司发起人应及时在公司章程中确定公司机关及其组成人员。公司董事、监事、经理可由发起人出任,也可由发起人之外的民事主体出任。

6. 办理登记前置的行政审批程序

我国对有限责任公司的设立采取准则主义为主、许可主义为辅的立法态度。在《行政许可法》颁布以后，公司登记前的行政前置审批程序虽然大幅压缩，但在某些特定领域依然保留。因此，《市场主体登记管理条例》第十四条规定："市场主体的经营范围包括一般经营项目和许可经营项目。经营范围中属于在登记前依法须经批准的许可经营项目，市场主体应当在申请登记时提交有关批准文件。市场主体应当按照登记机关公布的经营项目分类标准办理经营范围登记。"

公司发起人取得行政许可文件后，应当尽快在合理期限内前往公司登记机关办理设立登记手续。根据该条例第二十条规定，法律、行政法规或国务院决定规定设立有限责任公司必须报经批准的，应当自批准之日起90日内向公司登记机关申请设立登记；逾期申请设立登记的，申请人应当报批准机关确认原批准文件的效力或另行报批。

7. 前往公司登记机关申请办理公司设立登记

《公司法》第二十九条要求，股东认足公司章程规定的出资后，由全体股东指定的代表或共同委托的代理人向公司登记机关报送公司登记申请书、公司章程等文件，申请设立登记。为明确国有独资公司设立的申请人，《市场主体登记管理条例实施细则》第四条第一款第一项规定："省级以上人民政府或者其授权的国有资产监督管理机构履行出资人职责的公司，以及该公司投资设立并持有50%以上股权或者股份的公司的登记管理由省级登记机关负责"。

《市场主体登记管理条例实施细则》第四章第二十五条、第二十六条规定："申请办理设立登记，应当提交下列材料：（一）申请书；（二）申请人主体资格文件或者自然人身份证明；（三）住所（主要经营场所、经营场所）相关文件；（四）公司、非公司企业法人、农民专业合作社（联合社）章程或者合伙企业合伙协议。""申请办理公司设立登记，还应当提交法定代表人、董事、监事和高级管理人员的任职文件和自然人身份证明。除前款规定的材料外，募集设立股份有限公司还应当提交依法设立的验资机构出具的验资证明；公开发行股票的，还应当提交国务院证券监督管理机构的核准或者注册文件。涉及发起人首次出资属于非货币财产的，还应当提交已办理财产权转移手续的证明文件。"

8. 公司登记机关颁发《企业法人营业执照》

依法设立的公司，由公司登记机关发给公司营业执照。公司营业执照签发日期为公司成立日期。公司营业执照应当载明公司的名称、住所、注册资本、经营范围、法定代表人姓名等事项。公司凭公司登记机关核发的《企业法人营业执照》刻制印章，开立银行账户，申请纳税登记。因此，公司设立登记之日即为公司的诞生日。自公司设立登记之日起，设立中公司自动转化为具有独立法人资格的标准化公司。公司自此获得法律生命，取得法律人格。

公司经公司登记机关依法登记，领取《企业法人营业执照》，方取得企业法人资格。未经公司登记机关登记的,不得以公司名义从事经营活动。未依法登记为有限责任公司或股份有限公司,而冒用有限责任公司或股份有限公司名义的,或未依法登记为有限责任公司或股份有限公司的分公司,而冒用有限责任公司或股份有限公司的分公司名义的,由公司登记机关责令改正或予以取缔,可并处10万元以下的罚款。

(二)股份有限公司

根据《公司法》第七十七条规定,股份有限公司的设立,可以采取发起设立或者募集设立的方式。发起设立,是指由发起人认购公司应发行的全部股份而设立公司。募集设立,是指由发起人认购公司应发行股份的一部分,其余股份向社会公开募集或者向特定对象募集而设立公司。

1.发起设立股份有限公司的程序

发起设立股份有限公司的主要流程包括以下环节:

(1)签订发起人协议。《公司法》第七十九条规定,股份有限公司发起人承担公司筹办事务。发起人应当签订发起人协议,明确各自在公司设立过程中的权利和义务。这是股份有限公司与有限责任公司在设立程序中的区别之一。股份有限公司发起人协议之有无,不仅涉及发起人的切身利益,还涉及广大债权人的交易安全。

(2)签署公司章程。发起人协议签署以后,全体发起人应当共同签署公司章程。

(3)认缴并及时缴纳出资。缴纳出资是股东取得股东资格的对价和前提。根据我国《公司法》第八十条规定,股份有限公司采取发起设立方式设立的,注册资本为在公司登记机关登记的全体发起人认购的股本总额。在发起人认购的股份缴足前,不得向他人募集股份。股份有限公司采取募集方式设立的,注册资本为在公司登记机关登记的实收股本总额。法律、行政法规以及国务院决定对股份有限公司注册资本实缴、注册资本最低限额另有规定的,从其规定。

可见,股份有限公司发起人的分期缴纳出资制度不同于有限责任公司发起人的分期缴纳出资制度。《公司法》第八十三条第一款从正面强调发起人出资义务的履行:以发起设立方式设立股份有限公司的,发起人应当书面认足公司章程规定其认购的股份,并按照公司章程规定缴纳出资。以非货币财产出资的,应当依法办理其财产权的转移手续。该条第二款从反面规定了发起人瑕疵出资的不利后果:发起人不依前款规定缴纳出资的,应当按照发起人协议承担违约责任。

(4)确定公司机关及其组成人员。《公司法》第八十三条要求发起人在首次缴纳出资后,应当选举董事会和监事会。

(5)办理登记前置行政审批程序。根据《市场主体登记管理条例》第十四条规定:"市场主体的经营范围包括一般经营项目和许可经营项目。经营范围中属于在登记前依法须经批准的许可经营项目,市场主体应当在申请登记时提交有关批准文件。市场主体应当按照登记机关公布的经营项目分类标准办理经营范围登记。"

（6）前往公司登记机关申请办理设立登记。根据《公司法》第八十三条第三款，董事会应及时向公司登记机关报送公司章程以及法律、行政法规规定的其他文件，申请设立登记。《市场主体登记管理条例》第八条和第九条对市场主体一般登记事项和应当向登记机关办理备案事项进行了详细规定。

（7）由公司登记机关颁发《企业法人营业执照》。

2.募集设立股份有限公司的程序

募集设立是指由发起人认购公司应发行股份的一部分，其余股份向社会公开募集或向特定对象募集而设立公司。募集设立分为公开募集设立与定向募集设立两种。二者的共同点是发起人仅认购公司发行股份总数的一部分，剩余股份要向他人招募。

尽管定向募集股份时可更多地尊重契约自由和投资者对投资风险及投资收益的独立判断，但为预防合同欺诈，发起人应当在向特定投资者募集股份时以招股说明书形式（或替代化合同文件）真实、完整、准确、客观、全面地披露募集股份指向的投资项目。投资者认同投资项目，愿意承受相应投资风险的，应当与发起人签署认股书，并按照所认购股数及时足额地缴纳股款。在通常情况下，发起人定向募集股份面对的投资者主要是能为拟设立公司提供管理经验、市场份额和品牌利益的战略投资者，能为拟设立公司提供巨额资金的机构投资者（如投资基金、风险基金）以及与发起人存在某种特定法律关系的投资者（如发起人同事的职工、亲朋好友）等。

在启动公开募集股份的程序之前，发起人需要做好一系列募股准备工作，包括但不限于选择证券承销商，与之签订承销协议；选择代收股款银行，并与之签订代收股款协议。

（1）签订发起人协议。

与发起设立方式相同，我国《公司法》第七十九条也要求公开募集设立的股份有限公司发起人签订发起人协议，明确各自在公司设立过程中的权利和义务。

（2）起草公司章程。

根据《公司法》第八十一条规定，股份有限公司章程应当载明下列事项：公司名称和住所；公司经营范围；公司设立方式；公司股份总数、每股金额和注册资本；发起人的姓名或者名称、认购的股份数、出资方式和出资时间；董事会的组成、职权和议事规则；公司法定代表人；监事会的组成、职权和议事规则；公司利润分配办法；公司的解散事由与清算办法；公司的通知和公告办法；股东大会会议认为需要规定的其他事项。

（3）认缴发起人股份并及时缴纳出资。

根据《公司法》第八十四条规定，以募集设立方式设立股份有限公司的，发起人认购的股份不得少于公司股份总数的35%；但是，法律、行政法规另有规定的，从其规定。

（4）对外募集股份。

在对外募集股份的问题上，定向募集与公开募集存在重大区别。就定向募集而言，由于面对的投资者数量有限，且具有封闭性，招募投资者的行为与合同的缔结行为无异。因此，定向募集股份的行为原则上属于传统契约自由的范畴，国家的公权力不必进行深度干预。合同法中的合同订立制度原则上适用于定向募集股份的情况。而公开募集股份面对的潜在投资者数量成千上万，国家公权力必须深度干预公开募集股份的行为。

下面主要介绍公开募集股份的程序。当然，在启动以下程序之前，发起人需要做好一系列的募股准备工作，包括但不限于选择证券承销商，并与之签订承销协议；选择代收股款银行，并与之签订代收股款协议。

（1）依法注册。

《证券法》第九条规定，公开发行证券，必须符合法律、行政法规规定的条件，并依法报经国务院证券监督管理机构或者国务院授权的部门注册。未经依法注册，任何单位和个人不得公开发行证券。

（2）预先披露信息。

为确保投资者尽早了解未来股份募集的最新动态，从而有充分的时间消化相关资料和信息，《证券法》第二十条规定，发行人申请首次公开发行股票的，在提交申请文件后，应当按照国务院证券监督管理机构的规定预先披露有关申请文件。

（3）等待审核。

《证券法》第二十二条规定，国务院证券监督管理机构或者国务院授权的部门应当自受理证券发行申请文件之日起三个月内，依照法定条件和法定程序作出予以注册或者不予注册的决定。为了及时纠正错误的审核行为，《证券法》第二十四条规定，国务院证券监督管理机构或者国务院授权的部门对已作出的证券发行注册的决定，发现不符合法定条件或者法定程序，尚未发行证券的，应当予以撤销，停止发行。已经发行尚未上市的，撤销发行注册决定，发行人应当按照发行价并加算银行同期存款利息返还证券持有人；发行人的控股股东、实际控制人以及保荐人，应当与发行人承担连带责任，但是能够证明自己没有过错的除外。

（4）公告招股说明书。

公开募集申请获得核准以后，发起人应当依照《证券法》第二十三条规定，证券发行申请经注册后，发行人应当依照法律、行政法规的规定，在证券公开发行前公告公开发行募集文件，并将该文件置备于指定场所供公众查阅。发行证券的信息依法公开前，任何知情人不得公开或者泄露该信息。发行人不得在公告公开发行募集文件前发行证券。

根据《公司法》第八十六条规定，招股说明书应附有发起人制订的公司章程，并载明下列事项：发起人认购的股份数；每股的票面金额和发行价格；无记名股票的发行总数；募集资金的用途；认股人的权利、义务；本次募股的起止期限及逾期未募足时认股人可撤回所认股份的说明。招股说明书的作用在于帮助投资者对拟投资项目的真实价值作出理性的判断。

（5）备置认股书，以便投资者认购缴纳股款。

根据《公司法》第八十五条规定，发起人向社会公开募集股份，必须在公告招股说明书的同时制作认股书。认股书应当载明招股说明书所载事项，由认股人填写认购股数、金额、住所，并签名、盖章。如果说招股说明书是要约邀请，认股书则是投资者对发起人所作的承诺。认股书签字之时原则上就是股份认购合同生效之时。因此，认股人认购股份后应当根据其所认缴股数缴纳股款。代收股款的银行应当按照协议代收和保存股款，向缴纳股款的认股人出具收款单据，并向有关部门出具收款证明。倘若认股人未及时缴纳股款，发起人又未明示地为其垫付股款，则自动丧失股东资格。

（6）聘请验资机构出具验资证明。

为确保发起人和认股人出资的真实性、充分性与合法性，夯实公司资本基础、维护交易安全，《公司法》第八十九条规定，发行股份的股款缴足后，必须经依法设立的验资机构验资并出具证明。

（7）召开公司创立大会，通过公司章程，选举董事、监事。

《公司法》第九十条规定，发起人应当在创立大会召开十五日前将会议日期通知各认股人或者予以公告。创立大会应有代表股份总数过半数的发起人、认股人出席，方可举行。创立大会是股东大会的前身，也是设立中公司的最高决策机构。创立大会的主要职权包括：审议发起人关于公司筹办情况的报告；通过公司章程；选举董事会成员；选举监事会成员；对公司的设立费用进行审核；对发起人用于抵作股款的财产的作价进行审核；发生不可抗力或经营条件发生重大变化直接影响公司设立的，可作出不设立公司的决议。创立大会对前款所列事项作出决议，必须经出席会议的认股人所持表决权过半数通过。

（8）办理登记前置的行政审批程序。

根据《市场主体登记管理条例》第十四条规定："市场主体的经营范围包括一般经营项目和许可经营项目。经营范围中属于在登记前依法须经批准的许可经营项目，市场主体应当在申请登记时提交有关批准文件。市场主体应当按照登记机关公布的经营项目分类标准办理经营范围登记。"

《公司法》第九十二条规定，董事会应于创立大会结束后三十日内，向公司登记机关报送下列文件，申请设立登记：公司登记申请书；创立大会的会议记录；公司章程；验资证明；法定代表人、董事、监事的任职文件及其身份证明；发起人的法人资格证明或自然人身份证明；公司住所证明。以募集方式设立股份有限公司公开发行股票的，还应当向公司登记机关报送中国证监会的核准文件。

（9）由公司登记机关颁发《企业法人营业执照》。

七、设立中公司

设立中公司是指自发起人制定公司章程时开始至公司完成设立登记之前的公司雏形。"公司雏形"有可能经过一段公司设立期间取得法人资格，也可能最终失败。

虽然设立中公司尚无完全的法律人格，但从商业惯例看，设立中公司在事实上客观存在乃为不争之事实，其以"某公司（筹）"或"某公司筹备处"的名义开展活动更是司空见惯。为明确设立中公司实施的法律行为的法律效果的归属，尤其明确设立中公司与设立后公司的法律人格的内在关系尤其是权利义务的继受问题，有必要明确设立中公司的法律地位。

(一) 性质

1. 设立中公司为无权利能力的社团

德国法将设立中公司的地位界定为无权利能力的社团。《德国民法典》第五十四条规定："对无权利能力的社会团体适用关于合伙的规定；以这种社团名义对第三人所为的法律行为，由行为人个人负责；如行为人有数人时，全体行为人视为连带债务人负其责任。"德国《股份公司法》第四十一条规定："在商业登记簿登记注册前以公司名义进行商业活动者，由个人承担责任；如果是几个人进行商业活动，他们则作为总债务人来承担责任。"此种立法例值得借鉴，但不足在于，这种观点建立在公司本质上为社团法人的理论基础之上。

2. 设立中公司为准合伙组织

在"其他组织"的范畴中，设立中公司更接近于合伙的特点。合伙人即为公司的全体发起人。对于设立中公司的对内对外法律关系，可援引民法中的合伙关系处理。与其他合伙不同的是，设立中公司这一合伙组织仅为设立公司的目的而存在，而非为其他民事或商事目的（如生产、销售商品或提供服务）而存在。将设立中公司界定为准合伙组织，有助于在公司立法缺乏明文规定的情况下，节约立法资源，理顺发起人之间、发起人与设立中公司之间、发起人与第三人之间的权利义务关系。

3. 设立中公司与成立后公司为同一体

设立中公司乃未来公司的前身。设立中公司与成立后公司为同一体的实益在于设立中公司缔结的法律关系就是成立后公司缔结的法律关系。换言之，设立中公司的债权债务关系当然转由成立后的公司继受，而无需履行特别的债权债务移转手续。因为，设立中公司就是成立后公司的前身，而后者也是前者的法律延伸。发起人作为设立中公司的机关，为设立公司而创设的法律关系就是设立中公司的法律关系，在公司成立之后自动被成立后公司继受。

(二) 责任的承担

1. 一般规则

设立中公司缔结的法律关系被成立后的公司继受。因此，设立中公司的债权债务关系当然转由成立后的公司继受，而无需履行特别的债权债务移转手续。但这一结论是站在设立中公司这一债务人的角度而言的；若就设立中公司的债权人的角度而言，也许债权人根本就不认为发起人创设的债务就是设立中公司债务。因此，有必要区分设立中公司的债务与发起人的固有债务，明确公司设立失败时设立中公司债务的负担主体等。

设立中公司债务的归属应当充分体现债权人利益与公司利益、股东利益相互之间的有机协调。为保护交易安全，提高交易预期的透明度，对于公司设立阶段产生的债权债务的归属应当坚持外观主义法理，原则上依据债权债务关系创设主体的名义而定。

2. 发起人为设立公司以自己名义创设的债权债务归属

《民法典》第七十五条第二款"设立人为设立法人以自己的名义从事民事活动产生的民事责任，第三人有权选择请求法人或者设立人承担"，2020 年《公司法司法解释（三）》相比于 2014 年《公司法司法解释（三）》相应降低公司承担"发起人为设立公司以自己名义签订合同责任"的要求，删除前提条件"成立后公司对合同予以确认，或者公司已经实际享有合同权利或者履行合同义务"，将责任承担主体的选择权交还给合同相对人，更有利于保护合同相对人。

发起人"为设立公司"以自己的名义从事的民事活动，才可能由公司承担。至于如何判断民事活动系"为设立公司"所实施，理论上存在实质标准和形式标准：实质标准以设立人从事的民事活动是否是设立公司固有的或必要的行为进行判断；形式标准以设立人从事的民事活动是否以法人的名义实施进行判断。

2014 年修正的《公司法司法解释（三）》第二条，以形式标准为主、以实质标准为辅。即发起人为设立公司以自己名义对外签订的合同，原则上由发起人承担责任；但公司成立后对该合同予以确认或者已经实际享有合同权利或者履行合同义务的，合同相对人可以要求公司承担责任。

2020 年修正的《公司法司法解释（三）》第二条删除了实质标准的相关规定，将合同责任承担主体的选择权交给合同相对人，有利于第三人信赖利益的保护，也与我国《民法典》第九百二十六条第二款"受托人因委托人的原因对第三人不履行义务，受托人应当向第三人披露委托人，第三人因此可以选择受托人或者委托人作为相对人主张其权利，但是第三人不得变更选定的相对人"中规定的第三人的选择权相一致。

八、公司设立瑕疵制度

公司设立瑕疵，指已经登记的公司由于在其设立过程中存在不符合公司法规定的法定条件或程序，导致设立行为不完全具备公司法所规定的实质要件，公司法律人格存在效力瑕疵，因而被责令采取补救措施或被宣告无效或撤销的情形。

公司设立瑕疵具体表现形式多种多样。可以是因设立人意思表示欠缺导致公司设立瑕疵，也可能是因设立行为违反法定条件或程序导致公司设立瑕疵。

（一）公司设立瑕疵的概念

公司设立，是指发起人为组建公司并使其取得法人资格，依照法律规定实施的多种连续的准备行为。公司设立瑕疵则是指经公司登记机关核准登记并获营业执照而宣告成立的公司，其设立过程不符合公司法规定的条件和程序的情形。公司设立瑕疵有几种情形：

（1）股东瑕疵。股东瑕疵主要表现为股东人数瑕疵以及股东资格瑕疵。就股东人数瑕疵而言，既有低于股东最低人数的瑕疵，也有高于股东最高人数的瑕疵。尽管世界范围内已普遍允许一人公司的设立与存续，即便如此，也有可能因为一人股东的虚拟而使得该公司的股东低于一人股东人数的法定要求，更不用说，有些国家对其公司股东的最低人数仍然有着更高的要求。

（2）资本瑕疵。资本瑕疵的认定受到资本模式的影响。在实收资本模式或者折衷资本模式下，由于普遍要求公司设立时的最低资本额以及全部或部分比例的实缴资本到位，有时还要求相应的部门以及人员对出资的真实进行验资，从而使得此类资本模式下因资本瑕疵所引发的瑕疵公司情形较为普遍。在授权资本模式下，公司设立无最低资本额的法定要求，也无应缴资本比例以及验资等法定要求，但股东易受到因资本显著不足而引发的公司人格否认，从而承担连带责任。依据《公司法》第二十条规定，公司股东应当遵守法律、行政法规和公司章程，依法行使股东权利，不得滥用股东权利损害公司或者其他股东的利益；不得滥用公司法人独立地位和股东有限责任损害公司债权人的利益。公司股东滥用股东权利给公司或者其他股东造成损失的，应当依法承担赔偿责任。公司股东滥用公司法人独立地位和股东有限责任，逃避债务，严重损害公司债权人利益的，应当对公司债务承担连带责任。《全国法院民商事审判工作会议纪要》中对《公司法》第二十条第三款规定的滥用行为列举了人格混同、过度支配与控制、资本显著不足三种情况。其中，资本显著不足指的是，公司设立后在经营过程资本与经营明显不匹配。股东利用较少资本从事力所不及的经营，表明其没有从事公司经营的诚意，实质是恶意利用公司独立人格和股东有限责任把投资风险转嫁给债权人。由于资本显著不足的判断标准有很大的模糊性，特别是要与公司采取"以小博大"的正常经营方式相区分，因此在适用时要十分谨慎，应当与其他因素结合起来综合判断。

（3）章程瑕疵。这是指公司章程缺乏必载事项或所载事项与法律存有冲突之情形。具体又可分为公司目的瑕疵、公司名称瑕疵以及其他必载事项瑕疵。

公司设立瑕疵需要确立公司瑕疵设立无效制度来制衡。公司设立无效是指已在公司登记机关办理设立登记手续、领取企业法人营业执照的公司被人民法院确认自始不具备独立法人资格，任何以公司名义所发生的债权债务均由发起人承担。

（二）公司设立瑕疵的法律后果

虽然公司设立中瑕疵现象较多，但我国《公司法》中直接规范公司设立瑕疵问题及其法律后果的条文却很少，《公司法》第一百九十八条规定："违反本法规定，虚报注册资本、提交虚假材料或者采取其他欺诈手段隐瞒重要事实取得公司登记的，由公司登记机关责令改正，对虚报注册资本的公司，处以虚报注册资本金额百分之五以上百分之十五以下的罚款；对提交虚假材料或者采取其他欺诈手段隐瞒重要事实的公司，处以五万元以上五十万元以下的罚款；情节严重的，撤销公司登记或者吊销营业执照。"从该法律条文来看，公司设立瑕疵并不当然地导致公司被撤销或者吊销营业执照，一般可以采取补救措施弥补公司设立瑕疵，可以责令改正并针对不同的情形给予罚款处理，只有情节严重的，才会撤销公司登记或者吊销营业执照。

第二章 企业设立

第二节 企业设立实务

一、公司设立纠纷

公司设立纠纷,是指因发起人为组建公司并使其取得法人资格而依法完成一系列法律行为所引发的纠纷。《公司法》等相关法律法规对公司的设立规定了严格的法定条件和程序,为了使公司具备上述法定条件,发起人必须作出一系列相关法律行为,如对外签订合同用以筹集资金、租赁场地、采购办公用品等。在公司成立过程中,经常在公司内部发起人、设立中的公司、外部债权人等利害关系人之间因为相关合同权利义务归属而发生法律纠纷。

公司在设立过程中主要有两种纠纷,一种是发生于发起人之间的纠纷,主要基于《公司设立协议》《出资协议》和《股东协议》等,另一种是发生于发起人与发起人之外的第三人之间的纠纷,如基于《租房合同》《买卖合同》等。

案例:黄某锐、蒙某荣公司设立纠纷再审审查与审判监督民事裁定书【(2020)最高法民申 2491 号】

【关键词】:民事;公司设立纠纷

【相关法条】:《中华人民共和国合同法》第十条、第九十七条;《中华人民共和国公司法》第七十九条;《最高人民法院关于适用〈中华人民共和国公司法〉若干问题的规定(三)》第一条;《中华人民共和国民事诉讼法》第一百七十条、第二百零四条;《最高人民法院关于适用〈中华人民共和国民事诉讼法〉的解释》第三百九十五条

【基本案情】:

黄某平与被申请人钟某伸、卢某珍及一审第三人某市位拉服装有限公司(以下简称位拉公司)公司设立纠纷一案,因黄某平于本案二审判决后病故,其法定继承人黄某锐、蒙某荣、袁某秋、黄某1、黄某2(以下简称黄某锐等五人)承继其诉讼权利。现黄某锐等五人因不服某自治区高级人民法院(以下简称二审法院)(2019)桂民终416号民事判决,向本院申请再审。本院依法组成合议庭进行了审查。现已审查终结。

黄某锐等五人申请再审称:(1)一审法院未认定黄某平已出资33.5万元。(2)钟某伸的出资款项系由卢某珍掌管、支配,二审法院认定黄某平与卢某珍在未经钟某伸同意的情况下擅自改变该出资款项用途,事实认定错误。(3)公司设立的进程均由卢某珍单独控制和操作,且钟某伸为拟设立公司的大股东,按《股东合作章程》约定,其为拟设立公司的董事长,二审法院认定黄某平与卢某珍共同谋划设立公司,而钟某伸不知情,与常理不符。(4)钟某伸的出资款51万元仍在卢某珍账户上,应由卢某珍返还。(5)公司未设立,应首先进行清算,清算结束后有结余的才能返还出资款。钟某伸是公司设立发起人之一,其应承担相应责任。原审法院未对拟设立的公司进行清算,即判决钟某伸不用承担责任,由卢某珍、黄某平全额返还出资款51万元,适用法律错误。综上,根据《中华人民共和国民事诉讼法》第二百条第一、二、六项规定,请求撤销原审判决,依法再审本案。

申请再审期间,黄某锐等五人提交以下证据:证据1.《联营合同》《招商合同书》《物

流托运单》，拟证明卢某珍委托卢某参与公司设立过程中的具体工作运营；证据2.《委托书》，拟证明位拉公司委托卢某珍代收黄某平、钟某伸支付的货款及预付款100万元；证据3.《某市V-PULL代理商投资额及费用支出情况》，拟证明黄某平已向卢某珍账户汇入投资款33.5万元，钟某伸汇入该账户51万元，该账户已支出30.5465万元，剩余53.9535万元。本院经审查认为，上述证据均在原审庭审前客观存在，黄某锐等五人未有不能在原审提交证据的事由，且上述证据1、2与本案没有关联性，证据3为记账表，不能真实反映卢善珍个人账户情况，不能达到其证明目的。上述证据不属于新证据，本院不予采纳。

【裁判理由】：

本案为公司设立纠纷。首先，黄某锐等五人未能提供证据证明黄某平的真实出资情况，且即便黄某锐等五人所称黄某平已出资33.5万元为真实，黄某平也未按《股东合作章程》约定足额出资。原审法院认定黄某平未按约出资，并无不当，本院予以维持。其次，根据原审查明的事实，黄某平已实际签收位拉公司价值653954.56元的V-PULL品牌服装。黄某锐等五人未能提供证据证明钟某伸参与上述服装的销售、处理以及从上述服装获取利益。钟某伸的出资款实际上已不是用于共同代理V-PULL品牌服装，其出资款的用途已被改变。黄某锐等五人主张黄某平未与卢某珍共谋改变钟某伸的出资款用途，与事实不符，本院不予支持。再次，钟某伸已按约出资51万元，黄某平未按约出资，双方亦未实际成立公司，《股东合作章程》约定的合作期限也已超过，钟某伸签订《股东合作章程》的目的已无法实现。且钟某伸出资也已由黄某平冲抵其从位拉公司所进货物的货款，故钟某伸要求解除《股东合作章程》，由黄某平返还其出资51万元并支付利息，于法有据，原审法院予以支持，并无不当，本院予以维持。黄某锐等五人提出黄某平不承担返还责任的主张，理据不足，本院不予支持。最后，案涉当事人在原审中均未向法院主张设立公司过程中对外产生债权债务纠纷，黄某锐等五人也未提供证据证明本案须进行公司清算的必要，应承担举证不能的法律后果。原审法院未进行公司清算，并无不当。

综上，黄某锐等五人的再审申请不符合《中华人民共和国民事诉讼法》第二百条第一、二、六项规定的情形。本院依照《中华人民共和国民事诉讼法》第二百零四条第一款，《最高人民法院关于适用〈中华人民共和国民事诉讼法〉的解释》第三百九十五条第二款之规定，裁定如下：驳回黄某锐、蒙某荣、袁某秋、黄某1、黄某2的再审申请。

【典型意义】：

本案基础法律关系的载体是《股东合作章程》，该协议的文本内容体现出混合合同的性质，既涉及发起设立公司的相关事项，又包含了关于合作代理销售V-PULL品牌的相关条款，且钟某伸在一、二审中的陈述与主张也印证了以成立公司的方式进行合作经营是当事人的真实意愿。因此，钟某伸有权依据发起设立公司的法律关系主张权利，一审法院将钟某伸定性为公司发起人并无不当，但一审法院将本案案由定为发起人责任纠纷存在错误。本案中，钟某伸本身就是发起人，而并非股份公司中的认购人，其与发起人黄某平或其他公司设立参与人之间的纠纷属于公司设立纠纷，故将案由纠正为公司设立纠纷。

二、股东出资纠纷

根据《公司法》第二十八条规定:"股东应当按期足额缴纳公司章程中规定的各自所认缴的出资额。股东以货币出资的,应当将货币出资足额存入有限责任公司在银行开设的账户;以非货币财产出资的,应当依法办理其财产权的转移手续。"股东不按照前款规定缴纳出资的,除应当向公司足额缴纳外,还应当向已按期足额缴纳出资的股东承担违约责任。

实践中,股东出资常见的法律问题主要体现为瑕疵出资,主要包括虚假出资、出资不足、逾期出资以及抽逃出资。虚假出资指并未交付货币、实物或者未转移财产所有权等,欺骗公司和其他股东,以假的银行对账单等骗取验资报告进行申请设立的行为;出资不足指出资者未足额出资、未履行出资义务等情况;逾期出资指出资者没有按照出资协议或者公司章程的规定按期缴纳出资;抽逃出资指公司设立后,将公司注册资本转移走的情形。

案例: 柳某伟与北京某企业发展咨询有限公司股东出资纠纷二审民事判决书【(2019)京03民终7573号】

【**关键词**】:民事;股东出资纠纷;抽逃出资

【**相关法条**】:依照《中华人民共和国公司法》第二十八条第一款、第三十五条,《最高人民法院关于适用〈中华人民共和国公司法〉若干问题的规定(三)》第十二条、第十三条第一款

【**基本案情**】:

某企业发展咨询有限公司(以下简称某咨询公司)成立于2012年3月2日,原为自然人独资公司,股东为柳某伟,注册资本为50万元,实收资本为50万元。某咨询公司的工商登记信息中显示,2015年12月3日,某咨询公司形成股东决定一份,该决定中载明同意变更股东由柳某伟变更为柳某伟、刘某。另,2015年12月3日,某咨询公司再次形成股东会决议一份,该决议中载明,同意公司住所变更为某市某区某镇某街某院某楼某室;同意增加注册资本,由50万元增加至1000万元,新增的950万元由刘某以货币形式出资500万元,由柳某伟以货币出资450万元;免去柳某伟的执行董事职务,选举刘某为执行董事并为公司法定代表人;同意修改公司章程。上述股东会决议有"柳某伟""刘某"签名字样。现某咨询公司工商登记的法定代表人为刘某;注册资本为1000万元;股东为刘某、柳某伟;分别为认缴出资500万元,认缴出资时间为2016年12月31日。同时某咨询公司的企业信用信息公示报告中显示,柳某伟已于2012年3月2日实缴出资50万元。2012年3月1日,柳某伟通过转账形式向某咨询公司企业入资专用账户中汇款50万元。2012年3月19日,某咨询公司通过转账形式向案外人李某杰转让50.0080万元,用途为还款。

一审庭审中,柳某伟称其没有证据证明向李某杰转账的合理性。但柳某伟作为某咨询公司的法定代表人、执行董事及总经理,该笔转账属于职务行为。即使付款业务单上显示的收款人为李某杰存在不当得利的情形,也应当由某咨询公司向李某杰进行追偿。

一审法院认为:根据《中华人民共和国公司法》第三十五条规定,公司成立后,股东不得抽逃出资。同时,《最高人民法院关于适用〈中华人民共和国公司法〉若干问题的规

定（三）》第十二条规定，公司成立后，公司、股东或者公司债权人以相关股东的行为符合下列情形之一且损害公司权益为由，请求认定该股东抽逃出资的，人民法院应予支持：（一）制作虚假财务会计报表虚增利润进行分配；（二）通过虚构债权债务关系将其出资转出；（三）利用关联交易将出资转出；（四）其他未经法定程序将出资抽回的行为。

本案中，在2012年3月2日至2015年12月3日期间，某咨询公司为一人有限责任公司，股东、法定代表人等均为柳某伟。在某咨询公司成立、柳某伟出资仅仅数十天后，便以还款的形式向案外人李某杰支付50.0080万元，柳某伟也没有证据证明其转账的合理性，综上，一审法院认定50.0080万元为抽逃出资，现某咨询公司要求柳某伟返还抽逃出资并赔偿损失的诉讼请求，于法有据，一审法院予以支持。因柳某伟工商登记的实缴出资为50万元，且本案为股东出资纠纷，故对于超出上述出资的部分，某咨询公司应另行诉讼解决。虽然柳某伟对2015年12月3日的股东会决议有异议，但刘某现为某咨询公司工商登记的法定代表人，且公司向出资人追究抽逃出资责任维护的是公司的合法利益，该责任不应以该公司是否为一人有限责任公司而免除。同时，某咨询公司向柳某伟主张抽逃出资责任抑或向案外人主张不当得利责任系其权利。故柳某伟的答辩意见没有法律依据，一审法院不予采纳。

依照《中华人民共和国公司法》第二十八条第一款、第三十五条，《最高人民法院关于适用〈中华人民共和国公司法〉若干问题的规定（三）》第十二条、第十三条第一款之规定，判决：（1）柳某伟向某企业发展咨询有限公司返还出资款50万元，并赔偿损失（以50万元为基数，按照中国人民银行同期贷款基准利率为标准计算，自2012年3月20日起至实际返还之日止），均于判决生效之日起7日内执行；（2）驳回某企业发展咨询有限公司的其他诉讼请求。如果柳某伟未按本判决指定的期间履行给付金钱义务，应当依照《中华人民共和国民事诉讼法》第二百五十三条之规定，加倍支付迟延履行期间的债务利息。

二审中，当事人围绕上诉请求提交了证据，本院组织当事人进行了证据交换和质证。柳某伟提交：证据1——科目汇总表，用以证明2012年3月份，某咨询公司账户存款尚有50万余元，柳某伟并未抽逃出资；证据2——向案外人李某高、李某超转账的记录及收条，用以证明柳某伟个人代公司支付50万余元，柳某伟并不存在抽逃出资的必要；证据3——宣传册及外观设计专利证书等，用以证明柳某伟代某咨询公司向案外人李某高、李某超支付款项所涉及的项目及产品。某咨询公司针对柳某伟二审中提交的证据发表质证意见如下：对证据1的真实性认可，对该证据的关联性、合法性、证明目的均不予认可；对证据2、证据3的真实性、关联性、证明目的均不予认可。某咨询公司二审中未提交新证据。

【裁判理由】：

对柳某伟二审中提交的证据本院认定如下：对证据1的真实性予以确认，对其证明目的不予确认，证据2、证据3与本案争议事实缺乏关联性，本院对该证据不予确认。本院对一审法院查明的事实予以确认。

本院认为，当事人对自己提出的诉讼请求所依据的事实或者反驳对方诉讼请求所依据的事实，应当提供证据加以证明，但法律另有规定的除外。在作出判决前，当事人未能提供证据或者证据不足以证明其事实主张的,由负有举证证明责任的当事人承担不利的后果。

结合双方诉辩意见,本案二审期间的争议焦点有二:(1)柳某伟应否向某咨询公司返还出资50万元;(2)一审法院是否严重违反法定程序。

关于争议焦点一,柳某伟上诉称不应返还出资,具体理由有三:(1)柳某伟不存在抽逃出资行为;(2)柳某伟曾以个人财产代某咨询公司付款,应视为对某咨询公司的出资;(3)某咨询公司的主张已经超过诉讼时效。对此本院分别分析如下:关于柳某伟是否存在抽逃出资行为,本院认为柳某伟在向某咨询公司出资后短时间内将出资款转出,柳某伟在一审中称该转账行为是还款,二审中又变更陈述为支付货款,但未提交借条或合同、送货单等相应证据佐证其转出出资款的合理性,故对其该项主张本院不予采信;其次,柳某伟称其从某咨询公司账户向案外人李某杰转出款项同期,公司账户存有存款100余万元,柳某伟转出的款项并非其出资款,经查,柳某伟该主张缺乏事实依据,故对其该项主张本院不予采信。综上,柳某伟构成抽逃出资。

关于柳某伟所称其代某咨询公司向案外人付款应视为对某咨询公司的出资,本院认为,首先,现有证据并不足以证明柳某伟向案外人付款实际发生,也不足以证明其与案外人之间的款项往来与某咨询公司有关;其次,柳某伟称将对案外人的付款视为对某咨询公司的出资也无法律依据。综上,对柳某伟的上述主张本院不予采信。

关于诉讼时效问题,根据《最高人民法院关于适用〈中华人民共和国公司法〉若干问题的规定(三)》第十九条第一款之规定,公司要求抽逃出资的股东返还出资的请求权不受诉讼时效的限制,一审法院判令柳某伟向某咨询公司返还出资款并赔偿损失并无不当,本院予以维持。

关于争议焦点二,一审法院审理过程中,并不存在《最高人民法院关于适用〈中华人民共和国民事诉讼法〉的解释》第三百二十五条规定的严重违反法定程序的情形,柳某伟关于一审法院违反法定程序本案应发回重审的上诉理由缺乏依据,本院不予支持。

综上所述,柳某伟的上诉理由不能成立,应予驳回;一审法院判决认定事实清楚,适用法律正确,应予维持。依照《中华人民共和国民事诉讼法》第一百七十条第一款第(一)项之规定,判决如下:驳回上诉,维持原判。

【典型意义】:

股东出资是设立有限责任公司的法定必经程序,股东出资构成公司的注册资本,它是有限责任公司开展生产经营活动和对外承担责任的基础。实践中,存在股东为了规避法律、逃避法律责任,在公司成立时及生产经营活动中作出虚假出资、抽逃出资、转移财产等违法行为,这有违资本维持原则,增大了公司债权人债权实现的风险,同时,股东抽逃出资后仍然保有其股份和股权,使公司"空壳化",会严重影响公司的正常运营,直接侵害公司本身以及其他无过错股东的合法权益。《公司法司法解释(三)》第十二条除列举了抽逃出资的具体表现形式之外,还规定了"其他情形"的兜底条款。实践中,股东将出资款转入公司账户验资后又转出的行为系较为典型的侵蚀公司资本的行为,该条将"出资款转入公司账户验资后即转出的行为"从抽逃出资的形式要件中删除,系因《公司法》验资方面的规定删除，为了维护法律的形式统一性。实践中，公司成立后，股东将出资款转入公司账户验资后未经法定程序又转出、损害公司利益的，可以按照《公司法司法解释三》第十二条第（四）项的规定认定股东抽逃出资。关于举证责任的分配，谁主张谁举证是基本原则，但在特别情况下要考虑个体程序公正、当事人的举证条件和举证能力。具体到抽逃出资情形中，可以将股东对公司的控制程度作为考量因素之一，在股东控制公司的情况下，股东具有更为优势的举证能力，应当对股东与公司之间的资金往来、股东从公司转出出资的合理性承担举证责任，股东不能举证证明其将出资款转出的行为具有正当理由的，应当认定为抽逃出资。

三、股东资格认定纠纷

股东资格认定的纠纷，一般可以分为三类。第一类是股东与股东之间的纠纷，包括隐名股东和显名股东资格确认纠纷、股东因股权转让导致的资格确认纠纷；第二类是股东与公司之间的纠纷，包括隐名股东和显名股东与公司间的资格确认纠纷、股东瑕疵出资导致的资格确认纠纷、股东是否履行出资义务或者因股权受让引发出资争议导致的资格确认纠纷；第三类是股东与第三人之间的纠纷，包括股东与受让人因股权转让导致的资格确认纠纷、股东与债权人之间的资格确认纠纷。

股东资格纠纷案件中，当事人之间关于实体问题的争议主要表现在以下几个方面：没有书面代持股协议，"隐名股东"实际出资，如何证明代持股行为存在；如何证明实际出资人实际行使股东权利；控制人是否可以锁定股东身份；没有代持股协议，如何通过证据链推定委托投资关系；在双重隐名投资关系中，实际出资人如何要求为显名股东；股东出资是用于增资扩股还是支付股权转让款；仅凭实际出资人与名义股东的资金往来是否可以推定委托投资关系的存在；关于有限责任公司自然人股东死亡后其股东资格继承问题；规避法律隐名投资协议效力如何认定；第三人如何善意取得股权；企业改制中职工股东身份的认定问题；不涉及国家规定实施准入特别管理的外商投资企业中外国投资者股东身份的认定，等等。

股东资格的确认是股东行使权利、公司高效运转的基础，妥善处理股东资格确认纠纷，对于公司制度发挥应有作用具有重要的意义。

案例：宋某军诉某餐饮有限公司股东资格确认纠纷案（指导案例96号）

【关键词】：民事；股东资格确认；初始章程；股权转让限制；回购

【相关法条】：《中华人民共和国公司法》第十一条、第二十五条第二款、第三十五条、第七十四条

【基本案情】：

某餐饮有限责任公司（以下简称某餐饮公司）成立于1990年4月5日。2004年5月，某餐饮公司由国有企业改制为有限责任公司，宋某军系某餐饮公司员工，出资2万元成为某餐饮公司的自然人股东。某餐饮公司章程第三章"注册资本和股份"第十四条规定"公司股权不向公司以外的任何团体和个人出售、转让。公司改制一年后，经董事会批准后可

在公司内部赠予、转让和继承。持股人死亡或退休经董事会批准后方可继承、转让或由企业收购，持股人若辞职、调离或被辞退、解除劳动合同的，人走股留，所持股份由企业收购……"，第十三章"股东认为需要规定的其他事项"下第六十六条规定"本章程由全体股东共同认可，自公司设立之日起生效"。该公司章程经某餐饮公司全体股东签名通过。2006年6月3日，宋某军向公司提出解除劳动合同，并申请退出其所持有的公司的2万元股份。2006年8月28日，经某餐饮公司法定代表人赵某锁同意，宋某军领到退出股金款2万元整。2007年1月8日，某餐饮公司召开2006年度股东大会，大会应到股东107人，实到股东104人，代表股权占公司股份总数的93%，会议审议通过了宋某军、王某青、杭某国三位股东退股的申请并决议"其股金暂由公司收购保管，不得参与红利分配"。后宋某军以某餐饮公司的回购行为违反法律规定，未履行法定程序且公司法规定股东不得抽逃出资等，请求依法确认其具有某餐饮公司的股东资格。

该市某区人民法院于2014年6月10日作出（2014）碑民初字第01339号民事判决，判令：驳回原告宋某军要求确认其具有被告某餐饮公司股东资格之诉讼请求。一审宣判后，宋某军提出上诉。该市中级人民法院于2014年10月10日作出了（2014）西中民四终字第00277号民事判决书，驳回上诉，维持原判。终审宣判后，宋某军仍不服，向该省高级人民法院申请再审。该省高级人民法院于2015年3月25日作出（2014）陕民二申字第00215号民事裁定，驳回宋某军的再审申请。

【裁判理由】：

通过听取再审申请人宋某军的再审申请理由及被申请人某餐饮公司的答辩意见，本案的焦点问题如下：(1)某餐饮公司的公司章程中关于"人走股留"的规定，是否违反了《中华人民共和国公司法》（以下简称《公司法》）的禁止性规定，该章程是否有效；(2)某餐饮公司回购宋某军股权是否违反《公司法》的相关规定，某餐饮公司是否构成抽逃出资。

针对第一个焦点问题，首先，大华公司章程第十四条规定，"公司股权不向公司以外的任何团体和个人出售、转让。公司改制一年后，经董事会批准后可以公司内部赠与、转让和继承。持股人死亡或退休经董事会批准后方可继承、转让或由企业收购，持股人若辞职、调离或被辞退、解除劳动合同的，人走股留，所持股份由企业收购。"依照《公司法》第二十五条第二款"股东应当在公司章程上签名、盖章"的规定，有限公司章程系公司设立时全体股东一致同意并对公司及全体股东产生约束力的规则性文件，宋某军在公司章程上签名的行为，应视为其对前述规定的认可和同意，该章程对某餐饮公司及宋某军均产生约束力。其次，基于有限责任公司封闭性和人合性的特点，由公司章程对公司股东转让股权作出某些限制性规定，系公司自治的体现。在本案中，大华公司进行企业改制时，宋某军之所以成为某餐饮公司的股东，其原因在于宋某军与某餐饮公司具有劳动合同关系，如果宋某军与某餐饮公司没有建立劳动关系，宋某军则没有成为某餐饮公司股东的可能性。同理，某餐饮公司章程将是否与公司具有劳动合同关系作为取得股东身份的依据继而作出"人走股留"的规定，符合有限责任公司封闭性和人合性的特点，也系公司自治原则的体现，不违反公司法的禁止性规定。第三，某餐饮公司章程第十四条关于股权转让的规定，属于对股东转让股权的限制性规定而非禁止性规定,宋某军依法转让股权的权利没有被公司章程所禁止,某餐饮公司章程不存在侵害宋某军股权转让权利的情形。综上,本案一、二审法院均认定某餐饮公司章程不违反《公司法》的禁止性规定,应为有效的结论正确,宋某军的这一再审申请理由不能成立。

针对第二个焦点问题,《公司法》第七十四条所规定的异议股东回购请求权具有法定的行使条件,即只有在"公司连续五年不向股东分配利润,而公司该五年连续盈利,并且符合本法规定的分配利润条件的;公司合并、分立、转让主要财产的;公司章程规定的营业期限届满或者章程规定的其他解散事由出现,股东会会议通过决议修改章程使公司存续的"三种情形下,异议股东有权要求公司回购其股权,对应的是公司是否应当履行回购异议股东股权的法定义务。而本案属于某餐饮公司是否有权基于公司章程的约定及与宋某军的合意而回购宋某军股权,对应的是某餐饮公司是否具有回购宋某军股权的权利,二者性质不同,《公司法》第七十四条不能适用于本案。在本案中,宋文军于2006年6月3日向某餐饮公司提出解除劳动合同申请并于同日手书《退股申请》,提出"本人要求全额退股,年终盈利与亏损与我无关",该《退股申请》应视为其真实意思表示。某餐饮公司于2006年8月28日退还其全额股金款2万元,并于2007年1月8日召开股东大会审议通过了宋某军等三位股东的退股申请,某餐饮公司基于宋某军的退股申请,依照公司章程的规定回购宋某军的股权,程序并无不当。另外,《公司法》所规定的抽逃出资专指公司股东抽逃其对于公司出资的行为,公司不能构成抽逃出资的主体,宋某军的这一再审申请理由不能成立。综上,裁定驳回再审申请人宋某军的再审申请。

【典型意义】:

基于有限责任公司封闭性和人合性的特点,由公司章程对公司股东转让股权作出某些限制性规定,系公司自治的体现。大华公司章程将是否与公司具有劳动合同关系作为取得股东身份的依据继而作出"人走股留"的规定,符合有限责任公司封闭性和人合性的特点,也系公司自治原则的体现,不违反公司法的禁止性规定。《公司法》所规定的抽逃出资专指公司股东抽逃其对于公司出资的行为,公司不能构成抽逃出资的主体。

第三章　公司章程

第一节　公司章程基本理论

一、公司章程概述

公司章程，是指公司依法制定的、规定公司名称、住所、经营范围、经营管理制度等重大事项的基本文件，也是公司必备的规定公司组织及活动基本规则的书面文件。公司章程表达的是股东共同一致的意思表示，载明了公司组织和活动的基本准则，是公司的宪章。公司章程具有法定性、真实性、自治性和公开性的基本特征。公司章程是公司设立的必备条件，也是公司经营行为的基本准则，还是公司制定其他规章的重要依据，公司章程与《公司法》一样，共同调整公司活动。因此，公司章程对于公司的设立和运营都有非常重要的意义。

对于公司来讲，章程是最为重要的自治规则，是公司高效有序运行的重要前提，是维护公司利益、股东利益、债权人利益的自治机制，是公司、公司股东，特别是公司大股东和公司高级管理人员的行为规则。公司法与公司章程的有机结合，是规范公司组织和活动的重要保障。

二、公司章程的性质

对于公司章程的性质，大陆法系和英美法系国家基于不同的法律传统和认识角度，存在两种不同的学说，即"契约说"和"自治法说"。

（一）契约说

契约说在德国是通说，之后在英美法系国家得到学者们的广泛认可，此说是以经济学家们提出的关于"合同"公司的理论为基础发展而来的。该说的主要观点是公司章程是股东依照各自的意志和利益需求，在平等协商的基础上就有关权利与义务达成的协议。因此，公司章程生效之后不仅对发起人股东有约束力，对其他股东同样具有约束力，这种约束力来源于承认章程发起人或股东的自由意志，该说的意义在于可将契约有关规定适用于章程。该理论认为，公司作为一种体现个人之间契约关系网的法律机制，本质上具有"合同性"。[1]

---

[1] 罗伯特·W.汉密尔顿.公司法概要.李存棒，译.北京：中国社会科学出版社，1998：62.

英国1985年《公司法》第十四条明确了公司章程的契约理论，并且在英国的司法实务中法官已经承认了公司章程与大纲的契约性地位。上述第十四条规定公司章程和组织大纲细则约束股东和公司，就像每个股东在相互签订一个合同一样，相互之间承诺受章程的约束，遵守章程条款。此外，在这种学说下，公司章程是一种涉他性文件，主要表现在两个方面：首先，记载事项的涉他性，这意味着，公司章程中的有关外部事项的相关规定将对公司外部活动有所规范。公司章程一般记载公司内部组织关系和对外事务事项，内部组织关系主要是公司内部各组织机构之间的权利和义务配置关系等，外部事务事项主要是公司对外活动中的权利和限制等。其次，约束主体的涉他性，即公司章程约束主体的变动性。譬如公司章程制定后，加入公司的股东通过出资成为公司股东后，也要受公司章程的约束。综上所述，公司章程虽然是股东或发起人意思自治的产物，但章程的效力不仅存在于制定者之间，还存在于公司与新老股东之间、新老股东之间、公司和员工之间等。

契约说是公司章程性质的传统理论，得到了上个世纪中期英美法系国家的普遍认同，我国也有学者赞成公司章程契约说理论，认为"公司章程一经制定，从其产生的约束力和订立的效果来看，具有多数人主动遵循、共同受其约束的意愿，因此，具有契约（或合同）的性质。"❶

（二）自治法说

自治法说是大陆法系国家最流行的通说。此说认为公司章程不仅对公司章程的制定者或者发起人有约束力，而且还能约束成立后的公司机关以及新加入的股东，是规定公司组织与行为的基本准则，因此它具有自治法的性质。而且章程对于已经成为其成员者，不管其意思如何都具有普遍约束力。章程不管其成员的个别意思如何，都可以根据其成员的一般意思而予以变更。社会成员的变动或者股份的转让也不影响章程的性质。

我国学者普遍赞同这种观点，首先，公司章程具有契约性的特点，这一特点的目的在于说明章程的制定是由公司设立之初多数人达成的协议制定而成的，而是强调在公司章程的制定过程当中，各个当事人一旦意思表示一致，形成一个具有普遍约束力的规范时，就要自觉地加以遵守受该规范的约束。其次，新加入公司的自然人或法人股东，只要对章程无异议，即可理解为对章程的默认，同意受章程的约束。此外，公司章程并不是一成不变的，其不管个别成员的意思如何，只要达到法定条件，即可对公司章程进行变更。最后，即便个别发起人股东或其他股东成员因故退股或者公司人员发生变动时，也不会影响公司章程的效力。

三、公司章程的特征

（一）法定性

法定性主要强调公司章程的法律地位、主要内容、修改程序及效力都由法律强制规定，

---

❶ 林立华. 公司章程性质辨析. 广东行政学院学报，2003（4）.

任何公司都不得违反。公司章程是公司设立的必备条件之一，无论是设立有限责任公司还是设立股份有限公司，都必须由全体股东或发起人订立公司章程，并且必须在公司设立登记时提交公司登记机关进行登记。

1. 设置的法定性

公司章程是公司必须具备的法定文件之一。我国《公司法》第十一条规定，设立公司必须依法制定公司章程。公司章程制定于公司设立阶段，成为公司的设立依据，是公司得以成立必不可少的法律文件。

2. 内容的法定性

各国公司法对公司章程应当记载的事项均有明确的规定，而且，绝对必要记载事项的欠缺可能会导致章程的无效。我国《公司法》第二十五条和第八十一条分别规定了有限责任公司章程和股份有限公司章程应当载明的事项。同时，我国《市场主体登记管理条例》第二十条规定："登记申请不符合法律、行政法规规定，或者可能危害国家安全、社会公共利益的，登记机关不予登记并说明理由。"

3. 效力的法定性

公司章程的效力是由公司法赋予的。我国《公司法》第十一条明确规定，公司章程对公司、股东、董事、监事、高级管理人员具有约束力。这一规定奠定了公司章程的法律地位。

4. 修改的法定性

公司章程的修改必须遵照公司法的明确规定。例如，根据我国《公司法》第四十三条的规定，公司章程的修改须经股东会或者股东大会以特别决议的方式为之，即须经代表三分之二以上表决权的股东或经出席会议的股东所持表决权的三分之二以上表决通过。

5. 登记的法定性

登记程序的设定是保证章程内容合法和相对稳定的措施之一。我国《公司法》第九十二条规定，董事会应于创立大会结束后三十日内，向公司登记机关报送下列文件，申请设立登记：公司登记申请书；创立大会的会议记录；公司章程；验资证明；法定代表人、董事、监事的任职文件及其身份证明；发起人的法人资格证明或者自然人身份证明；公司住所证明。以募集方式设立股份有限公司公开发行股票的，还应当向公司登记机关报送国务院证券监督管理机构的核准文件。

（二）自治性

自治性主要体现在：其一，公司章程作为一种行为规范，不是由国家而是由公司依法自行制定的，是公司股东意思表示一致的结果；其二，公司章程是一种法律以外的行为规范，由公司自己来执行，无需国家强制力来保证实施；其三，公司章程作为公司内部规章，其效力仅及于公司和相关当事人，而不具有普遍的约束力。

我国《公司法》第四十三条规定："股东会的议事方式和表决程序，除本法有特别规定的外，由公司章程规定。股东会会议作出修改公司章程、增加或者减少注册资本的决议，以及公司合并、分立、解散或者变更公司形式的决议，必须经代表三分之二以上表决权的股东通过。"第一百零四条规定："本法和公司章程规定公司转让、受让重大资产或者对外提供担保等事项必须经股东大会作出决议的，董事会应当及时召集股东大会会议，由股东大会就上述事项进行表决。"据此，股东会或股东大会做出变更公司章程的决议必须经代表三分之二以上表决权的股东或经出席会议的股东所持表决权的三分之二以上通过。由于公司章程兼具自治法的性质，所以其合意性不能等同于合同的合意性，多数股东的意思表示一旦通过，即为公司所有股东共同遵守之规范，并且对章程制定或修改后进入公司的股东也有效力。因此，公司章程的合意被认为是所有股东的共同意志，是拟制的合意。

（三）公开性

公开性主要对股份有限公司而言。公司章程的内容不仅要对投资人公开，还要对包括债权人在内的一般社会公众公开。公司章程不具有保密性，其记载的所有内容都是可以为公众所知悉的，涉及商业秘密的内容不会在章程中记载。此外，公开性不仅指公司章程要对股东、董事、监事、高级管理人员及公司员工等公司内部成员公开，还要在包括公司债权人、公司利益相关人等在内的社会范围内公开。我国《公司法》第九十七条规定："股东有权查阅公司章程、股东名册、公司债券存根、股东大会会议记录、董事会会议决议、监事会会议决议、财务会计报告，对公司的经营提出建议或者质询。"

（四）真实性

真实性主要强调公司章程记载的内容必须是客观存在的、与实际相符的事实。真实性是公司章程发生法律效力的当然要求，是公司章程具有法律效力所必须具备的法律特征。公司章程的真实性，不仅影响到股东的权利义务，还会对公司债权人的利益产生影响。

四、公司章程的作用

（一）公司的设立始于公司章程的制定

我国《公司法》明确规定，订立公司章程是设立公司的条件之一。审批机关和登记机关要审查公司是否具备章程，若缺乏公司章程，则不能获得登记。

（二）公司章程是确定公司权利、义务关系的基本法律文件

公司章程一经有关部门批准，并经公司登记机关核准即对外产生法律效力。公司依公司章程，享有各项权利，并承担各项义务，符合公司章程的行为受国家法律的保护；违反章程的行为，可能受到有关机关的干预和处罚。

(三)公司对外进行经营交往的基本法律依据

由于公司章程规定了公司的组织和活动原则及细则,包括经营目的、财产状况、权利与义务关系等,这就为投资者、债权人和第三人与该公司进行经济交往提供了条件和资信依据。第三人依公司章程与本公司进行经济交往,依法可以得到有效的保护。

(四)公司章程是公司的自治规范

公司章程作为公司的自治规范,由以下几个方面所决定。其一,公司章程作为一种行为规范,是在公司法及其他法律的规定下,按照公司股东的意志自行制定的。作为一部法律,《公司法》具有普遍拘束力,但是它只能规定公司的普遍性的问题,不可能顾及到各个公司的特殊性。而公司章程,既能遵守法律的一般性规定,又能反映本公司的个性,为公司提供行为规范。其二,公司章程是一种法律外的行为规范,由公司自己来执行,无须国家强制力保障实施。当出现违反公司章程的行为时,只要该行为不违反法律和行政法规的强制性规定,就由公司自行解决。其三,公司章程作为公司内部的行为规范,其效力仅及于公司和相关当事人,而不具有普遍的效力。

鉴于公司章程具有上述作用,因而必须强化公司章程的法律效力。这不仅是公司活动本身所需,而且也是市场经济健康发展的需要。公司章程与《公司法》一样,共同肩负调整规范公司活动的责任。这就要求,公司的股东和发起人在制定公司章程时,必须考虑周全,规定明确。公司登记机关必须严格把关,对公司的设立进行合理的监督,促进公司章程制定的规范化,从而有助于公司成立后的正常经营。

五、公司章程的模式

大陆法系国家和英美法系国家由于各自的法律文化和法律传统不同,在公司章程的形式上也存在较大区别。大陆法系国家的公司章程是单一的法律文件,而英美法系国家的公司章程是由两份法律文件组成的。

(一)大陆法系:单一模式(单个法律文件)

在大陆法系国家,公司章程一般视为公司内部的自治规范,由单一的法律文件构成,其内容不得与公司法相抵触。公司章程作为一个统一文件,在公司设立时必须提交注册登记机关。相比于英美法系国家公司法对公司章程的规定,大陆法系国家公司法的相关制度更广泛具体、繁杂详尽,但缺少灵活性。于是,多数大陆法系国家通过将章程内容条款区分为绝对必要记载事项、相对必要记载事项和任意记载事项,以协调公司章程规范性与灵活性的矛盾。

(二)英美法系:复合模式(两个法律文件)

英美法系的公司章程由两份法律文件组成:章程组织大纲和章程内部细则或称章程大纲和章程细则。章程组织大纲和章程内部细则有如下关系:

（1）章程内部细则在章程组织大纲基础上制定，从属于章程组织大纲并受其制约。

（2）大纲效力优先于细则效力适用。细则规定不可与大纲规定相违背。

（3）大纲记载重要事项，细则记载非重要事项。

（4）大纲制定和修改的主体和程序要比细则制定和修改的主体和程序更为严格。

（5）大纲对外产生公示和对抗的效力，细则无此效力。

英美法系与大陆法系国家的章程结构相比，公司章程区分为两个文件，显然具有一定的优势，通过章程大纲和章程细则的划分，更能满足公司自治与他治的不同要求。

六、公司章程的内容

（一）公司章程内容的分类

公司章程的内容，指的是公司章程所记载的事项。在现代社会，多数国家都放松了对设立公司的管制，并且赋予了公司以相当多的经营自由。作为管制的模式之一，公司法将公司设立及组织机构所必备事项预先规定在公司法之中，成为公司章程的准据，并由公司章程予以针对性地细化。公司法关于公司章程记载事项的规定，依据其效力不同，可分为绝对必要记载事项、相对必要记载事项、任意记载事项。

1. 绝对必要记载事项

绝对必要记载事项是每个公司章程必须记载、不可缺少的法定事项，缺少其中任何一项或任何一项记载不合法，整个章程即无效。核查公司的章程必须载明的事项包括：公司名称和住所；公司经营范围；公司注册资本；股东的姓名或者名称；股东的出资方式、出资额和出资时间；公司的机构及其产生办法、职权、议事规则；公司法定代表人；股东会会议认为需要规定的其他事项。

2. 相对必要记载事项

相对记载事项是法律列举规定的一些事项，由章程制订人自行决定是否予以记载。如果予以记载，则该事项将发生法律效力；如果记载违法，则仅该事项无效；如不予记载，也不影响整个章程的效力。确认相对必要记载的事项，目的在于使相关条款在公司与发起人、公司与认股人、公司与其他第三人之间发生拘束力。

3. 任意记载事项

任意记载事项是指法律未予明确规定，是否记载于章程，由章程制订人根据本公司实际情况任意选择记载的事项。股东会或股东大会认为需要规定的其他事项当属于任意记载事项。

任意记载事项的内容可以引用法律规定的内容，也可以是股东协议确定的。根据公司法的规定，有限责任公司和股份有限公司的任意记载事项主要有：股东的权利和义务事项；股东大会的设置及议事规程（对股份有限公司而言）；公司利润分配办法、公司的解散事由与清算办法、公司的通知和公告办法（适用于有限责任公司）；公司的对外担保数额、方式、限制；公司的对外投资范围与限制；股份有限公司股权转让的规定；公司的合并、分立；公司对相关重大财产的处置规则；相关人员的任职资格；董事和高管人员的经营或者持有公司股份的限制；公司的财务管理原则（不适用中外合资）、公司的用人制度以及工会制度、职代会制度的原则；公司履行社会责任的方式（如捐赠、环保等）、关联交易的审查和管理等。

（二）有限公司章程应当载明的事项

依据《公司法》第二十五条规定，有限责任公司章程应当载明下列事项：公司名称和住所；公司经营范围；公司注册资本；股东的姓名或者名称；股东的出资方式、出资额和出资时间；公司的机构及其产生办法、职权、议事规则；公司法定代表人；股东会会议认为需要规定的其他事项。有限责任公司在组织机构的设置上具有灵活性，在公司章程中只是粗略地规定了"公司的机构及其产生办法、职权、议事规则"，至于董事会、监事会是否设置则由公司自主决定。

（三）股份公司章程应当记载的事项

依据《公司法》第八十一条规定，股份有限公司章程应当载明的事项多达12项，这体现了对股份有限公司的严格控制。这12项规定的内容包括：公司名称和住所；公司经营范围；公司设立方式；公司股份总数、每股金额和注册资本；发起人的姓名或者名称、认购的股份数、出资方式和出资时间；董事会的组成、职权和议事规则；公司法定代表人；监事会的组成、职权和议事规则；公司利润分配办法；公司的解散事由与清算办法；公司的通知和公告办法；股东大会会议认为需要规定的其他事项。不同于有限公司，股份有限公司章程必须规定董事会和监事会的组成、职权、任期和议事规则。依据股份公司设立、资本构成和公众性的特点，《公司法》第八十一条规定了一些股份有限公司章程特有的绝对必要记载事项，包括公司设立方式、公司股份总数、每股金额；公司利润分配办法；公司的解散事由及清算办法；公司的通知和公告办法等。

七、公司章程的制定

制定公司章程是公司设立的必要条件和必经程序之一。制定公司章程应遵循严格的法定程序，这是保证公司章程合法有效的程序性条件。公司章程是公司设立的最主要条件和最重要的文件。公司的设立始于公司章程的制定，终于公司成立或失败。我国《公司法》明确规定，订立公司章程是设立公司的条件之一。审批机关和登记机关要对公司章程进行审查，以决定是否给予注册。

根据我国《公司法》的规定，公司章程的制定主体和程序因公司类型的不同而有所不同。有限责任公司不同于股份有限公司，募集设立的股份有限公司也不同于发起设立的股份有限公司。

(一) 有限责任公司章程的制定程序

1. 制定主体

我国《公司法》第二十三条规定，股东共同制定公司章程，作为设立有限责任公司的必备条件之一。此处的"股东"实际上应理解为公司发起人，因为只有在公司成立之后，才有股东之称谓，而公司章程制定之时，公司尚未成立，股东之称根本无从谈起。"共同制定"要求章程必须反映全体发起人的意志，经全体发起人一致同意，由全体发起人在公司章程上签名盖章。我国《公司法》对一人公司是否需要具备公司章程也进行了明确规定，本法第六十条规定，一人有限责任公司章程由股东制定。

2. 制定程序

发起人在制定的章程上签字盖章，表示同意接受章程的内容，标志着章程制订程序的结束。"共同制定"并不要求每一个发起人都积极地参与章程的起草讨论，只要在章程上签字或者盖章，就是表达意志的行为，就应认定为参与制定并同意了所签字或者盖章的文本。

(二) 股份有限公司章程的制定程序

1. 制定主体

关于股份有限公司的章程，我国《公司法》第七十六条规定，设立股份有限公司应当具备的条件之一是发起人制定公司章程，采用募集方式设立的须经创立大会通过。这是针对股份有限公司的一般要求。由于股份有限公司有发起设立和募集设立两种方式，公司章程的制定过程并不完全一致。

2. 制定程序

（1）发起设立的股份有限公司。

对于发起设立的股份有限公司，公司成立之后的股东仅限于发起人，投资者并没有社会化。因此，发起设立的股份有限公司仍然具有封闭性的特点。发起人所制定的章程已经反映了公司设立时的所有投资者的意志。根据《公司法》第八十三条规定，以发起设立方式设立股份有限公司的，发起人首次缴纳出资后，应当选举董事会和监事会，由董事会向公司登记机关报送包括公司章程在内的系列文件，申请设立登记。此时，向公司登记机关报送的公司章程即为发起人在设立公司过程中根据《公司法》第七十七条规定"制定"的公司章程，所以，对于发起设立的股份有限公司，发起人制定的章程文本就是公司登记前的最后文本。与有限责任公司一样，对于发起设立的股份有限公司，发起人制定的章程也应当反映所有发起人的共同意志。发起人应当在所制定的章程上签字，表示同意接受章程的内容，标志着章程制定程序的结束。

（2）募集设立的股份有限公司。

对于募集设立的股份公司而言，此类型的股份有限公司具有很强的社会性，公司股东并不限于公司发起人，还包括很多认购人。因此，募集设立的股份有限公司属开放式的公众性公司。发起人制定的公司章程并不能完全反映全体股东的意志,因此,我国法律规定,募集设立的股份公司章程经发起人制定后,必须召开创立大会,讨论和审议公司设立的有关事宜。只有经过创立大会讨论通过的公司章程才能反映公司设立阶段的全体股东的意志,并且只有经过依照法定期限和程序召开的公司创立大会通过的章程,才能作为向公司登记机关提交的最终文本。根据公司法规定,股份有限公司章程由发起人制定后,必须经出席会议的认股人所持表决权过半数通过。这类公司其章程的制定过程比较复杂,既须发起人制定,又须创立大会表决通过。

(三)如何制定公司章程

公司章程对于公司的重要性,相当于宪法对一个国家的必要性。它是公司最重要的治理规则,也是公司有效运行的基础。在股东之间或股东与公司之间的纠纷中,公司章程是最直接、最有效的判断行为对错的依据。当章程缺乏相对应的规定时,这些纠纷的结果往往充满了不确定性,意味着长时间的、大量的诉讼,将会给公司经营造成严重的打击,对于中小企业投资者来说,这种打击常常是致命的。

然而,实践中,大部分中小企业的投资者认为章程仅仅是用于工商注册登记的,许多股东甚至直到纠纷发生了都不知道公司章程中规定了一些什么内容。大部分公司的章程是依据工商局提供的范本,简单照搬公司法的规定而制定的,不具有本行业、本公司的特殊性。在这种情况下,一旦股东和公司之间发生的争议,章程便很难发挥其应有的作用。要解决这个问题,确保公司长期有序的发展,投资者在制订公司章程时就必须做到以下几点:

1. 根据公司的特点和需要制订公司章程

世界上没有一个国家的宪法与另一国家的是完全相同的,因为没有一个国家与其他国家是完全相同的。所以,也没有一个公司可以完全照搬照用其他公司的章程。例如,大部分的公司章程都套用了《公司法》第四十三条第二款的规定:"股东会会议作出修改公司章程、增加或减少注册资本的决议,以及公司合并、分立、解散或者变更公司形式的决议,必须经代表三分之二以上表决权的股东通过。"但是,如果某公司股东仅两名,且持股分别为 51%、49%,则该条款还有如此制订的必要吗?因为其实质上就变成了要求股东一致同意,决议方能通过。而假如两名股东持股分别为 67% 以上、33% 以下的,则该条款的实质,就是持股 33% 以下的股东对公司重大事项无控制权。

(1)章程要根据股东的特点和持股比例而定。

制订章程的过程,也是确定股东今后在公司管理决策中的权利、地位的过程。章程条款的合理设置,是股东利益博弈的结果。而这种利益的博弈,与股东的特点和持股比例密不可分。

例如,对于小股东而言,扩大股东会表决事项的比例要求,就等于为自己争取今后的发言权。如果公司章程中将重大事项均列入需全体股东一致同意才能通过的范围,则小股东将在公司运营中占有优势地位,这比通过《公司法》的强制性规定来保护小股东合法权益更具有效率。

股东持股比例的不同,将直接影响到章程今后的实施以及公司的运行效率。在一个股东人数众多、股权比例分散的公司,如章程中将大部分公司职权设置为需经公司股东会表决通过,则该公司的运行必然是没有效率的。而在一个只有两三名股东、股权比例又相差悬殊(例如各占90%、10%)的公司,如章程约定经营管理的具体事项要经股东会一致同意才能通过,则该公司今后极可能陷入僵局。

(2)章程要根据公司的行业特点、运行机制来制定。

公司由于所处的行业不同,决策的产生与执行的要求不同,运行的机制不同,意味着需要不同的公司章程。若章程的规定能适应公司的行业特点、执行机制,公司股东之间、股东与公司之间的矛盾就会减少;反之,可能导致纠纷不断。

在一个要求及时、快速决策的行业内,或在一个充满冒险与机遇的市场中,公司的管理职权应更多地下放给公司经理等经营层;在一个需要谨慎从事的行业内,公司的管理职权则应更多地集中于股东会或者股东大会。公司在运行中主要依赖于人力资源时,股东的表决权与分红权应当与出资比例相区别,以体现人的作用;当公司在运行中更多的是依据资金、设备时,股东的表决权与分红权则应当与其出资比例相一致,以体现资本的作用。凡此种种,均需要投资者事先做出考虑与平衡,并在公司章程中作出明确规定。

2. 公司章程应细化、明确、具有可操作性

公司法规定了公司章程的必备内容,也就相关内容做出了原则性的规定。很多投资者往往认为法律已经规定得很明确了,公司章程照抄就行了。实际上,公司章程的作用,就是将这些法律规定的内容细化,使其具有可操作性,符合本公司的实际情况。

例如,关于召开股东会的通知程序。一般章程中都会规定召开股东会应提前15日通知,但章程中更需要明确的是:

(1)通知由谁来发出,是董事长还是公司?董事长不履行职责,能否由副董事长或其他股东或董事来履行?

(2)通知以何种形式发出,是书面的还是口头的?

(3)通知发往的地址,是股东的法定地址还是实际地址?地址变更如何处理?

(4)拒收通知的效力推断:如果某股东将通知退回,是认定其未收到通知还是拒绝参加会议?

(5)未收到通知但参加了会议,事后却提出异议,那么应认定为股东会召集瑕疵,需要重新召集,还是应认定为有效?

另外,规定违反章程的后果以及救济方式也很重要。例如,《公司法》第四十一条第二款规定:"股东会应当对所议事项的决定作成会议记录,出席会议的股东应当在会议记录上签名。"但如果股东参加会议却拒不在会议记录上签名,那么意味着什么?是认定该股东弃权、反对还是同意?同样的这些问题,也适用于董事会会议的程序等。

3. 尽可能地将股东关注的内容与约定写入章程

无论是公司设立协议中的约定，还是在公司运行中，股东就公司管理、权利制约、利益分配等达成的一致，都可以也应该是公司章程的内容。同时，尽可能地预测纠纷产生的可能，并建立解决机制，将是章程在公司运行中发挥作用的重点。股东只有将这些内容都规范地写入章程，成为公司运行的规则，才能使得公司股东之间、公司与股东之间建立起良好的关系，也才能使得公司的自治纳入法律的体系中，得到法律的保护。股东签订的公司设立协议或其他法律文件，无论是在章程之前制定还是在章程之后签署，都应该避免与公司章程相冲突。如对公司章程有修改的，则应及时办理章程变更登记手续。制定一个详细的、全面的公司章程，将是公司规范运作的基本前提。

八、公司章程的修改

公司章程的修改，即是公司章程的变更。公司章程的内容具有确定性，是静态的。然而，公司的经营环境随着市场的发展不断地发生着变化。此时，为了使得公司的章程能够更好地适应公司的经营环境，就需要根据相应的经营环境对公司的章程进行相应的修改。公司章程既是公司成立的基础，也是公司赖以生存的灵魂，因此，修改公司的章程需要遵循法定的程序，在不违背法律、行政法规的强行性规范的前提下进行。公司章程的修改涉及多方的利益调整，因此，需要《公司法》对公司章程的修改确定规则。

根据我国《公司法》第十二条规定："公司的经营范围由公司章程规定，并依法登记。公司可以修改公司章程，改变经营范围，但是应当办理变更登记。公司的经营范围中属于法律、行政法规规定须经批准的项目，应当依法经过批准。"根据我国《公司法》的规定，公司章程的修改应依照以下程序进行：

（1）由公司董事会作出修改公司章程的决议，并提出章程修改草案。

（2）股东会对章程修改条款进行表决。有限责任公司修改公司章程，须经代表三分之二以上表决权的股东通过；股份有限公司修改章程，须经出席股东大会的股东所持表决权的三分之二以上通过。

（3）公司章程的修改涉及需要审批的事项时，报政府主管机关批准。如股份有限公司为注册资本而发行新股时，必须向国务院授权的部门或者省级人民政府申请批准；向社会公开募集的，须经国务院证券管理部门批准。

（4）公司章程的修改涉及需要登记事项的，报公司登记机关核准，办理变更登记；未涉及登记事项，送公司登记机关备案。

（5）公司章程的修改涉及需要公告事项的，应依法进行公告。如公司发行新股募足股款后，必须依法定或公司章程规定的方式进行公告。

（6）修改章程需向公司登记机关提交"股东会决议"及"章程修正案"，若涉及登记事项，须有公司法人签章方可完成变更。

九、越权原则及其修正

(一) 越权原则的含义

公司为一种营利性的社会法人组织，必须以其组织章程为基础，在组织章程所规定的经营范围内开展经济或经营活动。公司超越其组织章程，从事其经营范围以外的活动，其行为属越权。对于这种越权，法律赋予其无效的后果。这就是公司法上的越权行为原则。

(二) 越权原则的确立

一般认为，公司越权行为原则是1875年英国上议院在审理"阿什伯里铁路公司诉瑞切"一案时确立的。即公司仅为有限的目的而设立，它们所能做的仅仅是其被授权的范围以内的，公司从事章程规定的目的范围以外的交易无效，交易相对方不得请求法院强制执行，公司的股东大会也不得事后追认。从历史背景来看，越权原则是早期公司特许论的产物，即公司章程所载明的目的范围，也就是政府许可的范围，公司只享有在此范围内从事经营活动的自由，超越经营范围是法律所不允许的，而法律本身所不允许的事项不得经股东大会批准而变成合法的。然而随着公司从特许设立时期进入自由设立时期，依据公司法进行注册登记公司即告成立，公司的经营范围也已不限于特定行业或产业，设立公司从事商事交易行为已经不再被视为特权，此时再坚持严格的越权行为原则就很难适应商事交易的确定性和便捷性要求，而且会导致不公正的后果。当公司已变成商事经营的普遍形式时，严守越权行为原则势必造成这样一种逻辑结果，即它允许公司接受契约利益，同时公司又可以以该行为越权为由而拒绝履行契约义务。这不仅极大地损害了第三人的利益，而且影响商人们对契约的合理预期，破坏了交易安全，其弊端十分明显。

(三) 公司越权行为无效的危害

第一，损害了交易相对方的正当利益。依此原则，一个与公司签订合同的人，如该合同超越了公司的经营范围，就会因合同无效而无法行使合同权利。同时，越权原则隐含了一个假定，即"推定通知主义"，推定相对方在与公司交易前就知道公司章程等文件内容并理解其适当的含义，然而事实往往并非如此。即便相对方的确去查阅章程，也未必能准确理解那些晦涩的法律用语。将公司越权交易的不利后果强加于善意相对方显然会严重损害相对方的正当利益。

第二，破坏交易安全。越权原则酿造了不公平的交易秩序，为公司逃避法律责任提供了最好的借口。一旦公司的经营行为因越权而被宣告无效，已经履行的交易双方的权利义务关系被强制恢复到交易前的状态，未履行时双方合理的期待利益就会落空，这会使整个社会经济关系处于极不稳定状态，交易安全更无从谈起。

第三，越权原则也不利于公司及其股东。交易本身风险与利润并存，每一次交易机会对公司来说都是一次拓展自己业务和壮大自己实力的机遇。同样，公司越权经营，未必以牺牲股东利益为代价（许多时候恰恰是为了股东的利益），因此严格坚持越权原则只会使股东丧失许多获利的机会。

（四）立法转变

早期，我国关于公司权利能力在经营目的上的限制规定主要见于《民法通则》、《公司法》以及最高司法解释等法律文件。1986年颁布的《民法通则》第四十二条规定："企业法人应当在核准登记的范围内从事经营"，1987年最高人民法院"关于审理经济合同纠纷案件中具体适用经济合同法若干问题的解答"的第4条的规定："超越经营范围和经营方式所签订的合同，应认定为无效合同"；我国1994年《公司法》第十一条第二款、第三款规定，公司的经营范围由公司的章程规定，并依法登记。公司的经营范围中属于法律、行政法规限制的项目，应当依法经过批准。公司应当在经营范围内从事经营活动。公司依照法定程序修改公司章程并经公司登记机关变更登记，可以变更其经营范围；《市场主体登记管理条例》第二十六条第一款和第四十六条规定："市场主体变更经营范围，属于依法须经批准的项目的，应当自批准之日起30日内申请变更登记。市场主体未依照本条例办理变更登记的，由登记机关责令改正；拒不改正的，处1万元以上10万元以下的罚款；情节严重的，吊销营业执照。"

后来，我国公司法和立法也对公司经营目的的限制性规定进行了不同程度的修正。在1993年全国经济审判工作会议纪要指出，司法审判中，不应将法人超越经营范围签订的合同一律认定为无效，而应区别对待。随着我国市场经济体制的逐步确立，加之司法审判经验的不断积累，对公司越权规则的修正终于又上了一个台阶：1999年12月最高人民法院制定的《关于适用〈中华人民共和国合同法〉的若干问题的解释（一）》法释〔1999〕19号（已废止）第十条规定，当事人超越经营范围订立的合同，人民法院并不因此认定此合同无效，但违反国家限制经营、特许经营以及法律、行政法规禁止经营规定的除外。这一规定虽然只是司法解释，但意义重大：一方面，它的出台正式宣布了1987年最高人民法院"关于审理经济合同纠纷案件中具体适用经济合同法若干问题的解答"的第四条规定的废止。随着我国司法实践方面对公司越权制度的修正，加快了公司立法对公司经营范围条款的修改步伐。2005年10月27日颁布的《公司法》第十二条规定："公司的经营范围由公司的章程规定，并依法登记。公司可以修改公司章程，改变经营范围，但是应当依法办理变更登记。公司的经营范围中属于法律、行政法规限制的项目，应当依法经过批准。"应当承认，虽然新公司法对关于公司经营范围的规定做了一定的修改，但并没有实质性的改变。公司法虽然取消了"公司应当在登记的经营范围内从事经营活动"的规定，但是，公司改变其经营范围仍须进行登记。这一强制性的规定意味着，公司超越或改变其经营范围的行为仍旧受到很大的限制，从本质上讲，公司依旧没有改变其应当在登记的经营范围内从事活动的命运。

（五）我国法律的规定

我国《公司法》第十二条的规定，体现了公司应当在登记的经营范围内从事经营活动。

但是，对于公司超越其组织章程，从事其经营范围外的交易的行为，公司法未规定其性质、效力。2020年5月28日第十三届人民代表大会第三次会议通过的《民法典》总则篇第五十九条规定："法人的权利能力和民事行为能力，从法人成立时产生，到法人终止时消灭。"第六十一条第三款规定："法人章程或者法人权力机构对法定代表人代表权的限制，不得对抗善意相对人。"第八十五条、第九十四条第二款规定法人机构作出的决议被撤销对其依据该决议与善意相对人形成的民事法律关系不受影响。第一百七十条第二款规定："法人或者非法人组织对执行其工作任务的人员职权范围的限制，不得对抗善意相对人。"以上规定均属于法人或非法人组织一般权限的规定，其所隐含的越权原则具体可抽象概括为：法人或非法人组织越权行为，不影响与善意相对人形成的法律关系，法人或非法人组织不得以此对抗善意相对人。《民法典》合同编第五百零四条和第五百零五条则是对法人的法定代表人或非法人组织的负责人超越权限订立合同的效力评价作出的具体规定。综合考虑《民法典》总则编与合同编有关法人或非法人组织越权行为的规范，并对它们进行体系化的解释，可以得出：我国《民法典》认可的越权原则仍然停留在《合同法》规定的"越权相对无效"阶段。

（六）越权行为的防止

董事代表公司进行活动，这是世界各国公司法的一致性规定。股东大会的权限和作用日益缩小，公司的董事、经理等在公司的经营管理中日益发挥核心的作用，成为领导公司的最重要的机关，为防止董事在对外执行业务活动中，超越权限，滥用其地位，给公司、股东带来损害，各国公司法在加强传统的公司法对公司董事会行使职权时应遵循的基本原则，各国公司法在强调所作规定的重要性时，还通过赋予公司股东一定的权力，防止公司董事及其他高级管理人员越权行为的发生。

1. 公司股东的阻却请求权

公司的董事或其他高级管理人员在对外代表公司从事活动时超越公司组织章程或条例，违反公司法的规定，公司的股东有请求董事或其他高级管理人员停止其越权或违法行为的权利。这就是英美法系上的阻却命令制度。❶在日本则称为股东的停止请求权。日本《公司法》规定：因董事实施公司目的范围以外的行为或其他违反法定或章程的行为，致公司有产生不可回复损失之虞时，自六个月前起连续集有股份的股东，为了公司的利益，可以请求董事停止其行为。❷

2. 公司股东的代位诉讼制

德国《公司法》规定，虽然董事在代表公司时拥有绝对的权利，但董事仍应遵守章程、股东例令和监察委员会对他们的经济活动所作的限制。如董事未遵守上述规定，公司可对董事提起诉讼，要求董事对公司承担责任。而英美普通法则规定，公司不能直接对违反规

---

❶ 张国键.商事法论.台北：台湾三民书局，1980：258.
❷ 日本商法.王书江，殷建平，译.北京：煤炭工业出版社，1994：60-61.

定义务的董事起诉，但却允许公司少数股东以公司名义对董事提起诉讼。依照美国《公司法》的规定，公司持有一定比例股份的股东可以书面方式请求公司监事会以公司名义向董事提起诉讼，监事会自接受此项请求之日前，超过一定时期，上述股东可代公司提起诉讼。这在美国公司法上称代位诉讼制。在日本则叫做代表诉讼。根据日本《公司法》的规定，自六个月前起连续集有股份的股东，可以书面请求公司提起追究董事责任的诉讼。如超过30天，公司不提起诉讼，上述股东可以为公司提起诉讼。代位诉讼制主要是为了防止某些股东与董事相互勾结，利用多数控制少数，从事越权活动损害少数股东的合法权益。但实际上，根据英国、日本公司法的规定，少数股东在代公司提起诉讼时，一方面诉讼请求人必须证明董事或董事会的越权行为已不公正地损害了部分（包括诉讼请求人）股东的利益。而从诉讼实践来看，对于"不公正的损害"行为之标准，目前尚无定论。特别是对于大公司来说，董事的失职行为对少数股东利益的影响往往是微乎其微。另一方面，法院对于代替公司提起诉讼的少数股东，有责令其提供相当担保的权利，如因败诉致公司有损害时，则起诉的股东对公司须负赔偿的责任。因此，公司股东提起该种诉讼并不多见。

3.股东直接对董事提起诉讼

董事越权从事公司宗旨外的业务活动，公司股东能否以自己名义径向法院起诉要求追究董事的法律责任？根据普通法规则，股东可以自己名义对董事提起诉讼。但是，这种诉讼必须由公司的全体股东共同为之。否则，少数股东无权对董事提起诉讼。这就是英国判例法通过"福斯诉哈伯德案"确立的"多数规则"。这是因为，根据英国公司法的规定，公司董事的越权可因股东大会的认可而发生效力。但是，如股东大会认可董事越权行为的决议，实际上是由于董事控制股东大会表决权而做出的，则该认可决议应视为无效。日本《公司法》则认为，股东个人可于一定条件下以自己名义对公司董事提起诉讼。这些条件包括：首先，公司股东以书面方式请求公司提起诉讼追究董事责任的请求已经超过一定期限。根据日本股份公司的有关规定，这一期限为30天。超过30天，始可径直对董事起诉；其次，股东应在公司董事的越权行为有对公司产生难以回复损失时提起。公司董事之越权，虽然致公司损失，但如不为"难以回复"之损失，公司股东不得以自己名义对董事起诉。关于什么构成"难以回复"之损害，尚无确定之标准。最后，以个人名义对公司董事起诉的股东，应提供相当之担保。可见，无论是英美公司法还是大陆法系公司法，对于公司股东以自己名义起诉公司董事，持严格的限制态度。

第二节　公司章程可自由约定的事项

一、法定代表人

（一）法律规定

《公司法》第十三条规定："公司法定代表人依照公司章程的规定，由董事长、执行董事或者经理担任,并依法登记。公司法定代表人变更,应当依法办理变更登记。"

(二)实务分析

按照《公司法》设定的公司治理架构,董事会是公司经营层面的决策机构,董事长是董事会的组织者、代表人;总经理(《公司法》的用语是"经理",习惯用语为"总经理",)是公司经营的组织实施者、执行者。法定代表人是依法对外代表公司的人,其法律意义上的言、行,均可被视为公司的言行。公司的代表者由谁担当,是公司决策层的代表人董事长,还是执行层的总经理,《公司法》规定由股东决定。

从实务角度分析,法定代表人的重要意义在于:通过印章使用、文件签署控制公司的重大经营活动;对外代表公司开展业务。股东在决定法定代表人的选任时,一般要权衡以下因素:

(1)信任与制衡。从权力位阶上看,董事长高于总经理,当法定代表人的身份赋予董事长时,董事长的实际权力大增;当法定代表人的身份赋予总经理时,由于公司的经营由总经理组织实施,同时又能对外代表公司,故总经理的实际权力大幅膨胀,且存在架空董事会、董事长的可能。如何在董事长、总经理身上分配公司经营管理的掌控权,需综合考量。

(2)公司控制权之争。对公司运营的参与、控制程度,是每个股东十分重视也应该重视的问题。从实务角度看,决定公司控制权的因素有:公司法定代表人,董、监、高的构成,公司及法定代表人印章管理,财务资料的掌控,等等。其中,法定代表人及印章对控制权有特别重要的意义。当一方股东提名董事长人选,另一方股东推荐总经理人选时,法定代表人由谁担任,则财务负责人由谁提名,其对公司控制力将直接产生重大影响。

(3)董事长、总经理的身份特征。当董事长为股东推选,总经理为社会招聘的职业经理人时,法定代表人一般不宜由总经理担任。当董事长、总经理一方不符合法定代表人的任职条件时(例如被工商局列入禁止担任法定代表人的黑名单),只能由另一方担任。

(4)操作建议。在公司章程中明确约定公司法定代表人由董事长、执行董事或总经理担任,应落实到职位层面,不落实到自然人,以免人员变动导致公司章程的修订。

二、对外投资与对外担保

(一)法律规定

《公司法》第十六条规定:"公司向其他企业投资或者为他人提供担保,依照公司章程的规定,由董事会或者股东会、股东大会决议;公司章程对投资或者担保的总额及单项投资或者担保的数额有限额规定的,不得超过规定的限额。"

(二)实务分析

对外担保,可能使公司因承担或然债务而遭受重大损失,《公司法》将交由公司自行决定，但要求在公司章程中予以明确。主要包括：是股东们自行决策，还是授权董事会决策；投资或担保的单笔以及总额额度限制等问题。

考虑到投资或担保均可能对股东权益造成重大影响，故一般由股东会或股东大会决议；当股东对董事会足够信任时，可考虑授权董事会决策。

此外，担保决策自治权仅限于对外担保。当公司为公司股东或者实际控制人提供担保时，必须经股东会或者股东大会决议；且前款规定的股东或者受前款规定的实际控制人支配的股东，不得参加前款规定事项的表决；该项表决由出席会议的其他股东所持表决权的过半数通过。

（三）操作建议

对外投资、对外担保的决策可在股东会或股东大会职权，或者董事会职权部分阐释，也可以单独成条，专项表述。从清晰明了角度出发，独立成条、专项表述，甚至可以与其他核心关切的问题组成专章进行约定。无论何种形式，均应对决策机构、投资限额等内容界定清楚。

三、股东出资时间

（一）法律规定

《公司法》第二十五条规定，有限责任公司章程应当载明公司注册资本以及股东的出资方式、出资额和出资时间等。《公司法》第二十八条规定，股东应当按期足额缴纳公司章程中规定的各自所认缴的出资额。股东以货币出资的，应当将货币出资足额存入有限责任公司在银行开设的账户；以非货币财产出资的，应当依法办理其财产权的转移手续。股东不按照前款规定缴纳出资的，除应当向公司足额缴纳外，还应当向已按期足额缴纳出资的股东承担违约责任。

（二）实务分析

我国 1993 年的《公司法》规定公司资本的实缴制，即要求公司在设立之初必须实缴注册资本本金，并要求公司股东必须全额缴纳自己认缴的出资额，或者公司的股本必须全部实缴充实；2005 年《公司法》则持实缴资本与认缴资本相结合的折中态度，公司设立时应出资到位的金额不得低于注册资本的 20%，且为后续注册资本的到位时间规定了 2 年或 5 年的最长期限；2014 年的公司资本制度改革，我国改实缴制为认缴制，并允许公司约定出资期限等事项，越来越具有授权资本制的色彩。

目前，除有特殊限制的主体外，彻底采取认缴资本制。股东的认缴出资额、出资时间，完全由股东自行约定并在章程中载明。股东按约定时间足额完成出资即可。当约定的出资时间到期，但股东认为需要延期的，可以通过修改公司章程的方式调整出资时间。

此外，公司章程约定出资时间还有两层实务价值：一是到期股东负有向公司缴足当期出资的义务,当该项义务未完成时,公司的债权人可向股东要求履行出资义务,用于偿还公司债务;二是未履行当期出资义务的股东,应当向已按期足额缴纳出资的股东承担违约责任。

(三) 操作建议

章程中必须明确注册资本的金额、各股东的认缴出资金额(以实物、知识产权、土地使用权等非货币财产出资的,需明确其价额)和出资时间,非货币财产出资的还需明确交付和过户的时间。股东应按照各自的情况和对公司发展的规划合理确定注册资本金额和出资时间。当约定的出资时间到期,但股东认为需要延期的,可以通过修改公司章程的方式调整出资时间。未履行当期出资义务的股东,应当向已按期足额缴纳出资的股东承担违约责任。建议在章程中明确违约责任的计算方式和承担方式。

四、红利分配与增资认缴

(一) 法律规定

《公司法》第三十四条规定:"股东按照实缴的出资比例分取红利;公司新增资本时,股东有权优先按照实缴的出资比例认缴出资。但是,全体股东约定不按照出资比例分取红利或者不按照出资比例优先认缴出资的除外。"

(二) 实务分析

股东在背景、能力、资源、诉求等方面均会有所差异,有的股东并不看重对公司的实际控制,愿意从治理结构上让渡一部分权力,但同时希望在红利分配上做适当倾斜。对此,公司法给出了一个一般规则,即股东按照实缴的出资比例分取红利,但同时充分尊重股东意思自治,允许股东以约定方式改变红利的分配规则,改变后的分配比例、方式没有任何限制,完全由股东商定。

从实务角度分析,以下几个问题值得注意:

(1) 有限责任公司可将红利部分或全部优先向一部分股东分配;可以在不同的股东之间按不同的比例分配;可以约定优先满足部分股东固定比例的收益要求,剩余部分再由全体股东分配,等等,公司法无特别限制。

(2) 红利分配可由股东自行约定的前提是:公司盈利,有可分配利润。当公司亏损时,不做分配;当公司微利,无法满足部分股东固定比例收益要求时,仅能以可分配利润向该部分股东分配,非红利部分的资产不得随意分配。

(3) "优先股"问题。实务中,有的企业会要求按"优先股"概念设计股权结构,即部分股权持有人优先于普通股股东分配公司利润和剩余财产,但参与公司决策管理等权利受到限制。就有限责任公司而言,公司法允许股东对股东会议事规则自行约定,允许公司红利分配由股东约定。

关于增资认缴，一般原则是股东有权优先按照实缴的出资比例认缴增资。股东可以通过约定的方式改变此项原则。

（三）操作建议

对红利分配、增资认缴的约定，公司法并未要求必须在公司章程中体现。实务中，可以在公司章程中约定，也可以由全体股东以其他方式约定。

五、股权转让的条件

（一）法律规定

《公司法》第七十一条规定："有限责任公司的股东之间可以相互转让其全部或者部分股权。

股东向股东以外的人转让股权，应当经其他股东过半数同意。股东应就其股权转让事项书面通知其他股东征求同意，其他股东自接到书面通知之日起满三十日未答复的，视为同意转让。其他股东半数以上不同意转让的，不同意的股东应当购买该转让的股权；不购买的，视为同意转让。

经股东同意转让的股权，在同等条件下，其他股东有优先购买权。两个以上股东主张行使优先购买权的，协商确定各自的购买比例；协商不成的，按照转让时各自的出资比例行使优先购买权。

公司章程对股权转让另有规定的，从其规定。"

（二）实务分析

有限责任公司具有很强的人合性特征，股东间的彼此了解、相互信任是合作的基础。基于此，当股东间转让股权时，因不会引入新的股东，故无需其他股东同意；当股东对外转让股权时，因会引入新的"陌生"股东，故赋予其他股东优先受让以排除"陌生"股东进入的权利，但同时又设定此类优先受让应是"同等条件下"的，以防止转让人的正当权益受到损害。

公司法设定了一系列的转让规则，却允许股东不按公司法设定的转让规则处理，而由股东约定新的转让规则并在公司章程中载明。这意味着，只要股东对股权转让规则在章程中有了明确约定，即可按约定方式转让。根据实际需要，股东的约定可能使转让更加简化，甚至简化到无需征得同意、无需通知，也可能使转让变得更加复杂，甚至限制部分股东的转让股权。无论怎样，这种允许股东以事先约定的规则转让股权的做法，都具有重要的实务意义。

（三）操作建议

实务中，对该问题应充分重视，并应向股东重点提示。股东确有特殊需求，如希望能够灵活退出，或者希望限制某些技术股东退出，则应在公司章程中载明。

六、股东会职权／召集程序／表决权／议事方式／表决程序

（一）法律规定

《公司法》第三十七条规定："股东行使下列职权……（十一）公司章程规定的其他职权。"

《公司法》第四十一条规定："召开股东会会议，应当于会议召开十五日前通知全体股东；但是，公司章程另有规定或者全体股东另有约定的除外。"

《公司法》第四十二条规定："股东会会议由股东按照出资比例行使表决权；但是，公司章程另有规定的除外。"

《公司法》第四十三条规定："股东会的议事方式和表决程序，除本法另有规定的外，由公司章程规定。股东会会议作出修改公司章程、增加或者减少注册资本的决议，以及公司合并、分立、解散或者变更公司形式的决议，必须经代表三分之二以上表决权的股东通过。"

（二）实务分析

《公司法》规定了十项必须由股东会行使的职权，规定了股东会会议作出修改公司章程、增加或者减少注册资本的决议，以及公司合并、分立、解散或者变更公司形式的决议，必须经代表三分之二以上表决权的股东通过。除此之外，在股东会职权的增设、股东会召集程序、股东表决权、议事方式和表决程序等方面均充分允许股东自行约定并在章程中载明。这一系列充分放权的重要实务意义在于但不限于：

（1）股东会的内部治理绝大多数内容均可由股东自行决定。股东可以根据实际需要，充分体现各自的利益诉求。

（2）财务投资者可以对公司经营有更大的影响力。财务投资者不以控股为目的，一般持有公司小比例股权。通过增设股东会职权、设计合理的表决权制度（例如特别事项的一票否决权），可对公司经营管理中的重大事项进行表决甚至否决，有效控制投资风险。

（三）操作建议

第一，在通知程序上，除了时间，方式也极为重要。建议在章程中明确召开股东会会议的时间要求和通知方式。通知可以规定书面、电子邮件、短信通知等各种方式，这样的好处在于提高效率，同时，采用手机短信等通知方式也能有效解决在出现矛盾时对某些股东无法送达的情况。

第二，在表决制度上，如果必须使用一票否决权，建议在章程中尽量缩减股东会的职权，并将一票否决权的适用事项尽量减少，以防股东以较少的股权完全控制公司。如果小股东要联合制约大股东，可以在章程中增加需三分之二以上表决权的事项。对某些特殊的

投资者，可以规定按人数比例表决或对某些事项的一票否决权。这些都是法律赋予章程自主规定的。

七、董事的任期与董事长/副董事长的产生

（一）法律规定

《公司法》第四十四条规定："有限责任公司设董事会，其成员为三人至十三人。但是，本法第五十条另有规定的除外。董事会设董事长一人，可以设副董事长。董事长、副董事长的产生办法由公司章程规定。"

《公司法》第四十五条规定："董事任期由公司章程规定，但每届任期不得超过三年。董事任期届满，可以连选连任。董事任期届满未及时改选，或者董事在任期内辞职导致董事会成员低于法定人数的，在改选出的董事就任前，原董事仍应当依照法律、行政法规和公司章程的规定，履行董事职务。"

（二）实务分析

董事的任期可由公司章程规定，每届最长不得超过3年，但董事可连选连任。董事长、副董事长的选举由公司章程规定，可规定由全体董事选举产生，也可约定由股东会选定，甚至还可以规定由某个或某些股东推选的人员担任。同时，副董事长职位可设可不设，可以设1人也可设多人。实务中，对董事长、副董事长的选任，往往体现了股东之间的公司控制权之争。

（三）操作建议

公司法对董事长、副董事长的产生无规定，故应注意在公司章程中明确董事长、副董事长的产生办法，切不可表述为"董事长、副董事长的产生按法律规定执行"。

八、董事会职权、董事会的议事方式和表决程序

（一）法律规定

根据《公司法》第四十六条的规定，董事会对股东会负责，行使下列职权：

（1）召集股东会会议，并向股东会报告工作；
（2）执行股东会的决议；
（3）决定公司的经营计划和投资方案；
（4）制订公司的年度财务预算方案、决算方案；
（5）制订公司的利润分配方案和弥补亏损方案；
（6）制订公司增加或者减少注册资本以及发行公司债券的方案；
（7）制订公司合并、分立、解散或者变更公司形式的方案；

（8）决定公司内部管理机构的设置；

（9）决定聘任或者解聘公司经理及其报酬事项，并根据经理的提名决定聘任或者解聘公司副经理、财务负责人及其报酬事项；

（10）制定公司的基本管理制度；

（11）公司章程规定的其他职权。

本法第四十八条规定：董事会的议事方式和表决程序，除本法有规定的外，由公司章程规定。董事会应当对所议事项的决定作成会议记录，出席会议的董事应当在会议记录上签名。董事会决议的表决，实行一人一票。

（二）实务分析

董事会是公司经营管理层面的决策机构。公司章程可以在董事会的法定十项职权外，扩充董事会的职权，也可以对董事会职权的行使进行限制。董事会职权的扩充体现了股东会对董事会的授权，而对董事会决策事项的限制，体现了股东对风险控制的谨慎态度。

综合对股东会、董事会的职权划分及职权扩充或限制的自治授权来看，公司法对特别重要的事项明确划定分属于股东会、董事会享有，对其他事项均允许由股东自行在股东会、董事会与经理层之间进行授权、分配。

（三）操作建议

由于董事会的议事方式和表决程序法律上没有规定，为了能使董事会能正常召开、作出决议，避免发生争议，建议在章程中规定具体、明确且具有操作性的方式和程序。需注意的是，由于公司的董事在某些情况下给公司造成损害负有赔偿责任，因此应将董事的不同意见记入会议记录。

九、执行董事的职权

（一）法律规定

公司法第五十条规定，股东人数较少或者规模较小的有限责任公司，可以设一名执行董事，不设董事会。执行董事可以兼任公司经理。执行董事的职权由公司章程规定。

（二）简要分析

执行董事的职权并非参照董事会职权执行，而是由公司章程规定，且如何规定完全授权股东决定。

十、总经理职权

（一）法律规定

《公司法》第四十九条规定，有限责任公司经理对董事会负责，行使下列职权：

（1）主持公司的生产经营管理工作，组织实施董事会决议；
（2）组织实施公司年度经营计划和投资方案；
（3）拟订公司内部管理机构设置方案；
（4）拟订公司的基本管理制度；
（5）制定公司的具体规章；
（6）提请聘任或者解聘公司副经理、财务负责人；
（7）决定聘任或者解聘除应由董事会决定聘任或者解聘以外的负责管理人员；
（8）董事会授予的其他职权。
公司章程对经理职权另有规定的，从其规定。经理列席董事会会议。

（二）实务分析

公司法对股东会、董事会职权的规定，在列举法定职权后，增加了一兜底条款，即"公司章程规定的其他职权"，此处的其他职权与已列举的法定职权是并存关系。公司法对经理职权的规定，使用的是列举后，另款行文，"公司章程对经理职权另有规定的，从其规定"，该行文意味着公司章程规定的经理的职权可以否定公司法对经理职权的规定。此点差异，在实务中予以注意即可。

本条对经理的职权进行了列举。但需注意的是，经理的职权可以由董事会授予，但该授权的权限不应超过董事会自身的权限。章程既可以减少经理的职权，也可以增加其职权。

（三）操作建议

公司法允许对总经理职权范围进行的扩张和限制。股东可通过公司章程以及相配套的其他管理制度，细化、明确总经理职权范围，避免授权不明，导致公司治理秩序混乱。

十一、监事会职工代表比例/监事会职权扩充

公司法第五十一条第二款规定，监事会应当包括股东代表和适当比例的公司职工代表，其中职工代表的比例不得低于三分之一，具体比例由公司章程规定。监事会中的职工代表由公司职工通过职工代表大会、职工大会或者其他形式民主选举产生。

公司法第五十三条规定，监事会除行使公司法赋予的检查公司财务、对董事、高级管理人员执行公司职务的行为进行监督等六项职权外，还可以在公司章程中扩张监事会的职权。

十二、股东资格的继承

（一）法律规定

《公司法》第七十五条规定，自然人股东死亡后，其合法继承人可以继承股东资格；但是，公司章程另有规定的除外。

（二）实务分析

有限责任公司具有人合性和资合性的双重属性。从股权的属性而言，也具有财产属性和人身属性的双重属性。股权的财产性属性特点决定了其可继承性。但是股东资格由继承人继承时，可能会出现以下问题：

（1）自然人死亡后，其配偶、父母、子女为第一顺序继承人，股东资格由其继承，股东人数迅速增加，且每个继承人的经营理念可能差异较大，会导致经营决策、公司治理上的不顺，甚至形成公司治理僵局。如果死亡股东没有第一序位继承人，其股权由第二顺序继承人即祖父母、外祖父母、兄弟姐妹继承，如果继承中再引入转继承、代位继承等问题，则股权分配、公司治理问题将更加复杂。

（2）继承人中如有法律意义上的外国人，公司性质将因股东"外国人"的身份发生变更，股权变更的审批、公司的经营范围、业务开展等均可能受到影响。

（3）有些股东间的合作，仅仅是基于对股东本人的信任、对其能力的认可而展开，换作股东继承人时，合作基础可能不再存在，致使合作无法继续。

基于以上考虑，公司法在规定股东资格可由继承人继承的同时，股东之间可以作出不同的约定，并在公司章程中载明。

（三）操作建议

创始股东应该在章程中对股东资格的继承提前规定。如果为家族式企业的，可以允许继承人取得股东资格，如果非家族式企业，建议尽量规定股东的继承人不能取得公司股东资格。公司章程既可以简单规定继承人不能取得股东资格，也可以详细规定继承人在什么情况下（如未成年，如丧失民事行为能力等）不能取得股东资格。在规定继承人不能取得股东资格时，应当就继承的股权如何处理，包括处理的方式、作价等进行规定。

十三、公司解散

（一）法律规定

《公司法》第一百八十条规定，公司因下列原因解散：

（1）公司章程规定的营业期限届满或者公司章程规定的其他解散事由出现；

（2）股东会或者股东大会决议解散；

（3）因公司合并或者分立需要解散；

（4）依法被吊销营业执照、责令关闭或者被撤销；

（5）人民法院依照本法第一百八十二条的规定予以解散。

本法第一百八十二条规定，公司经营管理发生严重困难，继续存续会使股东利益受到重大损失，通过其他途径不能解决的，持有公司全部股东表决权百分之十的股东，可以请求人民法院解散公司。

（二）实务分析

从《公司法》规定的解散原因看，可分为股东自主决定解散与被强制解散两大类。股东自主决定解散又可分为事前约定与事后达成解散决议两类，而事前约定则包括预设的营业期限届满和公司章程规定的其他解散事由出现。

理想状况下，公司可以因营业期限届满或者由股东决议解散而寿终正寝。但实务中，伴随着公司利益之争愈演愈烈，个别股东权益受到侵害，想通过解散来保护权益、降低损失时，顺利解散越来越难。这种情况在中外合资、国企与民营合作、原始股东与财务投资者、大企业集团与小民营企业股东之间多有发生。例如：

（1）有的投资机构以高溢价投资某公司，对公司投资的资金远超过原股东的投资金额，但持股比例远低于原始股东且不参与公司的实际经营。当被投资公司、原始股东违背诚信，无心经营，挥霍投资机构的资金时，投资机构往往"束手无策"。

（2）有的中外合资公司，外资方以技术投入，中资方投入大量现金及实物资产，但企业被外资方控制，当实际控制一方恶意损害另一方利益时，利益受损方的救济手段往往显得孱弱无力。

一般而言，公司非常规解散，股东权益会受到较大损失，所以解散并不是保护股东权益的优选方案。但是，当以上情况及类似情况发生时，受损股东如果可以按程序解散公司，至少可降低损失数额并阻止损失的进一步发生。基于此，股东可根据公司法的授权，在公司章程中补充约定解散事由，在非常态下通过解散公司降低损失。

（三）操作建议

公司解散是把双刃剑，可以保护小股东利益、降低损失，也可能使部分股东以公司解散为由损害企业的正常经营及其他股东的权益。应当根据实际需要设定公司解散的事由，且股东预设解散事由应极其慎重，须最大限度地维持公司正常经营，除非确有必要，可少增设或不增设解散事由。

第四章 股东资格

第一节 股东资格基本理论

一、股东资格认定标准

我国《公司法》在第七十五条首次提出"股东资格"的概念，表明自然人股东死亡以后，股东资格可以依法继承，但是对股东资格相关的含义并没有作进一步的解释，因此立法层面对股东资格的定义实际上较为模糊。对于股东资格，理论上存在两种不同的观点：一种认为，股东资格是成为公司股东的一种象征，是股东参与公司经营、管理的前提；另一种观点认为，股东资格是民事主体能否成为股东的一种能力。[1] 在实践中，不管以哪种方式成为股东，都需向公司投入相应价值的财产。股东资格是出资人对公司出资以后而享有权利承担义务的前提。出资是作为公司股东最基本的义务之一，是保障公司能够正常经营的前提，是出资人成为公司股东的基本条件，也是确认股东资格的实质条件。

股东资格的确认在司法实践中具有重要的意义。从宏观上分析，股东资格的确认能够准确定位在公司享有权利承担义务的股东，可以推进股东之间的相互合作共赢，促进市场的良性发展；从微观上看，股东资格的确认可以界定清楚股东之间、股东与企业之间、股东与外部第三人之间的权利义务关系。

股东资格取得之后继而能够取得股东权，而股东权的保护水平是检验一国公司法治是否成熟、公正的试金石。

（一）股东权的概念性质和分类

1. 股东权的概念

股东权（简称"股权"）有广义和狭义之分。广义的股东权，泛指股东得以向公司主张的各种权利，故股东依据合同、侵权行为、不当得利和无因管理等法律关系对公司享有的债权也包括在内。狭义的股东权，则仅指股东基于股东资格、依据公司法和公司章程规定而享有的、从公司获取经济利益并参与公司治理的权利。本书所指的股东权除非另有说明，仅为狭义的股东权。我国《公司法》第四条将股东权列举为"公司股东依法享有资产收益、参与重大决策和选择管理者等权利"。

---

[1] 郭哲，符勇. 论股东资格确认的法律规则. 财经理论与实践，2018，39（4）：148-153.

2. 股东权的性质

股东权是基于公司法、证券法等商事法律而享有的权利，且遵循意思自治原则（私法自治原则），故为私权，而非公权。股东在股东大会上行使表决权时，此种表决权与公民依《宪法》享有的选举权等参政权貌似相同，实则迥异。前者为股东权中的权能，属于私权，后者属于公权。

与古老的物权和债权相比，股东权是年轻的民事权利。因此，许多国家最初制定的《民法典》并无股东权的专门规定。随着公司制度的建立健全，股东权逐渐被规定在《商法典》或《公司法》之中。我国立法者在 2007 年出台《物权法》的时候，为了向社会公众展示国家保护投资者权利的决心，于是在《物权法》第六十七条规定了对投资者权利尤其是股东权利的保护态度，具体为："国家、集体和私人依法可以出资设立有限责任公司、股份有限公司或其他企业。国家、集体和私人所有的不动产或动产投到企业的，由出资人按照约定或出资比例享有资产收益、重大决策以及选择经营管理者等权利并履行义务。"可见，该条规定是对我国《公司法》第四条的重申与强调。但这并不意味着股东权就是物权。股东权不是单一权利，而是由财产性权利与非财产性权利构成的权利束。公司的营利性决定了股东当然享有直接从公司获得经济利益的财产性权利，为确保此种财产性权利实现，法律和章程一般承认股东参与公司治理的非财产性权利。

3. 股东权的分类

（1）自益权与共益权。

以其行使目的为准，我国《公司法》确认的股东权可分为自益权与共益权。顾名思义，自益权是股东为维护自身利益而行使的权利，共益权是股东为维护包括自己利益在内的公司利益和全体股东利益而行使的权利。

自益权与共益权间的界限并非泾渭分明。这是由于，某些共益权作为自益权的手段而行使，从而使此种权利兼具共益权和自益权的特点，例如会计账簿查阅权即属此类。

（2）单独股东权与少数股东权。

以其行使方法为准，股东权可分为单独股东权与少数股东权。单独股东权，是指不问股东的持股数额多少，即使仅持有一股的股东也可单独行使的权利，如股利分配请求权、剩余财产分配请求权、新股认购优先权、退股权、股份转让权等。少数股东权，是指持有股份占公司已发行股份总数一定百分比的股东才能行使的权利。我国《公司法》规定了许多少数股东权。例如，股份有限公司中的股东要行使代表诉讼提起权须为连续 180 日（投资股东）以上单独或合计持有公司 1% 以上股份的股东（第一百五十一条）。再如，股东要行使临时股东大会自行召集权与主持权必须代表有限责任公司 1/10 以上表决权（第四十条第三款）或连续 90 日以上单独或合计持有公司 10% 以上股份（第一百零一条第二款）。

行使少数股东权的股东既可是持股达一定百分比的数个股东，也可是持股达一定百分比的单个股东。股东的自益权从性质上而言均属单独股东权，而共益权中既有单独股东权（如表决权、累积投票权），也有少数股东权（如股东大会自行召集权和主持权）。为确保股东行使权利的理性、慎重，预防股东滥用权利损害公司和广大股东的利益，遂有少数股东权之设。为预防急功近利的投机股东滥用权利，《公司法》除对少数股东权的持股比例予以规定，尚对少数股东权甚至单独股东权的持股期间予以规定（如股东代表诉讼提起权、临时股东大会自行召集权与主持权）。

（3）法定股东权与章定股东权。

以其产生的法律渊源为准，股东权可分为法定股东权与章定股东权。前者是指由法律（含公司法、证券法等）所规定的权利，而后者是指由公司章程所规定的权利。

（4）固有权与非固有权。

以其重要程度为准，股东权分为固有权与非固有权。固有权（法定股东权）指未经股东同意，不得以章程或公司决议剥夺或限制的权利。非固有权（非法定股东权）指可由章程或公司决议剥夺或限制的权利。非固有权的剥夺或限制不应违反公平原则、诚实信用原则、商业惯例和公序良俗。固有权与非固有权外延的界定在不同立法例中有不同的价值判断和政策目标。例如，瑞士公司法将平等待遇权、股东大会上的表决权、对公司决议提起诉讼的权利等列为固有权，并将新股认购优先权等视为非固有权。

股东原始取得（认购股份、缴纳出资）或继受取得（受让股权）的股东资格自身就是典型的股东固有权。除非法律法规另有特别规定，未经股东本人同意，任何人不得擅自处分股东的股权。不仅公司的股东大会无权作出强制某股东有偿或无偿出让股权的决议，其他股东也无权觊觎或侵占他人的股权，政府监管部门也无权在缺乏法律授权的情况下强制股东转让股权或褫夺其股东资格。依据《证券法》第一百四十条特别授权，中国证监会有权责令净资本或其他风险控制指标不符合规定的证券公司限期改正，倘若证券公司逾期未改正或其行为严重危及该证券公司的稳健运行、损害客户合法权益的，证监会有权责令控股股东转让股权或限制有关股东行使股东权利。此外，中国银监会依据《银行业监督管理法》第37条也享有类似权力。❶ 法定例外情形常见于人民法院强制执行债务人的股权以清偿债务。

（二）确定股东资格的原则

1. 股权平等原则

股权平等原则的核心是妥善处理股东之间包括大小股东之间的利益关系，构建控制股东与非控制股东各得其所、相互尊重、和谐相处的股东利益共同体。既反对控制股东恃强凌弱，也反对小股东以小讹大。股权平等是股权文化中的重要内容，渗透于资本市场法治的全部领域。

股权平等意味着在基于股东资格而发生的公司与股东、股东与股东之间的法律关系中，所有股东均按其所持股份的性质、内容和数额享受平等待遇，并且免受不合理的不平等待遇。股权平等原则包括股份内容平等和股权比例平等两层含义。二者密不可分，相辅相成。

---

❶ 刘俊海. 公司法学. 北京：北京大学出版社，2008：547-561.

如果前者是股权平等原则的基础,强调股权的质的静态的平等,后者则是股权平等原则的核心,强调股权的量的动态的平等。

(1)股份内容平等。

股权平等原则的第一层含义是股份内容平等。股份内容平等强调公司发行的每一类股份的内容相同。股份的内容应解释为股东享有的权利、利益以及股东因拥有该股份而承受的风险。公司依据法律和公司章程的规定发行数种股份时,每类股份内容应为相同。

由于股份内容平等强调持股类别相同的股东之间在权利内容上的平等,不同种类的股东享有的权利内容可不同。例如,普通股东与无表决权股东的待遇就可不同,只有前者可在股东大会上行使表决权。这两类股东的具体权利在内容上有所区别,但就实质利益来说各有优劣,不同投资风格和偏好的股东对上述两类股份可以各取所需,各得其所。因此,我国《公司法》第四十二条允许有限责任公司股东不按照出资比例行使表决权。

(2)股权比例平等。

股权平等原则的第二层含义是股权比例平等。股权比例平等强调持有相同内容和相同数量股份的股东在基于股东地位而产生的法律关系中享受相同待遇。就相同股份的持有人而言,持股比例越高,权利越大,义务越重,收益越高,风险越大。我国《公司法》第一百零三条第一款关于一股一表决权的规定,第三十四条关于按实缴出资比例分红的规定,第一百八十六条第二款关于有限责任公司按照股东的出资比例分配、股份有限公司按照股东持有的股份比例分配的规定等皆以股权平等原则的第二层含义为前提。由于股权比例平等以每位股东的持股比例为衡量标准,股权比例平等可称为量的平等。只有持股类别、内容与比例相同的股东之间,才有相同的权利义务可言。持股比例不同的股东享受权利和承担义务上可有所不同。换言之,股权平等不仅不反对、反而支持持股比例较高的股东比持股比例较低的股东享有更大的权利、履行更多的义务。因此,股权平等原则只能是机会上的平等,而非结果的平等,是一种动态的平等,而不是静态的平均。

(3)股权平等原则认股不认人。

根据股权平等原则,只要股东们所持股份的内容和数量相同,公司应站在公允的立场上,对所有股权平等对待、一视同仁。持股内容和持股比例相同的公有制股东与非公有制股东间、法人股东与个人股东间、大小股东间、新旧股东间、内资股东与外资股东间都是平等的。在一定意义上,股权平等原则意味着只认股,不认人。

至于股东的职业、性别、年龄、家庭背景、教育程度、经济实力、社会地位、行政级别、所有制性质、名望、民族等与股东地位无关的各种因素均在所不问。即便是国家股东与其他股东相比,在法律地位、权利能力等方面也是平等的。在这个意义上,国有资产监督管理机构作为国家股东代理人行使股权时,也要与其他法人股东、自然人股东一体遵守股权平等原则,不得以国家股权高于法人股权、法人股权高于自然人股权的错误逻辑侵害其他股东的合法权益。❶

---

❶ 刘俊海.公司法学.北京:北京大学出版社,2008:615-622.

2. 向弱势股东适度倾斜的原则

（1）产生的根源。

股东之间经济实力的不对等是弱势股东地位产生的根源之一。中小股东与控制股东在经济实力方面存在不对等。中小股东的经济实力往往弱于控制股东（包括机构股东、法人股东）的经济实力，而集体维权行动存在着高额成本。

信息占有的不对称是弱势股东地位产生的根源之二。公司管理层及其背后的控制股东往往垄断公司的财务经营信息，中小股东的谈判能力仍逊于控制股东或管理层。传统民事诉讼法与仲裁法预设的"谁主张，谁举证"的一般原则以及"举证责任倒置""举证责任分担"的例外规则的有限性，更是加重了中小股东的举证责任。

公司经营成本的外部化程度是弱势股东地位产生的根源之三。控制股东或管理层高举其控制下的"公司"面具，可从容不迫地委托律师与中小股东展开马拉松式的诉讼。不管控制股东或管理层胜诉还是败诉，控制股东或管理层总有办法将律师费和其他诉讼费用计入公司的经营成本，最终转嫁给广大中小股东。因此，中小股东维权成本过高，而控制股东或管理层违法成本过低。

股东先行向公司出资是弱势股东地位产生的根源之四。股东必须及时足额地向公司出资是依法取得股东资格的前提。就投资活动或消费活动的一般规律而言，一旦消费者向商家、投资者向公司移转了自己曾经合法拥有物权、债权或股权的财富，就丧失了对这些财富的直接管领、支配和控制。消费者丧失了对转移财富的物权，换回了债权，而债权不是支配权，而是请求权。股东丧失了对转移财富的物权，换回了股权，而股权也非支配权，而是请求权。在经济学上被笼统称为"被代理人"的债权人、消费者和投资者一旦丧失对财富的直接支配，往往就变成了弱者，而财富的占有者（债务人、商家和公司管理者）摇身一变成为强者。换言之，能自由支配他人财富的人是强者，而自己财富被他人支配的人只能是弱者。控制产生利益，产生权力，也产生强者与弱者。

（2）向弱势股东适度倾斜的基本要求。

1993年《公司法》并未完全树立向中小股东适度倾斜的原则，立法者把公司中的所有股东都假定为在经济实力和信息占有上旗鼓相当的股东。实际上，中小股东与控制股东、个人股东与法人股东、专业股东与业余股东、股东与管理层、股东与公司之间的强弱对比在投资实践中千差万别。因此，2018年《公司法》中调整了中小股东的弱势地位，并确认了向中小股东倾斜的原则。例如，该法第三十三条第二款确认的股东查账权主要针对中小股东。在信息的获取方面，控制股东具有明显的优势，凭借其作为高级管理人员或与公司高级管理人员的密切联系，控制股东可以获得有关公司经营管理各个方面的详细信息，而中小股东只能根据公司提供的财务会计报告和其他的公司报告来获得有限的信息，因而，股东查账权主要是针对中小股东设计。又如，本法第一百五十二条确认的股东代表诉讼提起权也往往面向中小股东而设计。因为，控制股东往往可直接召开股东大会进行决议，而无需启动股东代表诉讼程序。

无论是在立法层面，还是在执法层面和裁判层面，都应旗帜鲜明地树立向弱势股东适度倾斜的新思维。向弱势股东适度倾斜主要是指法律和政策的制定要体现出对广大中小投资者的关心和爱护。法律的执行也要在实体和程序上充分体现出对广大弱势群体的应有保护和照顾。总之，行政机关和司法机关无论是作为裁判员身份裁决纠纷，还是以一方当事人身份与广大中小股东等弱势群体发生利益冲突时，都要体现向弱者适度倾斜的新思维，避免损害弱势群体的合法权益和正当诉求。

（3）关怀弱者的理念不能偏离实质平等原则。

向弱者适度倾斜既不是漫无边际地向弱者过度倾斜，也不是以弱讹强，损害强者的合法权益，而是要构建一个弱者可变强、强者可更强、强者与弱者都和谐相处、各得其所的社会与法律环境。对于当事人依法享有的实体权利（如实体性的抗辩权）和程序权利（如举证权、质证权、反诉权）也应予以一体保护。倘若自然人股东滥用公司法人资格，损害债权人利益，被法院责令对公司的债权人承担连带责任的，在执行债权时要保留被执行股东生活必需品和费用，充分贯彻以人为本的精神。强弱对比在公司法律关系中并非绝对，而是变动不居的。在某种法律关系中处于强者地位的债权人在另外一种法律关系中可能会沦为弱者。例如，债权人银行相对债务人公司是较弱的，但在该银行的中小股东面前又可能成为强者。又如，法院既要关注金融机构对债务人公司的债权，还要关注储户和消费者对金融机构的债权。❶

3. 股东有限责任原则

（1）股东有限责任原则的含义。

我国《公司法》第三条第二款规定："有限责任公司的股东以其认缴的出资额为限对公司承担责任；股份有限公司的股东以其认购的股份为限对公司承担责任"。可见，股东有限责任原则是公司作为独立法人具有的最为重要的法律特征，也是公司成为现代市场经济社会赖以存在的基础和迅猛发展的原动力。

股东有限责任原则，股东有限责任原则体现了公司的本质。我国《公司法》第三条第二款有关股东有限责任原则的规定应解释为法律规范中关于效力的强行性规定。凡违反股东有限责任原则的股东大会决议、董事会决议或公司章程条款（如规定股东应负追加出资义务的条款）均为无效，任何股东均可就此提出无效确认之诉。

以其责任形式为准，股东针对公司债权人的责任分为直接责任与间接责任；以其责任数额为准，可区分为无限责任与有限责任。其中，直接责任指股东直接向公司债权人承担履行公司债务的责任，而间接责任指股东仅对公司负出资义务，而不对公司债权人承担履行公司债务的责任。无限责任指股东在公司所负债务的范围内，以其个人财产为限负公司债务的责任。所谓有限责任指股东在一定限度内就公司债务所负的责任。从理论上看，股东责任的两种划分标准经过排列组合，可将股东责任区分为直接无限责任、直接有限责任、间接无限责任与间接有限责任。

---

❶ 刘俊海. 公司法学. 北京：北京大学出版社，2008：639-647.

依公司股东的责任形式为准，公司可分为无限公司、两合公司、股份两合公司、股份有限公司与有限责任公司。我国《公司法》则只承认后两种形式。无限公司的股东负有直接无限责任。两合公司的一部分股东负有直接无限责任，另一部分股东则负有直接有限责任。有限责任公司和股份有限公司的股东则负间接有限责任。❶

（2）股东有限责任原则的例外。

股东有限责任原则并非绝对。不能认为，股东在以其股东资格为基础发生的任何法律关系中，均不必向公司或公司债权人负有义务或承担责任。为维护交易安全，捍卫公平正义，现代公司法趋向于在某些场合下谨慎地承认股东有限责任的例外，对特定股东尤其是失信股东课以相应的民事责任。

①股东违反其诚信义务的责任。

为防止和纠正资本多数决之滥用，从实质上维护股东平等原则，立法者往往确认控制股东向公司和其他股东所负的诚信义务。倘若股东行使表决权或行使基于股东资格的影响力以执行公司业务时，存有恶意或重大过失，违反了对公司和其他股东的诚信义务，则应对公司及第三人（含公司债权人和其他股东）负有损害赔偿责任。

②股东滥用公司法人资格的责任。

公司与股东本为各自独立的权利义务主体，但也为股东滥用公司的法人资格、逃避法律的适用提供了可能。例如，股东为逃避法定的竞业禁止义务、合同上的不作为义务和侵权责任而设立公司即属此类。在股东滥用法人资格的情形下，若拘泥于股东有限责任原则，实有悖于法人制度的目的。如《公司法》第二十条第三款规定，公司股东滥用公司法人独立地位和股东有限责任，逃避债务，严重损害公司债权人利益的，应当对公司债务承担连带责任。

③股东对劳动债权的清偿责任。

美国纽约和威斯康星两州的公司法规定，股东应对公司劳动者被拖欠的工资负有给付的个人责任，即使认购股份的款项已全额缴纳亦然。如根据纽约州《商事公司法》第六百三十条规定，除依据美国国会1940年制定的《投资公司法》注册的投资公司和在全国性证券交易所或柜台交易市场上市的公司外，每家公司的前十名大股东要就公司对雇员已提供劳务所欠的所有债务、工资或者薪水承担无限连带责任。

④股东接受公司违法分配利润时的责任。

在此种场合下，股东应就其接受的公司违法分配的利润，负有不当得利返还之债。❷

二、借名、隐名投资关系中的股东资格

在多数情况下，投资者既是实质股东，也是名义股东，将其称为"股东"名实相符。但由于保护个人隐私和商业秘密、不超过有限责任公司股东人数上限等，实质股东（隐名

---

❶ 刘俊海. 公司法学. 北京：北京大学出版社，2008：655-659.
❷ 刘俊海. 公司法学. 北京：北京大学出版社，2008：669-672.

股东)与名义股东(显名股东)的身份发生分离的现象并不少见。例如,我国《公司法》第二十四条规定:"有限责任公司由五十个以下股东出资设立。"有些企业包括国有企业,在推进公司制改革过程中,想成立全员持股的有限责任公司。但由于股东人数的上限,许多公司的职工持股计划被迫采取股权信托方式。可见,实质股东与名义股东的分离具有一定的合理性,符合契约自由的精神,本身不具有违法性。我国《公司法》亦未禁止一方当事人为另一方利益而代持股权。《公司法司法解释(三)》第二十四条第一款规定:"有限责任公司的实际出资人与名义出资人订立合同,约定由实际出资人出资并享有投资权益,以名义出资人为名义股东,实际出资人与名义股东对该合同效力发生争议的,如无法律规定的无效情形,人民法院应当认定该合同有效。"由此可见,不能因为《公司法》没有出现"隐名股东"的概念,就认为隐名股东不具有法律地位。而运用信托法框架中的股权信托关系则完全可解释和梳理实质股东与名义股东之间的权利义务关系。

根据《信托法》第二条规定,信托是指委托人基于对受托人的信任,将其财产权委托给受托人,由受托人按委托人的意愿,以自己的名义,为受益人的利益或特定目的,进行管理或处分的行为。可见,股东的投资活动完全可采取股权信托方式。易言之,作为委托人的实际投资者基于对受托人的信任,将其股权委托给受托人,由受托人按委托人的意愿,以自己的名义,为受益人的利益或特定目的,进行管理或处分。委托人、受托人与受益人之间的法律关系即为股权信托关系。股权信托的目的往往在于追求受益人的个体利益。因此,股权信托多为私益信托,而非公益信托。

股权信托在实践中运用甚广。股权信托关系的法律效力应受到尊重,但股权信托关系违反法律法规中的强制性规定(如公务员不得经商办企业的规定等)的不在此限。在股权信托关系中,受托人是名义股东,受益人则是实质股东。现实生活中,担当受托人的既有信托投资公司,也有其他法人和自然人。受托人有义务为实质股东利益而行使股权,受益人也有权要求受托人履行股权信托合同,如转交股利。如果受托人违反诚信义务,委托人或受益人可依据《信托法》规定解除信托合同,并依据《公司法》规定的条件把信托股权移转给受益人或委托人自己。股权信托的关键是妥善保护作为实质股东的受益人的股权利益。❶

(一)借名投资与隐名投资

在公司法中,投资者经过一定的程序后(工商局登记、股权登记等)则可以成为公司的股东。投资者与股东有密切联系,有时股东与投资者是一致的,但是有时股东与投资者却是分离的。正常情况下,投资者因出资或认购股份而成为公司的股东,拥有股东权利,承担股东义务。

投资者与股东的区别主要是外延范围不同,投资者是大概念,股东是小概念,包含于投资者的概念之中,是投资者的一个种类。当然,这两个概念的侧重点不同。前者侧重于

---

❶ 刘俊海. 公司法学. 北京:北京大学出版社,2008:717-719.

主体的投资行为表达，后者侧重于主体的股东地位展示。

尽管投资者在多数情况下都可以成为公司的股东，但是也存在投资者与股东资格相分离的情况。在某些情况下，股东并不是真正的投资者。如当股东基于继承、赠予而取得股东资格时，股东并没有实际出资注入公司，却拥有了股东的这一身份，这时股东与实际出资者是分离的。还有就是当投资者一方不以自己的名义，而以他人的名义作为出资者记载于公司章程中，这种情况下实际出资者为隐名股东，而登记于公司章程中的人为显名股东。再有一种情况就是冒名股东，是指冒用他人名义进行出资登记的人，这里的"名义"可以是真实存在的一个人的名义，也可以是完全虚构、根本不存在的一个人的名义。

在实际生活中，被隐匿身份的实际投资人往往被称为"隐名股东"，而被公开和显示的人往往被称为"显名股东"。学术界，也有这种称谓。有人认为，"就隐名股东的表面特征来讲，借他人名义对公司进行投资的出资者即为隐名股东，又称为隐名出资人，相应的，名义上持有股份的人称为显名股东。"❶隐名投资是指实际投资者以他人的姓名或名称记载于公司的相关法律文件，对外显示为他人投资而将自己实际投资者身份隐匿起来的一种投资方式。❷

如图4-1所示，在隐名投资中，非行权式隐名投资包括显名人未投资（实质上是委托投资）和显名人也有投资（实质上是合伙投资）。一般而言，这两种形式都属于合法的投资形式。而行权式隐名投资包括借用他人名义、冒充他人名义、虚构主体名义三种基本形式。

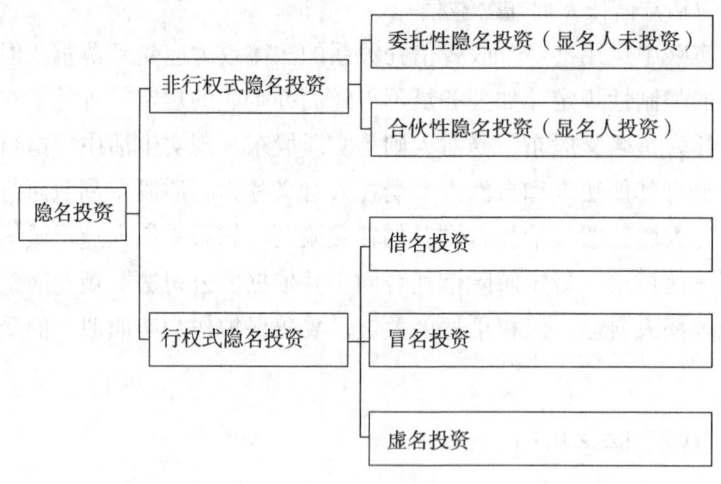

图4-1 隐名投资类型❸

（二）处理隐名股东与显名股东关系时遵循的原则

第一，隐名股东未直接以股东的名义行使权利的，以显名股东为股东。因为隐名股东

---

❶ 郑瑞平.论隐名股东利益之法律保护.中国政法大学学报，2010（5）.
❷ 施天涛.公司法论.北京：法律出版社，2006：230.
❸ 沈贵明.股东资格研究.北京：北京大学出版社，2011.

未直接以股东的名义实际行使权利的,以显名股东为股东有利于公司法律关系的稳定,能更加稳定地维持、管理股东和公司之间的权利义务关系。同时,也方便公司事务的处理,使公司在处理股东之间的纠纷中得以保持中立的立场,维护善意股东的利益。至于隐名股东与显名股东之间的关系则依个人协议等约定认定解决。

第二,隐名股东直接以股东的名义行使权利的,以隐名股东为股东。公司登记记载具有权利推定力,依公司登记材料的记载来确认股东是公司的一项权利。当隐名股东以实际股东的身份负责公司的经营,行使股东的权利时,隐名股东以股东的名义实际行使权利足以证明其他股东知晓或者应当知晓其为公司的实际股东。因此,如果公司愿意自己承担风险,则没有理由予以阻止认定实际的投资人为股东。

隐名股东从公司成立一开始即以实际股东的身份行使股东权利的情形下,会产生一系列问题:(1)原先以实际股东的名义所形成的所有法律关系的效力将全部被否定,形式说所具有的稳定公司法律关系的优点在此反而成为缺陷。(2)违反禁止反言原则。禁止反言是诚实信用的要求。当隐名股东以股东的名义实际行使权利,公司和其他股东接受时,任何一方均应受此约束。如果隐名股东已经以股东的名义实际行使权利,而仍然以显名股东为股东,则隐名股东即可在公司盈利时享受股东权利,在公司亏损时主张自己不是股东,要求退回投资款,公司也可在公司盈利时排除已经实际行使股东权的隐名股东的权益,这均有悖权利义务相一致的原则。因此,在隐名股东直接以自己的名义行使股东权利的情形下,认定隐名股东为股东更有利于公司法律关系的稳定,维护相关当事人的利益。

如果隐名的目的是规避法律,以隐名股东为股东将存在法律上的障碍。在这种情况下,如果作为其原因的瑕疵能够弥补,应继续承认其股东资格有效。这从企业的维持、维护法律关系的稳定出发,应该是可取的。如果作为其原因的瑕疵无法弥补,则隐名股东的股东资格应为无效。依照法理,无效本应从一开始即为无效。但是,如此则会危害公司法律关系的稳定,产生不当得利返还等非常复杂的问题。为了防止混乱,股东资格无效也不应具有溯及力,即对判决确定以前产生的公司和股东及第三人之间的权利义务不发生影响。

(三)对隐名股东确权应尊重有限公司的人合性

以他人名义出资或者认购股份导致名义上的股东与实际出资人或者股份认购人不一致,那么,法律上应当将谁视为股东呢?

实质说认为,应当将实际出资人或者股份认购人视为股东,无论名义上的股东是谁。其理论依据是,在显名股东与隐名股东之间存在一个契约,这个契约就是隐名股东"借用"显名股东的名义订立的。法律应当尊重这种协议,因为它是当事人意思自治的体现。同时,确认隐名股东为真正的股东有利于做到名实相符。

形式说认为,法律上应当将名义上的股东视为股东。其理论依据是:其一,公司行为是团体行为,如果否认名义股东的股东身份,则很可能导致公司的行为(如股东会议决议)无效,从而影响交易安全。其二,如果确认实际出资人或者股份认购人为股东,将会极大地增加公司的负担,使公司卷入纷繁的纠纷之中。

比较而言，形式说更为可取。商法与民法有一个很大的不同。民法重意思，商法重表示。民法重个人，商法重团体。这不仅是为了提高商事交易的效率，而且是为了保护交易的安全。因此，原则上，当名义股东与实际出资人或者股份认购人不一致时，应以外观表示为原则来确认股东的身份，即应将名义股东视为股东。

但是，这一原则有个例外，即如果公司明知实际出资人或者认购股份的人的身份，并且已经认可其以股东身份行使股东权利的，如果不存在违反强行法规定的情形，则可以认定实际出资人或者股份认购人为股东。譬如，公司在分配股利时直接向实际出资人或者股份认购人进行分配。又如，实际出资人或者股份认购人参与公司管理等等。这是因为，之所以在隐名股东的情况下，以形式标准来确认股东身份，是为了免除公司的调查之苦，若公司明知实际出资人或者认购股份的人的身份，并且已经认可其以股东身份行使股东权利的，则当然应当认定实际出资人的股东身份。

《公司法司法解释（三）》专门对实际出资与名义持有的适用范围、协议效力、权益争议、股权处分和股东责任等问题进行了规定。在确定股东权益时，要尊重有限公司的人合性。但实际出资人是否可以成为公司股东还需取决于其他条件。这就要满足《公司法司法解释（三）》第二十四条第三款的规定，即需要获得公司其他股东过半数同意，如果实际出资人未经公司其他股东半数以上同意，即使否认了名义股东的身份，实际出资人也难以成为公司股东。

在确认了实际出资人的实际出资权益并经公司其他股东过半数同意后，实际出资人还须请求公司办理股权变动手续，请求公司变更股东、签发出资证明书、记载于股东名册、记载于公司章程并办理公司登记机关登记。

（四）处理隐名股东、显名股东与外部第三人法律关系时应遵循的原则

我国《公司法》第三十二条第三款规定："公司应当将股东的姓名或者名称及其出资额向公司登记机关登记；登记事项发生变更的，应办理变更登记。未经登记或者变更登记的，不得对抗第三人。"

协助办理股权变更登记手续是公司的一项法定协助义务。在实践中，倘若股权受让方被载入股东名册，但公司登记机关的股权变更登记手续没有办理，则该当事人有权请求公司前往公司登记机关，协助办理股权变更登记手续。公司不予申请登记的，出资人或受让人可向人民法院提起诉讼，请求公司履行申请登记义务。股东向公司主张权利，公司仅以其未在公司登记机关办理股东登记抗辩的，人民法院对其抗辩不予支持。

作为对抗证据的公司登记机关登记文件，虽不是股东资格的效力证据，但具有对抗第三人的效力。当然，此处的"第三人"不包括善意第三人，只包括主观上存在恶意或重大过失的第三人。与公司备置的股东名册相比，公司登记机关的登记资料具有较高的透明度。因此，根据外观主义法理，善意第三人理应受到保护。例如，在某股权信托关系中，甲为名义股东，乙为实质股东。在没有办理股权信托登记的情况下，善意第三人丙信赖名义股东甲，并从甲受让了前述信托股权。在这种情况下，乙只能依据股权信托协议追究甲的违

约责任,而不能请求丙返还信托股权。因此,公司登记机关的登记资料作为股东资格的对抗证据并非多余的制度安排。再如,倘若名义股东甲把股权转让给善意第三人乙,乙在甲违约时可申请法院强制执行,即将该股权变更至乙名下。

根据《市场主体登记管理条例》第八条、第九条规定:"有限责任公司股东或股份有限公司发起人的姓名或名称,以及认缴的出资额、出资期限和出资方式属于法定的公司登记事项,而股份有限公司的股东并非法定的公司登记事项。可见,有限责任公司的股东变更时,公司有义务前往公司登记机关办理股东变更登记;但股份有限公司股东变动时,公司无需办理股东变更登记,因而公司股东资格很难从公司登记机关求证。"❶

第二节 股东资格纠纷实务

一、股东资格纠纷裁判要旨

股东资格确认纠纷多发生于隐名股东(实际出资人请求他人以他人名义出资,但由实际出资人享有股权利益,造成股东名册登记与实际股权享有者不一致的情况)股权转让的情况,是较为普遍的一种纠纷。

(一)股东出资瑕疵

股东出资瑕疵是指公司设立或增资过程中,股东实际的出资金额没有达到认缴的金额,或者出资到公司账户后又把资金转出不用于公司经营,或者承诺出资的财产价值不足,或者承诺出资的财产已交付给公司但未办理过户手续,或者承诺出资的财产办理了过户手续但未交付公司使用,或者以无权处分的财产出资,或者以赃款赃物出资等方面存在不完全符合法律或公司章程规定的情形。

股东出资瑕疵的表现形式包括未履行出资、未全面履行出资和抽逃出资等,在我国公司法由实缴制变为认缴制的情况下,缓解了公司融资困难的处境,但是股东瑕疵出资的表现也更为明显,股东瑕疵出资对股东享有的权利具有何影响?是否会影响股东身份的确认?这些都是实践中经常遇到的问题。

(二)股东出资瑕疵不影响其股东资格

按照股东出资瑕疵的程度不同,可分为一般瑕疵与严重出资瑕疵两种,应当区别两种情形分别认定股东资格。

(1)对于一般出资瑕疵,法律只要求出资人对其行为进行必要的补救,承担相应的责任,但未明确规定其不具有股东资格。所以原则上不应否认一般出资瑕疵股东的股东资格。主要理由如下:

①股东不出资只会导致相应的民事责任和行政责任,并不必然否定其股东资格。根据

---

❶ 刘俊海. 公司法学. 北京:北京大学出版社,2008:709-713.

我国《公司法》的有关规定，股东应当足额缴纳公司章程中规定的各自认缴的出资额，股东未按期缴纳所认缴的出资额，应当向已足额缴纳出资的股东承担违约责任；出资评估不实、虚假出资的股东应当向已足额缴纳出资的股东承担违约责任；出资评估不实、虚假出资的股东应当对公司承担差额补缴责任，公司设立时的其他股东承担连带责任；对虚假出资的股东，工商行政部门可给予罚款、责令改正的行政处罚。由此可见，虽然实际出资是股东对公司的重要义务，但股东不出资只会导致相应的民事责任和行政责任，并不必然否定其股东资格。

②股东权利的归属须综合考虑多种因素，而在有限责任公司，最关键的是公司对股东的承认或认可。有限责任公司作为一种具备人合性质的公司，对某一公司成员股东身份的承认意味着所有其他股东作为一个整体对该成员股东资格的认可，其他个别成员的异议不能与之对抗。公司对股东身份承认的形式是股东名册登记或者公司章程的记载。

③最高人民法院对河南省高级人民法院《关于胡克诉王卫平、李立、李欣股东权纠纷一案的答复》（2003年5月15日，（2003）民二他字第4号）中"从思达公司新老股东就股份转让达成合意、到公司股东会认可新股东的身份，直至工商行政管理部门通过年检报告将公司股东予以公示，思达A公司股东完成了李立等人获得股东身份的必要程序。且李立等人自1993年12月30日受让股份，以股东身份行使权利（参与股东大会、参与公司运营决策等）已近10年，此时再否认其股东资格缺乏事实依据。股份转让时各当事人未就股份转让的对价问题做出明示约定，原始股东若就支付对价提出请求，可另案提起诉讼"的解释亦表明，股东出资瑕疵（或继受股东未支付股权对价）不能否认其股东资格。

（2）对于严重的出资瑕疵，导致公司法人地位消灭的，股东丧失了存在的前提和基础，"皮之不存，毛将焉附"，股东资格亦随之消灭。按照《公司法》第一百九十八条的规定，违反本法规定，虚报注册资本、提交虚假材料或者采取其他欺诈手段隐瞒重要事实取得公司登记的，情节严重的，将导致撤销公司登记或者吊销营业执照的法律后果，使公司的民事主体资格归于消灭，股东资格也当然不存在。

综上，我国现行公司法对缴纳出资和股东资格取得的关系，并未作明确规定。一方面并没有明确规定取得股东资格必须向公司实际出资；另一方面从公司法条文本身分析，股东瑕疵出资并不必然产生否定其股东资格的后果，只会导致相应的法律责任的产生。❶

出资瑕疵的股东与足额出资的股东应享有不同权利、承担不同义务，股东出资充分与否对股东权利必然产生影响。出资瑕疵的股东既然载明于公司股东名册或公司登记机关文件，就应享有一定的权利、承担一定的义务，而不应将其从股东的法律范畴中抛弃出去，一概否认其股东身份的存在。股权转让的实质是股东资格或股东身份的转让。因此，出资瑕疵的股东仍然有权将其有瑕疵的股东资格或股东身份转让给第三人。但不能由于股东在公司股东名册或公司登记机关登记在册，就否认出资瑕疵事实对股东权利的影响，否认该类股东的出资差额补充责任。

---

❶ 徐志新.公司设立与股权纠纷.北京：中国民主法治出版社，2014：751-756.

第四章　股东资格

二、典型案例

（一）抽逃出资不能否定股东资格

根据《最高人民法院关于适用〈中华人民共和国公司法〉若干问题的规定（三）》第十二条的规定，抽逃出资可理解为股东在向公司履行出资义务后通过虚增利润进行分配、虚构债权债务关系、利用关联交易及其他未经法定程序的方式将出资抽回，损害公司权益，却仍保留股东身份和原有出资数额的行为。也可以理解为：公司实收资本在公司财务账册上记载是真实的，并且在公司成立之时已足额存于公司，公司成立后又以撤回、转移、混同、冲抵等违反公司章程或财务会计准则的方法或者手段从公司转移的行为。但法律规定并不能将现实中的种种情形涵盖，所以实务中对于抽逃出资行为的把握难以准确，致使抽逃出资行为的法律后果难以认定。

案例：万某裕诉某公司其他股东权纠纷案

【关键词】：出资转化为借款；抽逃出资；股东资格

【相关法条】：《中华人民共和国公司法》（2005年10月27日修订）第三十三条、第三十六条

【基本案情】：

此案中再审申请人万某裕为与被申请人某水电开发有限公司（以下简称某水电公司）、一审第三人某县某乡电站（以下简称某电站）、某科技发展有限公司（以下简称某科技公司）、张某云、唐某云股东资格确认纠纷一案，不服某省高级人民法院（2012）云高民二终字第89号民事判决，向最高人民法院申请再审。

2004年5月27日，某水电公司进行水电开发，法定代表人为唐某良。某水电公司共有某科技公司、某电站两个法人股东，唐某云、张某云两个自然人股东，注册资本为100万元，其中某科技公司占注册资本40%，某电站占注册资本32%，自然人股东唐某云、张某云分别占注册资本14%。2007年4月26日，某水电公司变更注册资本为1200万元，各股东持股比例不变。经法定代表人唐某良授权，由股东唐某云全权处理公司日常事务，唐某云并有权代表某科技公司行使股东权利。2008年6月，为了公司建设的需要，唐某云、张某云拟增资扩股，遂与万某裕协商，由万某裕出资510万元，占公司30%股权。2008年7月29日，万某裕以个人名义向该市某区信用合作社贷款530万元，由水电公司两个股东张某云及某电站以资产作抵押担保，唐某云作为某水电公司的授权代理人也在借款合同上签字，借款用途为"电站投资"。2008年8月4日，万某裕将所借510万元打入了某水电公司账户，某水电公司会计凭证记载为"实收资本"。2008年8月10日，唐某云、张某云和万某裕签署了一份《某水电开发有限公司章程》（以下简称《某公司章程》），其中载明万某裕于2008年8月10日认缴出资510万元，占公司注册资本的30%。2010年1月3日，万某裕、张某云、张某华、唐某云作出《股东会决议》，决定将公司股权转让，并约定转让金按当时的出资比例进行分配，还明确了各股东到账股金的比例为：万某裕510万元，占53%；唐

83

某云、唐某良（某科技公司法定代表人）117万元，占17.7%；张某云52万元，占5.4%；某电站230万元，占23.9%。但因后来未找到受让方，股权没能转让。2010年11月20日，唐某云向万某裕补写了一张《借条》，内容为："借到万某裕人民币510万元，此款已于2008年8月4日打入公司账户，由公司承担信用社利息和本金归还，期限为一年半，若到期未能偿还作为资本债转为公司股金"。2011年6月20日及6月23日，某水电公司作出《某水电开发有限公司账务自查结论》（以下简称《账务自查结论》），其中注明"实收万某裕资本金510万元"。期间，唐某云于2009年7月26日、2010年5月18日向万某裕账户内打入人民币110万元，2011年3月3日，唐某云又将400万元人民币打入万某裕账户内。

因万某裕要求某水电公司将其确认为股东未果，2011年6月22日，万某裕向一审法院提起诉讼，请求：确认其系某水电公司股东，出资510万元注册资本金，持有公司53%的股权；判令某水电公司配合万某裕办理公司股东变更的工商登记手续；由某水电公司承担本案诉讼费。

一审法院经审判委员会讨论决定，作出（2011）丽中民二初字第19号民事判决，驳回了万某裕的诉讼请求。

万某裕不服一审判决，提起上诉，请求撤销一审判决，改判支持其一审全部诉讼请求。二审法院经审判委员会讨论决定，作出（2012）云高民二终字第89号民事判决，驳回上诉，维持原判。

万某裕不服上述二审判决，向最高人民法院申请再审。最高人民法院经过审判委员会讨论决定，判决撤销某省高级人民法院（2012）云高民二终字第89号、该省某市中级人民法院（2011）丽中民二初字第19号民事判决，确认万某裕为某水电开发有限公司的股东，出资510万元，持有30%的股权；某水电开发有限公司应于本判决生效之日起15日内，配合万某裕办理股东变更登记手续。

【裁判理由】：

最高人民法院认为，本案再审争议的焦点问题是：万某裕是否为某水电公司的股东。对此，具体分析如下：

（1）万某裕是否取得了某水电公司的股东身份。

股东身份的确认，应根据当事人的出资情况以及股东身份是否以一定的形式为公众所认知等因素进行综合判断。根据本案查明的事实，认为万某裕已经取得了某水电公司的股东身份。

其一，万某裕已经向某水电公司实缴出资，万某裕打入某水电公司账户的510万元为出资款而非借款；其二，万某裕的股东身份已经记载于《某公司章程》，万某裕也以股东身份实际参与了某水电公司的经营管理。

某水电公司主张，《某公司章程》第六十四条规定："本章程经公司登记机关登记后生效"，但该章程事实上并未在工商部门登记，因而没有生效。最高人民法院认为，该章程除第六十四条规定了章程的生效问题外，还在第六十六条同时规定："本章程于二〇〇八年八月十日订立生效"。这就出现了同一章程对其生效时间的规定前后不一致的情形，此时根据章程本身已经无法确定生效的时间,而只能根据相关法律规定和法理,对《某公司章程》的生效问题作出判断认定。最高人民法院认为,经法定程序修改的章程,自股东达成修改章程的合意后即发生法律效力,工商登记并非章程的生效要件,这与公司设立时制定的初始章程应报经工商部门登记后才能生效有所不同。本案中,某公司的股东在2008年8月10日即按法定程序修改了原章程,修订后的《某公司章程》合法有效,因此应于2008年8月10日开始生效,宏瑞公司关于《某公司章程》并未生效的主张,最高人民法院不予支持。

万某裕主张,以2010年1月3日所作的《股东会决议》为依据,确认其持有某水电公司53%的股权。但该《股东会决议》是为某水电公司对外转让股权这一特定事宜而作出,后来因未能找到受让方,股权转让事宜并没有付诸实施。其主张持有某水电公司53%的股权,最高人民法院不予支持。

（2）万某裕对某水电公司的股权是否转变为债权。

根据既有的法律规定,综合考虑案件事实情况,最高人民法院认为万家裕对宏瑞公司的股权并未转变为债权。理由是：

第一,股东不得抽逃出资是公司法的一项基本制度和原则,我国《公司法》对此作了明确规定。股东向公司出资后,出资财产即转变为公司的法人财产,其独立于股东个人的财产而构成公司法人人格的物质基础。股东从公司抽逃出资,则会减少公司资本,动摇公司的独立法人地位,侵害公司、其他股东和公司债权人的利益,因而为法律所严禁。本案中,万某裕打入某水电公司账户的510万元性质上为出资款,且为《某公司章程》所确认,该510万元进入某水电公司的账户后,即成为某水电公司的法人财产,无论是万某裕主动要求某水电公司将其出资转变为借款,还是唐某云代表某水电公司向万某裕出具"借条"并将出资作为借款偿还,亦或是万某裕与某水电公司协商一致,将出资转变为借款而归还,本质上都是根本改变万某裕对某水电公司出资性质的违法行为,都会导致万某裕抽回出资并退股的法律后果,这是有违公司法的禁止性规定的,因而上述行为均应无效,万某裕的股东身份自然也不因此种无效行为而改变。

第二,"借条"并不能证明万某裕对某水电公司的出资已经转变为借款。即便不考虑前述法律禁止性规定的因素,单纯从"借条"这一证据本身分析,亦不能得出万某裕对某水电公司的出资已经转变为借款的结论。万某裕和某水电公司对一年半的借款期限究竟应从何时起算存在争议。最高人民法院认为,在当事人没有特别约定的情况下,按照交易惯例,借款期限应从款项实际交付给借款人时起算,具体到本案,即使将万某裕的出资当作借款,借款期限也应从510万元打入某水电公司账户的2008年8月4日起算,这与万某裕从该市某区信用合作社贷款一年半的期限正好吻合。按此日期计算借款期限,至2010年2月4日一年半的期限届满,某水电公司并未归还全部借款,按"借条"的约定,万某裕支付的510万元也应转为出资而非借款。从另一方面看,"借条"载明应由某水电公司承担510万元贷款的利息归还义务,但事实上该项贷款的利息919820.88元系由万某裕偿还,无论借款期限从何时起算,某水电公司均未在"借条"约定的一年半的借款期限内偿付利息,从这一角度考量,万某裕支付的510万元也应属于出资而非借款。在万某裕向某水电公司支付的510万元属于出资款，不应作为借款返还的情形下，唐某云可以另行向万某裕主张返还其所支付的510万元。

【裁判意义】：

首先，对于公司章程的生效时间，在公司设立时，制定的初始章程应报经工商部门登记后才能生效。但是公司存续期间，经法定程序修改的章程，自股东达成修改章程的合意后即发生法律效力，工商登记并非章程的生效要件。其次，对于股东资格的确认，应根据当事人的出资情况以及股东身份是否以一定的形式为公众所认知等因素进行综合判断。需要考量的因素主要包括股东是否有出资之意、是否有实际出资行为、公司记账处理是否计入"实收资本"等，而工商登记不是确认股东资格的法定要件。最后，抽逃出资并不能否定股东资格，股东承担抽回出资违反公司法的禁止性规定的法律后果，因而出资改借款等行为均无效，但是股东身份不因此种无效行为而改变。因此不能据此否定出资人已取得的股东资格。抽逃出资并不限于抽逃注册资本中已经实缴的出资，在公司增资的情况下，股东抽逃尚未经工商部门登记、但已经成为公司法人财产的出资同样属于抽逃出资的范畴，也在公司法禁止之列。

（二）股权转让时未支付对价不能否定股东资格

1. 股权转让时未支付对价不能成为否定股东资格的理由

当事人受让有限责任公司的股份，得到了股东会决议的认可，并在工商部门年检报告中进行了记载，但其既未出资，也未向股权转让人支付对价，该当事人是否具有股东资格？

应当认定该当事人具有股东资格，理由如下：

第一，有限责任公司最关键的是公司对股东的承认或者认可。有限责任公司作为一种具备人合性质的团体，其对某一成员股东身份的承认意味着所有其他股东作为一个整体对该成员股东资格的认可，其他个别成员的异议不能与之对抗。公司对股东身份承认的形式是股东名册登记或者公司章程的记载。

第二，通过出资而成为股东者，其出资瑕疵并不必然导致股东身份的丧失；通过受让股份而成为股东者，即使其未支付对价也不能成为直接否认其股东资格的理由。对于出资瑕疵者或者未支付对价的受让人，其他股东或者转让股份的原股东作为权利人可向其主张违约责任。无论对于出资瑕疵或者是对于未支付对价之受让人，权利人主张解除合同均应在合理期限内进行。

2. 典型案例

案例：张某中诉杨某春股权确认纠纷案

【关键词】：实际出资人；名义出资人；股权转让

【相关法条】：《中华人民共和国公司法》（2005年10月27日修订）第七十二条

【基本案情】：

原告张某中诉称：某设备安装工程有限公司（以下简称某安装公司）原为国有独资公

司，于 2007 年 3 月改制为民营股份制公司，2007 年 3 月 14 日，原告和被告杨某春签订合伙出资协议约定：（1）被告出资人民币（下同）877.501 万元，原告出资 360.499 万元，共同持有某安装公司 61.75% 的股权；（2）被告持有 43.77% 股权，原告持有 17.98% 股权；（3）原告的股权由被告代为持有、行使。后原告按协议将投资款如数支付给被告，并由被告以出资形式缴纳给某安装公司，被告出具确认书予以确认。2007 年 3 月 28 日，原、被告签订补充协议约定，被告代为持股从 2007 年 3 月 28 日至 2010 年 3 月 27 日。代为持股期限届满后 30 日内，被告应根据协议将原告之股权变更至原告名下，并依法办理相关手续，若无法办理登记手续，被告应以市价收购上述股份。2008 年 11 月 25 日，被告出具承诺书承诺于 2009 年 2 月底将股权变更登记至原告名下。截至原告起诉之日，被告仍未依法办理前述股权变更登记事宜。为此，原告请求判令确认原告为某安装公司之股东，持股比例为 17.98% 并履行相应的股权变更登记手续；或判令被告向原告支付前述股权等值之金额（暂计）400 万元。诉讼费由被告负担。被告杨某春辩称：原告张某中仅向被告支付 200 万元，另 160 余万元未实际出资，应予扣除。原告要求确认某安装公司股权并变更登记违反法律规定和其他股东优先购买权，被告愿意按市场价值偿还原告出资款。

经法院审理查明，2007 年 4 月 15 日，被告杨某春出具确认书，确认收到原告张某中的 360.499 万元出资款。2007 年 3 月 23 日，某安装公司申请登记的注册资本 2005 万元，全体股东于 2007 年 3 月 21 日前一次缴足，其中被告杨某春委托某机器有限公司向某安装公司开设的临时存款账户缴存 1238 万元。

2008 年 11 月 25 日，被告杨某春出具承诺书，承诺于 2009 年 2 月底前将原告张某中实际持有某安装公司 17.98% 的股权变更登记至原告名下。

最终法院判决被告杨某照持有的某安装公司股权中 17.98%（价值人民币 360.499 万元）为原告张某中所有，并且被告杨某照在本判决生效之日起十日内至工商管理部门将上述股权变更登记至原告张某中的名下。

【裁判理由】：

法院一审认为：原告张某中、被告杨某春之间的合作出资协议、补充协议和被告出具的确认书、承诺书，系当事人真实意思表示，无《合同法》第五十二条规定的情形，因此，原、被告的合作出资协议、补充协议等合法有效。根据原、被告的约定，被告代为原告持有某安装公司股权的期限至 2009 年 2 月底，现已逾代为持有的期限，原告有权依约主张自己的权利，故应确认争议股权为原告所有。

本案中，争议股权虽应为原告张某中所有，但原告并不当然成为某安装公司的股东，被告杨某春在代为持股期限届满后，为原告办理相应的股权变更登记手续，形同股东向股东以外的人转让股权。按照《中华人民共和国公司法》（以下简称《公司法》）第七十二条第二款的规定，股东向股东以外的人转让股权，应当经其他股东过半数同意。审理中，法院在某安装公司张贴通知，并向某安装公司部分股东发出通知，说明根据公司法有关规定，如某安装公司股东对原告张某中、被告杨某春之间的股权变更登记有异议，应按规定收购争议的股权，并于 2009 年 12 月 31 日前回复。嗣后，马某忠等八位股东（过半数）同意股权变更登记。因此，张某中、杨某春之间股权变更登记的条件已经成就，原告要求被告履行相应股权变更登记手续的诉讼请求，符合事实与法律依据，应予支持。

关于被告杨某春否认收到原告张某中160余万元出资一节，原告有银行转账凭证和被告出具的确认书，被告并无证据佐证，应确认被告收到原告全部出资款。因此，被告的辩称缺乏事实与法律依据，不予支持。

【裁判意义】：

《合同法》第五十二条规定了合同无效的几种法定情形，当公司实际出资人与名义出资人订立合同，约定由实际出资人出资并享有投资权益，以名义出资人为名义股东的，只要双方之间的合同无合同法第五十二条规定的情形的，该合同即为有效。实际出资人要求名义出资人与公司变更股东登记名册的，则形同股东向股东以外的人转让股权。依据《公司法》（2005年10月27日修订）第七十二条第二款、第三款的规定，股东向股东以外的人转让股权，应当经其他股东过半数同意。股东应就其股权转让事项书面通知其他股东征求同意，其他股东自接到书面通知之日起满三十日未答复的，视为同意转让。其他股东半数以上不同意转让的，不同意的股东应当购买该转让的股权。不购买的，视为同意转让。经股东同意转让的股权，在同等条件下，其他股东有优先购买权。因此，实际出资人要求变更股东登记名册的，须符合上述之规定。

第五章 股权转让

第一节 股权转让基本理论

一、股权转让概述

(一) 股权转让的概念

股权转让,是公司股东依法将自己的股东权益有偿转让给他人,使他人取得股权的民事法律行为。股权转让是股东行使股权经常而普遍的方式,根据《公司法》的规定,股东有权通过法定方式转让其全部出资或者部分出资。股权自由转让制度,是现代公司制度最为成功的表现之一。

根据《公司法》第七十一条:"有限责任公司的股东之间可以相互转让其全部或者部分股权。股东向股东以外的人转让股权,应当经其他股东过半数同意。股东应就其股权转让事项书面通知其他股东并征求同意,其他股东自接到书面通知之日起满三十日未答复的,视为同意转让。其他股东半数以上不同意转让的,不同意的股东应当购买该转让的股权;不购买的,视为同意转让。经股东同意转让的股权,在同等条件下,其他股东有优先购买权。两个以上股东主张行使优先购买权的,协商确定各自的购买比例;协商不成的,按照转让时各自的出资比例行使优先购买权。公司章程对股权转让另有规定的,从其规定。"广义的股权转让包括合伙企业财产份额的转让、有限责任公司(未上市)股权的转让、股份有限公司(未上市)股份的转让、上市公司股票的转让。

(二) 股权转让的效力

有限责任公司股权转让,是股东将其对公司所有之股权转移给受让人,由受让人继受取得股权而成为公司新股东的法律行为。股权转让的效力,是股权出让人丧失部分股权甚至丧失全部股权以致丧失股东身份,股权受让人股权份额增加或者成为新的股东。股权自由转让是公司法上的一项基本原则。但股权转让往往涉及转让人、受让人、公司、公司其他股东及公司债权人等诸多主体的利益,为了维持相关主体间的利益平衡,保障交易安全,就需要对股权转让进行必要的规制限制。因而,股权自由转让不是绝对的,其只是一个相对的概念。与股份有限公司相比较,有限责任公司股权的可转让性程度就要低一些。有限责任公司因兼具人合性和资合性的等特点,股东之间的相互信赖与合作是公司业务得以顺利开展的重要基础。因此,对于股权自由转让必须以其他股东享有优先购买权为程序性限制，方能维持公司的稳定，最大限度地维护其他股东的利益。同时，公司章程可以对股权转让作出其他限制性的规定，这种规定相比公司法关于股权转让的一般性规定，设定了更为苛刻的条件，是章程制定者为了维护自身及公司利益达成合意的体现。

二、有限公司股权转让一般规则

（一）股权转让受到一定的限制

1. 股权转让的限制

公司法关于有限责任公司股权转让的限制，是由强制性规范与任意性规范的结合来实现的。根据《公司法》第七十一条规定，有限责任公司的股权内部转让采取自由主义原则，法律没有设定强制性的规定。而外部转让则受到限制，这种限制主要体现在以下三个强制性规范：一是股东向股东以外的人转让股权时，必须经全体股东过半数同意；二是不同意的股东应当购买该转让的股权，如果不购买的，视为同意转让；三是经股东同意转让的股权，在同等条件下，其他股东有优先购买权。《公司法》第七十一条第四款规定，公司章程对股权转让另有规定的，从其规定。这是一个任意性的条款，股东可以基于该规定通过公司章程对股权转让进行限制。公司章程是公司的组织和行为规则，是发起设立公司的投资者就公司的重要事务及公司的组织和活动做出的具有规范性的长期安排，这种安排体现了很强的自治性。公司股东当然可以在公司章程中对股权转让作出特别限制，这种限制往往出于防止公司被个别股东所控制、强化公司的人合性等考虑。

2. 对任意性规范与强制性规范变更的效力分析

关于公司法中的强制性规范和任意性规范，立法也未对二者作出非常明确的界分，仅仅从法律条文的对比中去推导立法者对该条文强制性或任意性的认识是不合适的，这需要我们从法理的深层次上作出分析判断。较有说服力的一个判别标准是：当某个规范所规定的问题属于公司内部问题时，通常可以作为任意性规范；当某个规范所规定的问题属于公司外部问题、涉及公司之外的第三人时，则作为强制性规范。总的来说，有限责任公司的任意性规范较多，强制性规范有限。

在肯定章程可以对股权转让作出限制性规定的同时，必须明确，这一限制性规定是受到制约的，对于违反法律的强制性规定或者违反公司法原理的限制性条款，不应认定其有效。具体而言：（1）公司章程对股权转让的限制性条款与法律和行政法规的强制性规定相抵触的，应确认该公司章程条款无效，对股东没有法律约束力，股东不因违反该条款转让股权而使签订的股权转让合同无效。（2）公司章程的限制性条款造成禁止股权转让的后果。这种规定违反股权自由转让的基本原则，剥夺了股东的基本权利，应属无效，股权转让不因违反这些限制性规定而无效。

（二）股东享有优先购买权

根据《公司法》第七十一条的规定，股东优先购买权是指有限责任公司的股东在向股东以外的人转让股权时，经其他股东过半数同意，在同等条件下，其他股东对拟转让股权享有优先购买的权利。该法定权利设置的目的在于保证有限公司的老股东可以通过行使优先购买权实现对公司的控制，这体现了对有限责任公司"人合性"的维护，平衡了老股东控制权与股东自由处分股权。《公司法司法解释（四）》的第十六条至第二十二条，对优先购买权的行使要件又进一步做出了明晰的规定。

1. 优先购买权行使的前提"过半数"的认定

《公司法》第七十一条第二款规定："股东向股东以外的人转让股权的，应当经其他股东过半数同意"。该条款中的"过半数"是指股东表决权比例，还是股东人数占比的问题规定并不清晰，考虑到优先购买权的制定根基是有限责任公司的人合性，即尽可能保障股东内部的紧密联系，故立法者的本意更倾向于人数过半。

2. 股东优先购买权的限制和例外

（1）《公司法》第七十一条第四款规定："公司章程对股权转让另有规定的，从其规定"。也就是说公司法允许公司章程对股权转让另行规定，但该另行规定的范围如何，是否意味着无限制的修改，在实践中存在不同争议。例如山东省高院认为："《公司法》第七十一条第四款的规定根据意思自治原则，赋予了公司股东自主决定股权转让事项的权利。公司章程可以约定，排除其他股东的优先购买权或者规定更为宽松的股权转让条件"。还有观点认为："《公司法》第七十一条第四款的规定是有限的意思自治，即公司章程限制股权转让时并非绝对自由，应当存在底线"。而法院在审理这类纠纷时，主流观点是：公司章程作为公司的自治性规则，股东可以根据意思自治原则制定、修改公司章程，但不得违反法律强制性规定、剥夺股东的优先购买权等法定权利，除非获得全体股东的一致同意。有限责任公司以公司章程的形式限制股东优先购买权，符合法律规定，但效力仅及于同意该条款的股东，对持反对票的股东并不当然地产生效力。

（2）《公司法》第七十一条第一款规定："有限责任公司的股东之间可以相互转让其全部或者部分股权。"也就是说股东之间可以自由进行股权转让，在公司章程没有特殊规定的前提下，不受优先购买权的限制。

（3）《公司法司法解释（四）》第十六条规定："有限责任公司的自然人股东因继承发生变化时，其他股东主张依据公司法第七十一条第三款规定行使优先购买权的，人民法院不予支持，但公司章程另有规定或者全体股东另有约定的除外。"也就是说在章程没有特殊规定的前提下，在股权继承中，原则上不适用优先购买权制度。自然人股东死亡后，其合法继承人可以继承股东资格，被继承人取得相应的股权，其他股东不能主张优先购买权。

（4）《公司法司法解释（四）》第二十条规定："有限责任公司的转让股东，在其他股东主张优先购买后又不同意转让股权的，对其他股东优先购买的主张，人民法院不予支持，但公司章程另有规定或者全体股东另有约定的除外。"也就是说如果章程没有特殊约定，在转让股东反悔，不同意转让股权的情况下，其他股东的优先购买权缺乏行使的基础，不能再主张优先购买权。

3. 侵犯股东优先购买权的股权转让合同效力问题

《公司法司法解释（四）》第二十一条第一款规定："有限责任公司的股东向股东以外的人转让股权，未就其股权转让事项征求其他股东意见，或者以欺诈、恶意串通等手段，损害其他股东优先购买权，其他股东主张按照同等条件购买该转让股权的，人民法院应当予以支持，但其他股东自知道或者应当知道行使优先购买权的同等条件之日起三十日内没有主张，或者自股权变更登记之日起超过一年的除外"。据此，有限责任公司的股东向股东以外的人转让股权，未就其股权转让事项征求其他股东意见，或者以欺诈、恶意串通等手段，损害其他股东优先购买权的，其他股东主张按照同等条件购买该转让股权的，人民法院原则上应当予以支持。

但此时股东与股东以外的人签订的股权转让合同的效力，在此前的审判实践中观点不一，部分法院往往以保护其他股东的优先购买权为由认定股权转让合同无效，《九民纪要》出台以后，强调了"股权转让合同如无其他影响合同效力的事由，应当认定有效"这一要点，即除转让股东和股东以外的股权受让人恶意串通损害其他股东优先购买权订立的合同无效外，一般情况下，转让股东与股东以外的股权受让人之间签订股权转让合同时，即使没有履行《公司法》第七十一条第二款、第三款的义务，侵犯了其他股东的优先购买权，该合同也是有效的。司法审判实践对此类案件的审判标准将进一步明晰。

（三）股权转让登记制度

根据《公司法》第七十三条："依照本法第七十一条、第七十二条转让股权后，公司应当注销原股东的出资证明书，向新股东签发出资证明书，并相应修改公司章程和股东名册中有关股东及其出资额的记载。对公司章程的该项修改不需再由股东会表决"及第三十二条第三款："公司应当将股东的姓名或者名称向公司登记机关登记；登记事项发生变更的，应当办理变更登记。未经登记或者变更登记的，不得对抗第三人"的规定，发生《公司法》第七十一条和第七十二条规定的股权转让时，若涉及有限公司的股东的变更，比如，股东将其所持股权全部转让给其他股东、股东向股东以外的人转让部分或全部股权，公司不仅应当依照《公司法》第七十三条的规定修改公司章程，还应当向公司登记机关办理股东变更登记。❶

根据《公司法》第三十二条第三款关于公司办理股东变更登记的规定，以及《市场主体登记管理条例》第八条关于市场主体一般登记事项和第九条关于市场主体登记备案事项之规定，有限公司股东的姓名或名称才属于公司登记事项，而股东认缴的出资额、实缴的出资额和出资比例均不属于公司登记事项，因此，有限公司的股东的出资额发生变更，不适用变更登记程序、不需要办理变更登记。在有限公司的股东转让股权的情形下，如果不涉及股东的增加或减少，则无需办理公司变更登记。由于"股东的出资额"属于公司章程必须记载的内容，在股东转让股权的情形下，不可避免地将导致相关股东的出资额发生变动、进而需要修改公司章程。

---

❶ 谢秋荣.公司法实务全书.北京：中国法制出版社，2018：500.

因此，根据《市场主体登记管理条例》第二十九条第一项："市场主体变更本条例第九条规定的备案事项的，应当自作出变更决议、决定或者法定变更事项发生之日起 30 日内向登记机关办理备案。"其中第九条第（一）项就列明公司章程为备案事项之一。若有限公司的股东转让股权，有限公司应将修改后的公司章程或者公司章程修正案送原公司登记机关备案。❶

三、股权转让的方式

（一）对内转让

1. 对内转让的概念

对内转让，就是将股权转让给公司的其他股东。因此，《公司法》对此不予限制，只要转让人和受让人就转让的比例、价格、时间等事项达成协议即可。由于在公司股东之间转让只会使股东的持股比例发生变化，没有新股东的加入，不会改变公司人合性的基础。因此，对于股东之间相互转让股权，除了公司章程另有规定外，法律上没有任何的限制条件。

此外，公司章程对股权转让另有规定的优先适用。《公司法》第七十一条前三款规定是股东之间以及股东向第三人转让股权的法定条件，但是第四款规定的是股权转让的任意条件，公司章程对股权的转让做出与前三款不一样规定的，法律同样予以认可。例如，很多公司为了调动员工的工作积极性实施股权激励计划，对一部分符合条件的员工实施股权奖励，享有按持股比例分红的权利。同时公司章程规定该员工在离职时其股权必须转让给公司其他股东或由公司回购等限制性转让规定，以避免股权外泄导致公司被他人控股。这里章程规定的股权必须转让给公司其他股东或由公司回购的限制性条件，就是不同于《公司法》第七十一条前三款规定，这种规定是具有法律效力的。

2. 内部转让的规则

《公司法》第七十一条规定：股东之间可以相互转让其全部或者部分股权。但是，司法实践中，有限责任公司的股东之间转让股权涉及其他股东的知情权、控制权和一人公司的问题，从而影响股权转让协议的效力，甚至可能导致股权转让合同的无效。因此，必须对股东的每项权利进行详细分析：

（1）其他股东的知情权。

有限责任公司的股东之间转让股权没有通知其他股东，其他股东认为侵犯了其知情权，有权向人民法院提起诉讼，请求确认股权转让协议无效。

（2）股权转让对股东控制权的影响。

股东转让股权的法律后果只涉及公司股东的变更或者股东持股比例的变更，而公司及其财产并不发生变更。但股权转让也需要考虑其他股东的权益。

为保证其他股东的股权不被稀释，阻止公司的竞争者或者对公司怀有敌意的人收购公司，或防止任一股东通过购买其他股东的股权而取得对公司的控制权，公司法规定股东之

---

❶ 谢秋荣. 公司法实务全书. 北京：中国法制出版社，2018：501.

间转让股权不得损害其他股东的利益。

（3）股权转让导致股东为一人的效力。

《公司法》并未将通过股权转让导致公司股东仅一人的情形，作为公司解散的事由，也不禁止一人公司的存续。原则上转让后的股东人数应当符合公司法的规定，由于一人公司的股份存在通过转让使其恢复复数股东的可能性，允许一人公司在一定期限内存续所付出的代价远远低于公司清算、解散的成本和对社会经济秩序的影响，因而公司法并未否定股权转让导致股东为一人的效力。

（二）对外转让

1. 对外转让的概念

对外转让，是指将股权转让给股东以外的第三人，公司股权外部转让虽然不会影响公司的资本总额，但是股东之间的信赖关系不一定存在，可能会影响公司的正常运营，所以《公司法》对对外转让进行规范和制约。股东向股东以外的人转让股权的，会有新的股东进入公司，这必将改变公司原有的人合性基础，因此股东向股东以外的人转让股权的，需要遵循法律规定的程序，否则，很可能会导致股权转让协议无法履行。具体规定如下：

（1）需要经其他股东过半数同意。这里所指的其他股东过半数同意是股东的人数，并非是表决权，股东向股东以外的人转让股权的，实行"股东多数决"而不是"资本多数决"，原因仍在于有限公司股东之间的人合性基础。

（2）其他股东就同意转让或不同意转让进行意思表示。股东应就其股权转让事项书面通知其他股东征求同意，其他股东自接到书面通知之日起满三十日未答复的，视为同意转让。其他股东半数以上不同意转让的，不同意的股东应当购买该转让的股权；不购买的，视为同意转让。

（3）其他股东有优先购买权。无论是同意转让的股东，还是不同意转让的股东，在同等条件下均享有优先购买权，这种优先购买权仍是基于人合性的考虑。

2. 对外转让的规则

由于公司股权对外转让会影响到公司的信用关系和股权结构，因此，对于公司股东向股东会以外的个人或集体转让股权的，在保证股权自由转让的基础上，会有一定的限制。股东向股东会以外的个人或集体转让股权的，首先按照公司章程的相关规定执行，若公司章程未作规定的，按照公司法的规定执行。《公司法》第七十一条规定："股东向股东会以外的个人或集体转让股权，应当经其他股东过半数同意。股东应就其股权转让事项书面通知其他股东征求同意，其他股东自接到书面通知之日起满三十日未答复的，视为同意转让。其他股东半数以上不同意转让的，不同意的股东应当购买该转让的股权，不购买欲转让股权的，则视为同意转让。经股东同意转让的股权，在同等条件下，其他股东有优先购买权。两个以上股东主张行使优先购买权的，协商确定各自的购买比例；协商不成的，按照转让时各自的出资比例行使优先购买权。公司章程对股权转让另有规定的，从其规定。"这些规定，确立了股权外部转让的适用规则。

四、股权转让的特殊形式

(一) 股权的强制执行

1. 股权的强制执行的概念

股权的强制执行是股权转让的一种形式，它是指人民法院依照《民事诉讼法》等法律规定的执行程序，依据债权人的申请，在强制执行生效的法律文书时，以拍卖、变卖或其他方式，转让有限责任公司股东的股权的一种强制性转让措施。

2. 股权的强制执行转让的特别限制

根据《公司法》第七十二条规定："人民法院依照法律规定的强制执行程序转让股东的股权时，应当通知公司及全体股东，其他股东在同等条件下有优先购买权。其他股东自人民法院通知之日起满二十日不行使优先购买权的，视为放弃优先购买权。"

（1）要有强制执行的依据。根据我国《民事诉讼法》的规定执行依据为已经发生法律效力的判决、裁定、调解书、支付令及其仲裁裁决书、公证债权文书，上列执行依据应当具有给付内容，否则不应作为强制执行股权的依据，不能扩大解释。

（2）执行时履行通知义务。保护其他股东在同等条件下的优先购买权，只有其他股东依法放弃了优先购买权的，才可强制执行转让。

（3）股权强制执行的范围应限于执行依据所确定的数额及执行费用。当股权价值大于执行数额时，仅能执行相应的部分股权，而不能强制执行全部股权。原股东对所剩下的股权，仍然享有股东的权利。

(二) 异议股东股份回购请求权制度

1. 异议股东股份回购请求权的概念

所谓异议股东股份回购请求权，指的是在特定的情形下，对公司股东会（大会）决议持反对意见的股东所享有的一种"要求公司以合理公平的价格收购自己股份"的权利。其含义通常有广义与狭义之分，狭义上的概念仅指股份有限公司中异议股东的股份回购请求权，而广义上的概念还包括有限责任公司异议股东的股份回购请求权。现行公司法基本上坚持了广义说，以立法的形式认可了有限责任公司与股份有限公司回购异议股东股权的行为。

2. 股东回购请求权的法律规定

《公司法》第七十四条规定："有下列情形之一的，对股东会该项决议投反对票的股东可以请求公司按照合理的价格收购其股权：（一）公司连续五年不向股东分配利润，而公司该五年连续盈利，并且符合本法规定的分配利润条件的；（二）公司合并、分立、转让主要财产的；（三）公司章程规定的营业期限届满或者章程规定的其他解散事由出现，股东会会议通过决议修改章程使公司存续的。自股东会会议决议通过之日起六十日内，股东与公司不能达成股权收购协议的，股东可以自股东会会议决议通过之日起九十日内向人民法院提起诉讼。"

3. 回购情形

（1）公司连续 5 年不向股东分配利润。"连续 5 年"是指持续的、不间断的 5 年，既有可能表现为事实上未分配任何利润，也可能是没有按照公司章程约定或公司法规定的比例分配。以此理由请求回购股份还需要以公司连续 5 年盈利为前提。

（2）公司合并、分立的。公司合并包括吸收合并和新设合并两种方式，分立也包括解散分立和存续分立，对于存续分立中由原公司作为新设立公司股东的情形下，由于其本质属于公司投资设立全资子公司，属于公司正常投资扩张，因此，除非涉及公司注册资本减少，一般无赋予股东回购权之必要。

（3）转让主要财产。关键在于对"主要财产"的理解，应从转让财产的量和质上进行综合评价，一方面要考虑转让财产占公司财产的比重，另一方面，也需要考虑该财产对公司生产经营的影响程度。从字面理解，主要财产应指公司进行日常经营活动所必须的，影响到公司存续的财产。

（4）公司章程规定的营业期限届满或者章程规定的其他解散事由出现，股东会会议通过决议修改章程使公司存续的。按照公司法的规定，公司解散直接导致公司清算，公司股东有权依据其股权比例请求剩余财产分配或者公司章程的约定请求分配公司的剩余财产，从而最终实现其投资收益或者承担亏损。如果股东会会议通过决议修改章程使公司存续的，则阻却了股东的合法投资权益的实现，应当允许异议股东行使股权回购请求权。

4. 实现异议股东回购请求权的条件

（1）行使主体为对股东会作出的决议表示反对的股东，享有该权利的主体是异议股东，也即反对某项特定交易的股东。对于其他股东而言则不存在这一权利。

（2）股东需要对股东会决议作出反对的意思表示。一般来说，股东可通过两种方式表达其对某项股东会决议的反对意思，一是在股东会作出决议前，已以书面形式向公司表达其反对意见；二是已在股东会上投票反对该决议。缺席股东会的股东是否享有股份回购请求权呢？本书认为，无论是股东放弃出席还是因为外部原因导致的缺席，如未给予会议通知或者受到会议通知，但被不当拒绝出席股东会，该股东都应享有回购请求权。股东缺席与股东出席而未提出异议不同，股东会决议对所有股东均发生效力，缺席股东仍可表达其反对股东会决议的意思表示。

（3）股东应于法定期限内行使回购请求权。根据《公司法》第七十四条第二款的规定，股东在决议通过之日起 60 日内与公司达不成股权回购协议的情况下，若想通过诉讼途径维权，则应自股东会会议决议通过之日起 90 内向人民法院提起诉讼。由此可见，在已经满足上述（1）、（2）条件的情况下，股东还应在法定的期间内提出相关请求。

（三）股权的继承

1. 股权继承的概念

股权具有财产所有权属性，它能够进行转让、买卖和继承。股权继承是指公司自然人股东死亡后由其合法继承人继承其股东资格，行使股东权利的制度。有限责任公司的股权因自然人股东死亡被继承，其实就是股权被转让的一种特殊情形，受公司的人合性特征影响，股权继承构成对有限责任公司人合性的冲击。股东死亡后，股权属于遗产的组成部分，但不同于有形财产的继承，股权继承既要依照《民法典》继承编规定的分配原则，同时还要遵守《公司法》的相关规定。《公司法》第七十五条规定："自然人股东死亡后，其合法继承人可以继承股东资格。但是，公司章程另有规定的除外。"

2.股东资格是否可继承问题

在股权继承问题上，学界存在两种不同的价值导向：一种是保护继承权，允许继承人获得股东资格，参与公司管理；另一种是保护公司的人合性，如果其他股东不同意继承人加入，则继承人只能继承股权中的财产性权利。对此，《公司法》第七十五条在继承权和公司人合性二者之间的保护进行了一定的平衡，作出了制度的安排。即"自然人股东死亡后，其合法继承人可以继承股东资格，但是，公司章程另有规定的除外。"本条所称"公司股权当然继承"是指，在被继承人死亡时，继承人仅依据个人意愿，在符合公司章程的条件下不用经过其他股东或股东会的同意，而自动取得股东资格的情况，原则上其他股东在股东资格继承时没有优先购买权。实践中，一些法院在审理类似案件时对该条理解出现了偏差，认为只有公司章程规定或者公司作出股东会决议同意继承人继承股东资格的，才能确认继承人拥有股东身份。

3.公司章程对股权继承的约束

按照《公司法》第七十五条的规定，有限责任公司的章程可以对股权继承做出规定，并且优于法律规定。因为有限责任公司在具有资合性的同时，很大程度上更具有人合性。有限责任公司得以成立和延续，股东之间相互信任和依赖至关重要。因此，《公司法》对此专门作了例外性规定，即如果公司章程对继承股东资格有除外规定，死亡股东的继承人不能当然成为公司的股东。需要注意的是，公司章程对股权继承的限制或排除，只能及于股权中的人身性权利，不得及于股权中的财产性权利。

在司法实践中，《公司法》第七十五条所规定的"章程"宜作扩大解释。如果股东协议等其他法律文件对股权继承问题进行了限制，且此类法律文件能够反映股东真实意愿，相关约定同样应当得到法律的尊重与保护。

除此之外，有限责任公司的股权继承，要明确公司章程是否对股权继承做出规定：当公司章程未对股权继承做出规定时，股权继承当然发生；当公司章程对股权继承做出明确规定时，应当按照章程规定执行。对于股权继承人来说，虽然继承人因继承取得股东资格属于当然取得、继受取得，但对继承人继承股东资格的程序，法律并没有明确规定。有限责任公司股东人数较少，往往其中的某一自然人股东死亡后，公司就仅剩余几个股东，甚至是只剩一个股东。由于剩余股东掌握公司的公章等材料，死亡股东的继承人难以要求公司为其办理股东登记及工商变更登记。针对此情况，当事人可以向法院提起诉讼要求确认继承股东资格。而对于公司其他股东来说，修改公司章程或增加公司章程补充协议（例如

"股东身故、失踪"等情况发生时,由公司支付相应金额的股权对价款给继承人,继承人不得获得股权等)来对股权继承作出限制性规定,是保持公司人合性的合法手段之一。

第二节 股权转让纠纷实务

一、股权转让中优先权保护

(一)股东优先购买权的概念

股东优先购买权是指股东享有的在同等条件下优先购买其他股东拟转让股权的权利,是有限责任公司股东特有的一种法定权利。我国公司法之所以规定有限责任公司股东享有优先购买权,其立法本意一方面在于保证有限责任公司原股东对公司的控制权,另一方面在于保障有限责任公司的人合性和封闭性。因此,股东将股权转让给股东以外的人应当经公司过半数股东同意,同时应保证其他股东的优先购买权。股东优先购买权的本质是一项消极、防御性质的权利,即用于防御股东以外的人(在未获其他股东同意的情况下)加入公司的情形。其积极权能(即其他股东收购拟出让股权)是附属于上述消极权能的,其作用仅在于避免出现僵局。当股权外流的情形实际发生时,优先购买权方有行使的必要;该项情形未发生时,不必通过优先购买权加以修正,且股东优先购买权的成立条件,需拟出让股东与股东以外的人已经就股权转让达成合意,该合意不仅包括对外转让的意思表示,还应包括价款数额、付款时间、付款方式等在内的完整对价。

1. 股东优先购买权行使的前置程序

《公司法》第七十一条第二款规定"股东向股东以外的人转让股权,应当经其他股东过半数同意。股东应就其股权转让事项书面通知其他股东征求同意,其他股东自接到书面通知之日起满三十日未答复的,视为同意转让。其他股东半数以上不同意转让的,不同意的股东应当购买该转让的股权;不购买的,视为同意转让。"本条第三款规定"经股东同意转让的股权,在同等条件下,其他股东有优先购买权。"由此可知,股东优先购买权的行使的前置程序大致为:

(1)出让股东就股权转让事项书面通知征询其他股东意见;

(2)其他股东以同等条件主张优先购买权。两个以上股东主张行使优先购买权的,协商确定各自的购买比例;协商不成的,按照转让时各自的出资比例行使优先购买权。当该前置程序出现瑕疵,往往导致其他股东优先购买权受到侵害,进而引发纠纷。

2. 通知义务

关于出让股东就股权转让事项的通知形式,《公司法司法解释(四)》第十七条第一款在《公司法》第七十一条第二款的基础上做了扩大解释,规定"有限责任公司的股东向股东以外的人转让股权,应就其股权转让事项以书面或者其他能够确认收悉的合理方式通知其他股东征求同意。"该解释再次强调了出让股东应就股东转让事项通知其他股东,并新增了一种通知情形,即"其他能够确认收悉的合理方式"。

关于出让股东就股权转让事项的通知内容,《公司法司法解释(四)》第二十一条同样在《公司法》第七十一条第二款的基础上,再次明确有限责任公司的股东向股东以外的人转让股权的同时,应将行使优先购买权的"同等条件"告知其他股东。该条后半部分则规定了优先购买权排除适用的情形,即其他股东自知道或者应当知道行使优先购买权的同等条件之日起30日内,或者自股权变更登记之日起超过一年没有主张的。

3. 同等条件

股东行使优先购买权的"同等条件",在《公司法》中并未明确规定,《公司法司法解释(四)》第十八条进行了一定明确,规定"人民法院在判断是否符合公司法第七十一条第三款及本规定所称的'同等条件'时,应当考虑转让股权的数量、价格、支付方式及期限等因素。"

另外,上海市高级人民法院民二庭《关于审理涉及有限责任公司股东优先购买权案件若干问题的意见》(沪高法民二〔2008〕1号)(以下简称《意见》)对书面通知义务的内容做了具体规定。《意见》第二条规定,股东依照《公司法》第七十二条(现为第七十一条)第二款的规定,向股东以外的人转让股权,就股权转让事项征求其他股东同意的书面通知,应当包括拟受让人的有关情况、拟转让股权的数量、价格及履行方式等主要转让条件。通知中主要转让条件不明确,无法通过合同解释和补充方法予以明确的,视为未发出过书面通知。在丁某明等诉瞿某建优先认购权纠纷案【(2012)民抗字第32号】中,裁判认为:优先购买权的前提和基础为"同等条件"。"同等条件"不仅包含转让价格,还包括付款期限、违约条款等其他对出让方股东有利的条款。就丁某明与曹某某的股权转让而言,虽然瞿某建主张的转让价格等同于丁某明与曹某某约定的转让价格,但付款期限、违约条款等交易条件明显低于丁某明与曹某某约定的条件,不能视为其在"同等条件"下行使优先购买权。

4. 例外情形

《公司法》第七十一条第三款同时规定:"公司章程对股权转让另有规定的,从其规定。"公司章程另有明确约定的,通常根据公司章程执行。例如,在以合作开发形式开发地产项目或以股权转让方式转让地产项目的房地产公司中,其章程中可能对股东股权转让进行明确约定,如一方股东在他方股东对外股权转让时放弃优先购买权,以避免在项目开发过程中对一方股东实际掌握公司控制权构成阻碍。

(二)股权转让优先权的规则

(1)股东行使优先购买权的前提是转让股东与受让股东已经就股权转让达成合意,该合意不但包括对外转让的意思表示,还应包括价款数额、付款时间、付款方式、先决条件等在内的完整对价。在各项因素完全对等的同等条件下,公司的现有其他股东可以行使优先购买权。但优先购买并非条件上的优惠,而仅仅是同等条件下股东在受让顺序上的占先,不能因优先购买权的形式而导致转让股东的利益受损。

(2)股东行使优先购买权须在合理期间内,因为优先购买权是一种形成权,超越了合理期限，则条件发生变化，当事人的优先购买权也即告丧失。《公司法司法解释（四）》第二十一条规定的自知道或应当知道同等条件之日起的 30 日内或自股权变更登记之日起的 1 年，其中，"30 日"和"一年"即属于除斥期间。

（3）因国有股权转让应当进产权交易所进行公开交易，但在法律无明文规定且股东未明示放弃优先购买权的情况下，享有优先购买权的股东未进场交易并不视为其优先购买权已经丧失。若其在挂牌公告期间向交易所提出异议，交易所应当暂停交易，待股东之间的纠纷依法解决后再恢复交易才更加合理妥当。

（三）典型案例

案例：某集团有限公司与某资产管理公司股权转让合同纠纷案

【关键词】：民事；股权转让；合同纠纷

【基本案情】：

2002 年 6 月 28 日，某资产管理公司（以下简称某资产）与某科技控股股份有限公司（以下简称某科技）、某集团有限公司（以下简称某集团）签订关于某电子集团有限责任公司（以下简称某电子集团）的股权转让协议，约定某科技、某集团共同组成收购团收购某资产持有的某电子集团 55% 的股权，股权转让的最终价格不低于 3 亿元。受让方完全知悉其他股东不配合办理股权变更工商登记手续的风险，并承诺不为此向出让方提出任何抗议。同年 6 月 28 日，经某资产提议召开某电子集团 2002 年度第一次临时股东会议，拟就某资产将其持有的某电子集团全部股权一次性转让给某科技和某集团组成的收购团的事项作出决议。某电子集团的另一股东某电子控股有限公司（以下简称电子公司）未在相关决议上签章认可，并于同年 9 月 23 日以某资产为被申请人，向当地仲裁委员会申请就其作为某电子集团股东享有优先购买权作出相关裁决。同年 9 月 27 日，某资产与某国际信托投资有限责任公司（以下简称某国投）、某集团、某科技，与某集团、某科技分别签订《关于股权转让相关问题的协议书》（一）、（二），确认某国投以信托方式对某集团、某科技给予融资支持。协议书同时确认，因某电子集团的另一股东已经以某资产侵犯其优先购买权为由提起仲裁程序，某集团、某科技承诺如某资产在仲裁中败诉，造成股权转让协议不能继续履行时，不得追究某资产因签订上述协议而应当或可能负有的对 2 亿元资金所产生的利息、融资成本、可预期利益、赔偿等相关责任。2002 年 12 月 9 日，北京仲裁委员会作出裁决：电子公司有权行使作为某电子集团股东所享有的同等条件对华融公司拟转让的北广集团 55% 股权的优先购买权，其应于 2002 年 12 月 31 日前一次性将转让的总价款 3 亿元付给某资产。同年 12 月 20 日，电子公司与某资产签约，12 月 23 日，电子公司向某资产付款。

因某资产与某集团、某科技签订的股权转让协议未能继续履行，某集团于同年 12 月 19 日向北京市高级人民法院提起诉讼，要求某资产继续履行协议并赔偿损失。

【裁判理由】：

法院经审理认为：本案中股权转让协议是合法有效的，但因某电子集团另一股东电子公司行使优先购买权，该协议的目的已不能实现，故应终止履行。某资产明知股权转让协议可能发生履行不能的后果，仍签订该协议并收取股权转让款，其负有主要责任，某集团在签约过程中对其风险已经知悉，也应承担相应责任，但其为促进协议履行所支付的款项等部分损失应由某资产予以赔偿。某资产、某集团均不服此判决向最高人民法院提起上诉，法院经审理认为：本案中股权转让协议是有效合同，但由于电子公司实际行使优先权的行为而使协议难以继续履行，故维持原判中终止履行一项。某资产和某集团在签订协议时，均知悉电子公司不放弃优先权的态度，双方应当预见该合同可能因电子公司行使优先权而终止但没有预见，造成合同终止履行，对此双方均有过错，某集团因准备合同履行及实际履行中产生的损失应由某资产、某集团各自承担50%，原审认定某资产的责任大于某集团，与事实不符，应予纠正。

【典型意义】：

该案各方当事人对公司其他股东享有优先购买权没有异议。某集团作为股权转让的受让方，明知电子公司享有优先购买权，如果电子公司行使优先购买权，就将使股权转让协议无法履行，某集团对于该后果是应当预见的。因此，由某资产和某集团按照过错分担损失是公允的。必须注意的是，在电子公司享有优先购买权的前提下，某集团和某科技依然可以与某资产之间签订有效的股权转让合同，但该股权转让合同的履行须受到电子公司优先购买权的限制。一旦电子公司行使优先购买权，某公司和某科技即无法取得转让的标的，此属于民法理论上所称的"嗣后的履行不能"，由此产生的损失，应当由股权转让各方合理分担。

二、股权转让中善意取得制度

（一）法律规定

我国《公司法》并未就股权的善意取得制度作出明确的法律规定，但《民法典》第三百一十一条规定了动产及不动产的善意取得制度，其立法旨在于保护善意第三人对权利公示之信赖利益，以保障交易秩序的稳定及安全。《公司法司法解释（三）》第二十七条第一款规定："股权转让后尚未向公司登记机关办理变更登记，原股东将仍登记于其名下的股权转让、质押或者以其他方式处分，受让股东以其对于股权享有实际权利为由，请求认定处分股权行为无效的，人民法院可以参照民法典第三百一十一条的规定处理。"股权既非动产也非不动产，故股权的善意取得并不能直接适用《民法典》第三百一十一条之规定。股权的变动与动产的交付公示及不动产的登记公示均有不同。根据《公司法》第三十二条第三款："公司应当将股东的姓名或者名称及其出资额向公司登记机关登记；登记事项发生变更的，应当办理变更登记。未经登记或者变更登记的，不得对抗第三人"之规定可知，股权在登记机关的登记具有公示公信的效力。

（二）典型案例

案例：某资本投资有限公司、某创业投资中心申请执行人执行异议之诉案件【（2020）最高法民申826号】

【关键词】：执行异议之诉；投资

【相关法条】：《中华人民共和国民法总则》第六十五条；《中华人民共和国公司法》第三十二条第三款

【基本案情】：

再审申请人某能投资本投资有限公司（原某能源金融控股有限公司，以下简称某能投公司）因与被申请人何某根及二审被上诉人某国兴创业投资中心（有限合伙）（以下简称某国兴中心）、一审第三人林某、罗某松申请执行人执行异议之诉一案，认为该省高级人民法院（2019）云民终1066号民事判决存在《民事诉讼法》第二百条第二项、第六项规定的情形，向本院申请再审。本院依法组成合议庭进行了审查。现已审查终结。某能投公司称：（1）案涉被冻结股权系某能投公司委托某国兴中心代持。原审判决认定现有证据不足以证明某能投公司系案涉股权的实际出资人，属于事实认定错误。（2）何某根债权形成时，某民间管理有限责任公司（以下简称某资本公司）尚未成立，何某根申请执行的是其与某国兴中心因借款担保关系而形成的债权。何某根债权形成并非基于对案涉股权权利外观的信赖。何某根不属于公司法第三十二条第三款规定的"第三人"及民法总则第六十五条规定的"善意相对人"。（3）工商登记不应作为判断股权权利人的唯一依据。执行异议之诉对执行标的的权属应进行实体审理，不能简单根据程序性法律加以审查，不应直接适用《最高人民法院关于办理执行异议和复议案件若干问题的规定》第二十五条第四项规定。最高法院（2015）民申字第2381号等案件裁判文书明确，股权善意取得制度的适用主体仅限于与名义股东存在股权交易的第三人。

【裁判理由】：

本院认为，某能投公司的再审申请事由依法不成立，本案不应当再审。经审查，二审中，某能投公司提交了股东授权委托书、宋某某任职文件等证据，拟证明某能投公司作为实际出资人行使了股东权利。经质证，二审法院认为仅凭上述文件资料不足以证明某能投公司系涉案股权的实际出资人，无明显不当。一审判决在"事实认定"部分载明："一审审理过程中，某能投公司及某国兴中心一致主张，某国兴中心持有的某资本公司的股权系代某能投公司持有，某能投公司系上述股权的实际出资人。"二审判决对此予以确认。二审判决在"本院认为"部分也未否本案涉股权代持之事实。某能投公司该项再审理由，不能成立。《民法总则》第六十五条、《公司法》第三十二条第三款规定并未限定该"善意相对人"或"第三人"是交易时还是申请强制执行时的第三人。原审判决认定何某根对案涉股权申请强制执行具有信赖利益，不违反法律或行政法规强制性规定。某能投公司未出示有效证据证明何某根存在犯罪行为，故其该项申请事由不成立。

三、股权转让的审批

（一）规则

（1）上市公司股权置换协议未办理审批手续，股权置换的条款因不具备行政法规规定的"必须经主管部门审批才生效"的生效要件而未生效。在股权转让条款未经批准不生效的情形下，未经批准，股权转让条款未生效。法院应当依据当事人请求继续办理报批手续的诉请，在可以继续办理报批手续的情形下，判令当事人办理报批手续以促使合同生效。❶

（2）股权转让合同当事人有意违反规定，采取股权托管的方式，以规避股权转让审批程序，因未获行政审批导致合同不能继续履行而解除的，双方应依同等过错承担损失。由于股权转让双方若均在已经预见到股权转让可能因中国证监会不予审批而存在无法实际交付的风险的情况下，有意违规采取股权托管的方式，以规避股权转让审批程序，则在股权转让合同因未获得监管机构的审批，无法实际履行而解除时，对托管期间股权价值贬损双方负有同等过错，各承担50%的责任。❷

（二）典型案例

案例：某实业有限责任公司诉海天水产公司、某生物技术开发公司、某建业有限公司企业收购合同纠纷案

【关键词】：企业收购；合同纠纷

【相关法条】：《涉外经济合同法》第五条第二款、第七条、第十六、二十三条

【基本案情】：

原告通过与三被告签订《企业收购协议书》，约定收购三被告合资兴办的中外合资企业某生物保健品有限公司（以下简称某生物公司）。为此，原告支付了581.6万元。试生产时原告得知，某生物公司使用的生产办公用房属违法建筑物。随后原告经调查又发现，该建筑物的基础部位和整体结构存在着严重的危险隐患；另外，三被告转让某生物公司的《企业收购协议书》，也没有依法报请原审批机关审批。鉴于三被告采用欺诈的方式出售企业，出售的标的物具有严重缺陷，故请求确认双方签订的《企业收购协议书》无效；判令三被告返还原告已支付的581.6万元收购款及其利息391876元（暂计算至1998年3月31日）；赔偿给原告造成的经济损失1203866.34元。三被告对此承担连带责任，并负担本案全部诉讼费用。被告答辩并提出反诉。

【裁判理由】：

一审认定被上诉人某建业公司与上诉人某实业公司之间的股权转让未经政府批准而无效，并判决驳回宝通公司的反诉请求，是正确的，一审判决的其余部分认定事实清楚，证据确凿，处理并无不当，应予维持。据此，该市高级人民法院依照《民事诉讼法》第一百五十三条第一款第（一）项和第（三）项的规定，于2001年9月14日判决：（1）维持一审民事判决第二至四项；（2）撤销一审民事判决第一项。

---

❶ 参见最高人民法院〔2007〕民二终字第190号民事判决书。
❷ 参见最高人民法院〔2008〕民二终字第53号民事判决书。

四、股权的挂靠或代持行为

（一）股权的挂靠或代持行为的概念

股权的挂靠或代持行为，也就是通常意义上的股权隐名持有。股权隐名持有存在实际出资人和名义股东，双方应签订相应的协议以确定双方的关系。对于通过有偿转让的方式取得股权的所有权，双方所签订的是股权转让协议，协议中确定了转让对价以及所有权的转移问题的，不属于股权的代持或挂靠，可以认定双方是通过出售方式转移法人股的所有权。即使受让方没有支付过任何对价，出让方也已丧失了对股权的所有权，而只能根据转让协议主张相应的债权。

1. 股份代持纠纷的类型

（1）代持协议效力纠纷；

（2）隐名股东确权显名纠纷；

（3）隐名股东债务纠纷；

（4）投资资金性质纠纷；

（5）代持股被转让的善意第三人保护纠纷，等等。其中隐名股东确权显名纠纷占比过半。❶

2. 股权代持的原因

（1）是为了规避法律法规相关规定。如关于国家公职人员禁止投资或入股的规定、外商投资准入的规定、国家部委管理性规定、《公司法》股东人数限制的规定等情形；

（2）是规避股权激励、资产隔离、关联交易、竞业限制等限制。

3. 有限责任公司的实际出资人与名义出资人订立合同

有限责任公司的实际出资人与名义出资人订立合同，约定由实际出资人出资并享有投资权益，以名义出资人为名义股东，实际出资人与名义股东对该合同效力发生争议的，如不存在《民法典》第一百五十三、一百五十四条合同无效的情形，人民法院应当认定该合同有效。前款规定的实际出资人与名义股东因投资权益的归属发生争议，实际出资人以其实际履行了出资义务为由向名义股东主张权利的，人民法院应予支持。而名义股东以公司股东名册记载、公司登记机关登记为由否认实际出资人权利的，人民法院不予支持。实际出资人未经公司其他股东半数以上同意，请求公司变更股东、签发出资证明书、记载于股东名册、记载于公司章程并办理公司登记机关登记的，人民法院不予支持（《公司法司法解释（三）》第二十三条）。名义股东将登记于其名下的股权转让、质押或者以其他方式处分，实际出资人以其对于股权享有实际权利为由，请求认定处分股权行为无效的，人民法院可以参照《民法典》第三百一十一条的规定处理。名义股东处分股权造成实际出资人损失，

---

❶ 参见《上海市第二中级人民法院2012—2016股权代持纠纷案件审判白皮书》。

实际出资人请求名义股东承担赔偿责任的，人民法院应予支持（《公司法司法解释（三）》第二十五条第二款）。

公司债权人以登记于公司登记机关的股东未履行出资义务为由，请求其对公司债务不能清偿的部分，在未出资本息范围内承担补充赔偿责任，股东以其仅为名义股东而非实际出资人为由进行抗辩的，人民法院不予支持。名义股东根据前款规定承担赔偿责任后，向实际出资人追偿的，人民法院应予支持（《公司法司法解释（三）》第二十六条）。《公司法》第三十二条第三款规定："公司应当将股东的姓名或者名称及其出资额向公司登记机关登记，登记事项发生变更的，应当办理变更登记。未经登记或者变更登记的，不得对抗第三人。"依据该条规定，依法进行登记的股东具有对外公示效力，隐名股东在公司对外关系上不具有公示股东的法律地位，其不能以其与显名股东之间的约定为由对抗外部债权人对显名股东主张的正当权利。当显名股东因其未能清偿到期债务而成为被执行人时，其债权人依据工商登记中记载的股权归属，有权向人民法院申请对该股权强制执行［最高人民法院（2013）民二终字第 111 号民事判决书］。对内关系上，隐名股东与显名股东之间应根据双方的协议约定，隐名股东为该股权的权利人，对外关系上，即对隐名股东与显名股东以外的其他人，应当按照公示的内容，认定该股权由显名股东享有。❶

4. 股权代持协议效力

《民法典》第一百五十三条规定，违反法律、行政法规的强制性规定的民事法律行为无效。另根据我国曾实施的《最高人民法院关于适用中华人民共和国合同法若干问题的解释（二）》（法释〔2009〕5 号）第 14 条规定，"《合同法》第五十二条第（五）项规定的'强制性规定'，是指效力性规定"。代持协议无效必须同时满足：其一，违反法律、行政法规这两个层级的强制性规定；其二，必须是"效力性强制规定"。如果双方签订代持协议的目的是规避保险、证券等特定行业的准入禁止性规定，法院一般认为其损害了金融安全、行业管理秩序和社会公共利益，从而认定该股权代持协议无效。

5. 股权代持协议效力的司法实践

实践中，代持股权原因主要有：以特定身份规避法律、政策或纪律规定、名为代持实际为其他法律行为作担保、代为投资以及节约成本等。司法实践中，股权代持协议的效力问题是股权代持争议的主要问题之一。

案例： 最高人民法院审理杨某国、林某坤股权转让纠纷一案【（2017）最高法民申 2454 号】

【关键词】：委托投资协议；股权代持的效力；

【相关法条】：《中华人民共和国合同法》第十二条、第三十二条、第四十四条、第六十条第一款、第六十一条、第一百二十五条第一款；《中华人民共和国民事诉讼法》第一百七十条第一款第（二）项；《最高人民法院关于适用〈中华人民共和国民事诉讼法〉的

---

❶ 参见最高人民法院（2013）民申字第 758 号民事裁定书。

解释》第九十条

【基本案情】：

2010年10月，杨某国与林某坤签订《委托投资协议书》及《协议书》，约定：杨某国以人民币1200万元受让林某坤在甲公司1%的股权，成为附属于林某坤名下的目标公司隐名股东，所产生的利润和其他收益均归杨某国所有，将收益的20%支付给林某坤作为股权代持的管理服务费用。2011年10月，甲公司正式在A股市场公开发行股票。后双方就合同标的产生分歧，杨某国坚持合同标的为甲公司1200万股，而林某坤坚持合同标的为1200万元的甲公司股份。一审法院认为当事人双方对案涉《委托投资协议书》的标的未达成合意，上述合同不成立。二审法院依照《中华人民共和国合同法》第十二条、第三十二条、第四十四条、第六十条第一款、第六十一条、第一百二十五条第一款，《中华人民共和国民事诉讼法》第一百七十条第一款第（二）项，《最高人民法院关于适用〈中华人民共和国民事诉讼法〉的解释》第九十条之规定，判决如下：（1）撤销一审判决；（2）林某坤名下120万股甲公司股票及相应分红自2010年10月26日起为杨某国所有；（3）林某坤、甲公司在本判决生效后三十日内配合杨某国办理上述120万股股票的变更登记手续；四、林某坤于本判决生效后十日内向杨某国返还2011至2013年度上述股票的分红33.696万元；五、驳回杨金国的其他诉讼请求。

【裁判理由】：

上市公司发行人必须真实，不允许发行过程中隐匿真实股东，否则公司股票不得上市发行，通俗而言，即上市公司股权不得隐名代持。本案中，在甲公司上市前，林某代杨某持有股份，以林某名义参与公司上市发行，实际隐瞒了真实股东或投资人身份，违反了发行人如实披露义务，为上述规定所明令禁止。其次，证监会根据《证券法》授权对证券行业进行监督管理，是为保护广大非特定投资者的合法权益。要求拟上市公司股权必须清晰，约束上市公司不得隐名代持股权，系对上市公司监管的基本要求，否则，其他对于上市公司系列信息披露要求、关联交易审查、高管人员任职回避等监管举措必然落空，必然损害到广大非特定投资者的合法权益，进而损害到资本市场基本交易秩序与基本交易安全，甚至威胁金融安全与社会稳定，损害社会公共利益……本案杨某国与林某坤签订的《委托投资协议书》与《协议书》，违反公司上市系列监管规定，而这些规定有些属于法律明确规定，有些虽属于部门规章性质，但因经法律授权且与法律并不冲突，属于证券行业监管基本要求与业内共识，对广大非特定投资人利益、社会公共利益构成重要保障。故依据《合同法》第52条第4项等规定，本案中上市公司股权代持行为无效，但委托投资关系仍然有效，委托投资利益可分割：可以根据双方过错以及贡献大小等情况对相关委托投资利益进行公平与合理的分割。

6.股东的法律风险

（1）隐名股东的法律风险。

①显名股东违反股权代持协议约定，例如对股权进行处分（如果符合善意取得的要件

是有效的）；

②代持股权被继承或分割；

③无法获得股东资格或享受出资权益，因为由隐名变显名需要符合一定的条件，例如其他股东同意等。

（2）显名股东的法律风险。

①隐名股东出资不实，显名股东履行出资义务；

②公司债务履行不能时有受到牵连的风险，例如公司被列入失信被执行人。

7.可充分降低法律风险的协议安排

（1）隐名股东可以在协议中约定代持人在行使其股东表决权、选任公司管理人员权、请求分配股息红利权、新股认购权、分配剩余财产权等权利时，应当遵照隐名股东的意愿来确定。

（2）明确显名股东享有的股东权利，并约定上述权利必须经隐名股东书面授权方能行使，如有可能，将上述书面授权告知股东会，强化隐名股东监督权。

（3）明确将显名股东的股权财产权排除在外，避免显名股东因死亡、离婚、股权被执行等事由发生时，隐名股东陷入到财产被追索的泥潭中难以抽身。

（4）约定违约责任。显名股东和隐名股东受到的是契约的约束，可设定严格的违约责任，其对显名股东和隐名股东均起到一定的警示作用，避免任何一方滥用权利给对方造成的损害。

（二）规则

《公司法司法解释（三）》肯定了股权代持的法律效力，委托他人代持股权的商业模式日渐常见，最高人民法院有关股权代持纠纷的裁判规则如下：

（1）名义股东的债权人对代持的股权申请强制执行，隐名股东以其为代持股权的实际权利人为由提出执行异议，要求停止执行的，法院不予支持。

（2）对于股权代持，双方应签订相应的协议以确定双方的关系，从而否定名义股东的股东权利。

（3）作为实际投资人的外商投资企业，请求确认股东资格，应以合法的投资行为为前提，否则不予支持。

（4）对于双方当事人之间存在委托收购股权且系代持关系还是借款关系均无直接书面证据的，法院将根据民事证据优势证据原则综合各方面证据予以判断。

（5）就目标公司股权存在双重代持法律关系的，隐名股东的"隐名股东"要求显名的，经过其名义股东及名义股东的"名义股东"同意的，法院予以支持。

（三）典型案例

案例：某证券有限公司诉某置业有限公司财产权属纠纷案【（2014）黄浦民五（商）初字第9721号】

【关键词】：公司财产；财产权属争议

【相关法条】：《中华人民共和国合同法》第六十条、第一百四十一条第一款；《中华人民共和国物权法》第二百二十条；《中华人民共和国民事诉讼法》第一百四十四条

【基本案情】：

2000年10月10日，某证券公司与某置业公司签订了《法人股转让协议书》，约定某证券公司同意将所持某上市公司法人股400万股按每股1.6元的价格转让给某置业公司。转让金额为640万元；双方同意上述股票及其所有股东权益自中登公司过户之日起归某置业公司所有。某置业公司在协议生效之日起十五日内将上述转让款项划入某证券公司指定账户。同年10月13日，某证券公司、某置业公司双方至中登公司办理了相关过户手续。后该400万股法人股经送股增至600万股。2002年1月24日，某证券公司、某置业公司签订《还款质押协议》一份，约定：鉴于某置业公司未履行划款义务，现某置业公司确认对某证券公司负有640万元未履行的债务，并以其名下600万股某上市公司法人股作为质押，如某置业公司在协议签署之日起一个月内仍未能履行其债务，则某证券公司有权凭协议书向法院起诉。2002年4月26日，某证券公司、某置业公司双方至中登公司办理了相关的质押登记手续。2007年3月21日，某上市公司法人股上市流通。

2008年，某证券公司诉至上海市第二中级人民法院，请求确认某置业公司名下600万股某上市公司法人股归某证券公司所有。经该市第二中级人民法院和该市高级人民法院审理，判决驳回某证券公司的诉讼请求。判决后，某证券公司向中华人民共和国最高人民法院申请再审，该院驳回了某证券公司的再审申请。

【裁判理由】：

本案的争议焦点是：上诉人某证券公司与一审被告某置业公司之间对系争法人股是股权转让关系还是股权代持关系；系争股权应否归某证券公司所有。第一，上诉人某证券公司与一审被告某置业公司所签订的系争法人股转让协议书，"转让"的意思表示明确并约定了转让对价，协议内容并没有"代持"的意思存在。而且，协议经过了公证，转让的真实意思也已经公证确认，之后，双方又办理了股权转让的登记手续。因此，系争股权转让协议清楚地反映了双方的股权转让关系。某置业公司没有依约履行支付股权对价的义务，仅说明其对某证券公司负有债务，并不能证明实际存在代持关系。第二，上诉人某证券公司与一审被告某置业公司在股权转让后又于2012年和2015年两次签订了还款质押协议，协议明确某置业公司对某证券公司负有0万元股权转让对价未履行的债务，且将某置业公司名下的系争法人股设定为质押，并办理了质押登记手续。该前后两份还款质押协议对双方债务关系的确认，说明了某证券公司与某置业公司签订系争股权转让协议之时的真实意思应是"股权转让"，而不是"股权代持"。第三，按照上诉人某证券公司陈述，其签订股权转让协议是为了规避前五大股东不能获得配股承销权的证监会规定。但是，某上市公司1999年年报显示，当时排位第六大股东的持股数为280万股。某证券公司若要合法获得承销权，减持股数只需满足相关规定即可，协议约定出让400万股股数不合常理。某证券公司关于签订股权转让协议是为了取得配股承销权的陈述，法院难以采信。第四，按照证监会关于前五大股东不能获得配股

承销权的规定，上诉人某证券公司作为前五大股东，要取得配股承销权，就必须减持股份，退出前五大股东之列。也就是说，某证券公司在获取配股承销权与继续持有相应股权之间，必须作出选择，两者不可兼而得之。既然某证券公司选择了获取配股承销权，就只能放弃继续持有相应股权。因此，从某证券公司的选择行为来看，能够推断某证券公司签订系争股权转让协议之时的意愿应是股权转让，而不应是股权代持。第五，上诉人某证券公司所提供的相关证据难以证明其有关代持的主张。宝鼎公司（某置业公司的母公司）2002年4月5日出具的报告，其中"及时转回"的表述，并不能当然得出一审被告某置业公司为某证券公司代持的结论。因为转回的方式包括了协议转让等依法转让方式，而不只是无对价的归还，即使当时证监会加强了非流通股管理，转回也可理解为某置业公司表达了依法转回的意愿，并不能证明股权转让协议和还款质押协议签订时双方存在代持的意思表示。至于某证券公司职员出席某上市公司股东会，也不能证明某证券公司具有隐名持股的事实。某置业公司2006年9月向某证券公司所出具承诺书中的挂靠说法，系在法院对其执行期间所作出，其在涉诉后认可某证券公司的陈述也是事后说法，均不足以否定双方签约之时所表达的股权转让意思。综上，上诉人某证券公司与一审被告某置业公司之间所存在的应是股权转让关系，某证券公司关于其与某置业公司实际是股权代持关系的主张，证据不足，不予采信。系争股权转让协议真实合法，应属有效，系争法人股已依法变更至某置业公司名下，则不能归属某证券公司所有。某置业公司没有依约履行支付股权对价的义务，某证券公司可向其主张要求支付股权转让对价的债权。即使按上诉人某证券公司所称其与一审被告某置业公司存在实际的代持股权关系，某证券公司要求确认系争法人股归其所有的主张，依法亦不能予以支持。因为，某证券公司与某置业公司签订股权转让协议后已在中登公司办理了股权转让的变更登记手续，故系争股权已移转于受让人某置业公司名下，即股权变动已发生法律效力。根据我国《公司法》和《证券法》的相关规定，公司股权转让应办理变更登记手续，以取得对外的公示效力，否则不得对抗第三人。该规定遵循的是商法的外观主义原则，立法目的在于维护商事交易安全。该种对抗性登记所具有的公示力对第三人而言，第三人有权信赖登记事项的真实性同时，根据《证券法》公开、公平、公正的交易原则以及上市公司信息公开的有关规定，对上市公司信息披露的要求，关系到社会公众对上市公司的信赖以及证券市场的交易安全和秩序。因此，作为上市公司，其股东持有股权和变动的情况必须以具有公示效力的登记为据某证券公司称其为了规避证监会有关规定而通过关联企业某置业公司隐名持有股权，并要求确认已登记在某置业公司名下的股权实际为其所有，显然不符合上述相关法律规定，也有违《公司法》所规定的诚实信用原则。现某置业公司被法院执行的债务达亿元之多，而其名下系争股权市值仅3000余万元，远不足以支付对外债务。故某置业公司的债权人基于中登公司登记而申请法院查封执行某置业公司名下系争股权的信赖利益，应依法予以保护。因此，即使如某证券公司所称有实际的代持股权关系存在，系争股权也不能归某证券公司所有。

第六章 公司决议瑕疵

第一节 公司决议瑕疵基本理论

一、公司决议瑕疵的概念

公司决议瑕疵是指股东大会或股东会、董事会通过的决议内容或通过决议的程序违反了法律、行政法规和公司章程规定的情形，也可称为决议违法。

二、公司决议瑕疵的种类

《公司法》第二十二条规定了公司决议瑕疵的无效和可撤销制度。该条第一款、第二款规定："公司股东会或者股东大会、董事会的决议内容违反法律、行政法规的无效。股东会或者股东大会、董事会的会议召集程序、表决方式违反法律、行政法规或者公司章程，或者决议内容违反公司章程的，股东可以自决议作出之日起六十日内，请求人民法院撤销。"这标志着我国公司决议瑕疵司法救济制度正式确立。

（一）无效决议

无效决议是指股东大会或者股东会、董事会通过的决议内容违反法律、行政法规的，属于实体违法，产生的决议无效，强调的是决议内容本身的违法性。例如：强制转让股权，将股东除名；在章程未规定的情况下，决议限制股东继承人的继承资格；在未达到分配利润的条件，决议分配利润等。

（二）可撤销决议

可撤销决议是指股东大会或者股东会、董事会的会议召集程序、表决方式违反法律、行政法规或者公司章程，或者决议内容违反公司章程，股东可以自决议作出之日起60日内，请求人民法院撤销。有以下两种情况股东均可以向法院请求撤销决议：

第一种是会议的召集程序、表决方式违反法律、行政法规或者公司章程。例如：未进行有效送达即召开会议，导致个别股东缺席的；未依照法律或公司章程的规定提议召开临时股东会会议的等。

第二种是决议内容违反公司章程的规定。例如：公司章程对股权转让做出了限制性规定，只能在股东之间进行或由公司回购，在未修改公司章程的情况下，决议股权转让给第三人；公司章程规定不按出资比例分红，在未修改公司章程的情况下，决议按出资比例向股东分红等。

（三）决议不成立

确认决议不成立之诉是《公司法司法解释（四）》结合司法实践中出现的新问题、新情况而新增的公司决议瑕疵之诉的类型。决议不成立之诉本质上是对决议内容的根本否定，属于无效决议之诉的范围，但又与《公司法》第二十二条第二款规定的决议可撤销存在重合，为了作出区分和理解，《公司法司法解释（四）》第五条中规定：股东会或者股东大会、董事会决议存在下列情形之一，当事人主张决议不成立的，人民法院应当支持：

（1）公司未召开会议，但依据公司法第三十七条第二款或者公司章程规定可以不召开股东会或者股东大会而直接做出决定，并由全体股东在决定文件上签名、盖章的除外；

（2）会议未对决议事项进行表决的；

（3）出席会议的人数或者股东所持表决权不符合公司法或者公司章程规定的；

（4）会议的表决结果未达到公司法或者公司章程规定的通过比例的；

（5）导致决议不成立的其他情形。

三、公司决议形态的划分

公司决议应按照民事法律行为构建其效力类型，是目前立法和学说的基本立场。以《公司法司法解释（四）》为分界线，此前，我国对于公司会议决议的形态的划分，与德国、瑞士以及我国台湾地区一样，采取的是"二分法"的立法例。

"二分法"是指将公司决议的效力瑕疵分为程序瑕疵和内容瑕疵，并分别认定可撤销和无效，其基本逻辑是建立在对决议瑕疵程度的分析基础之上，严重瑕疵构成无效的事由，相对较轻的一般瑕疵构成撤销的事由。由于"二分法"对于公司会议决议效力的划分过于简单，其缺陷也十分明显。法律行为成立是法律行为有效的前提条件，只有在法律行为成立之后，才能判断其是否有效。二者构成要件与价值取向均不相同，成立要件重在对事实的客观评价，而生效要件是对已经成立的法律行为是否违反强制性规定及社会公序良俗进行二次价值评价。然而，二分法中决议的撤销或者无效，都是以决议的成立为前提，在决议根本不成立的情况下，对其进行撤销或者无效认定的效力性判断无疑是不恰当的，这也是"二分法"存在的难以克服的缺陷。

随着《公司法司法解释（四）》的发布，"三分法"取代了"二分法"成为了主流观点。"三分法"中加入了决议不成立之诉，与决议无效之诉和撤销决议之诉一起，共同构成了"三分法"的格局。

---

❶ 钱玉林.民法总则与公司法的适用关系论.法学研究，2018（3）.

四、提出公司决议效力之诉主体

根据《公司法司法解释（四）》第一条的规定，无论是针对股东（大）会决议，还是董事会决议，都有六类主体可以作为原告，提起确认公司决议效力之诉。这六类主体包括：公司股东、董事、监事，这三类主体可以针对任何公司决议的效力提起确认之诉；公司高级管理人员、职工、债权人，这三类主体仅可针对与之有直接利害关系的公司决议的效力提起确认之诉。

特别值得注意的是：公司股东不仅可以请求确认股东会决议的效力，也可以请求确认董事会决议的效力。董事不仅可以请求确认董事会决议的效力，还可以请求确认股东会决议的效力。另外，根据《公司法司法解释（四）》第三条的规定，确认公司决议效力的案件，应列公司为被告。

五、公司决议效力的案例

（一）决议无效案例

案例：某投资有限公司上诉杜某春等公司决议效力确认纠纷一【（2016）京01民终6676号】

【关键词】：损害公司利益；决议无效

【相关法条】：《中华人民共和国公司法》第二十条、第二十二条

【基本案情】：

2016年6月4日，某投资公司召开股东会，公司全体股东参加。股东会决议载明：将某投资公司账面资金300万元分给徐某强等10名股东，表决结果是9名股东同意，5名股东不同意，两名股东弃权，因按照公司章程和《公司法》的规定，同意的股东所代表的股权比例超过了半数，该决议予以通过。某投资公司股东向法院请求确认某投资公司2016年6月4日的股东会决议无效。

【裁判理由】：

该市第一中级人民法院认为，《公司法》第二十二条规定："公司股东会或者股东大会、董事会的决议内容违反法律、行政法规的无效。"本案中，某投资公司2016年6月4日股东会决议第一项内容约定，将某投资公司账面资金300万元分给10名股东。因某投资公司系企业法人，有独立的法人财产，上述资产属于某投资公司资金，在未经全体股东同意的情况下，部分股东决议将公司资产分给部分股东，损害了某投资公司及其他股东的合法权益，违反《公司法》第二十条第一款关于"公司股东应当遵守法律、行政法规和公司章程，依法行使股东权利，不得滥用股东权利损害公司或者其他股东的利益，不得滥用公司法人独立地位和股东有限责任损害公司债权人的利益"的规定，当属无效。

【典型意义】：

《公司法》第二十条第一款规定，损害公司利益或过度损害公司债权人利益的公司决议

应认定为无效。审理本案例所依据的《公司法》第二十条和第二十一条，均是《公司法》中非常重要的两项条文，将两条文结合起来理解便是，股东行使股东权利应当符合法律、行政法规和公司章程的规定，这也是股东的义务，股东正当行使股东权利受法律保护，滥用股东权利则受法律制裁，公司决议内容涉及股东滥用权力，违反了法律规定应认定为无效。

（二）决议可撤销案例

案例：某投资有限公司与某生物制品有限公司公司决议效力确认纠纷【（2016）鲁民终1216号】

【关键词】：决议可撤销

【相关法条】：《中华人民共和国公司法》第二十二条

【基本案情】：

2004年7月28日，某投资公司与王某强共同出资成立某生物公司。某投资公司占公司股权80%，王某强占公司股权20%。法定代表人为王某强。某生物公司章程第九条规定了股东会或者股东大会、董事会的会议召集程序、表决方式等。2014年7月，某投资公司召集某生物公司股东召开临时股东会议。某投资公司的工作人员向王某强邮寄送达会议通知，但均未妥投。2014年8月16日，某生物公司召开临时股东会议，形成股东会决议。原告某投资公司请求法院确认2014年8月16日某生物公司临时股东会决议合法有效。

【裁判理由】：

该省高级人民法院认为，王某强所主张的未收到关于召开此次股东会的通知等事由，均系股东会召开的程序是否违反公司章程和法律的规定，均属于法律规定的可以撤销股东会决议的事由，而非导致股东会决议无效的法定事由。股东会决议作出的时间为2014年8月16日，王某强应当于该股东会决议作出之日起60日内向法院提出撤销该决议的诉讼，而王某强未对此行使撤销权，且该撤销权已消灭。所以确认2014年8月16日某生物制品有限公司的股东会决议合法有效。

【典型意义】：

本案的裁判要点有两个，一是股东会召开程序、表决方式违反公司章程是决议可撤销的情形之一；二是股东请求撤销决议应在决议作出之日起六十日内。本案着重告诉我们权利人要积极行使自己的权利，如果在法定期间内不行使权利，会致使其请求权丧失的法律事实。

（三）决议不成立案例

案例：张某强与某制衣有限公司公司决议纠纷【（2019）鲁0282民初722号】

【关键词】：决议不成立

【相关法条】：《公司法司法解释（四）》第一条、第五条

【基本案情】：

2001年10月12日，刘某阳、刘某宏、张某强共同出资500万元成立某制衣公司，分

别持股比例为刘某阳持股55%、刘某宏持股15%、张某强持股30%，公司股东刘某阳为公司执行董事，张某强为公司经理兼法定代表人，刘某宏为公司监事。后公司在经营过程当中，张某强与股东刘某阳、刘某宏发生矛盾。2015年10月31日，某制衣公司作出股东会决议，内容包括：免去刘某阳公司上届执行董事职务，选举刘某阳为公司本届执行董事，任期三年；免去张某强公司经理职务，任命刘某阳为公司经理；免去刘某宏公司上届监事职务，选举刘某宏为公司本届监事，任期三年，"全体股东签字"处有刘某阳、刘某宏的签名。同日，某制衣公司作出执行董事解聘、聘任经理决定，内容为根据公司章程的有关规定，免去张某强某制衣公司上届经理职务；聘任为刘某阳为某制衣公司本届经理，并为法定代表人，任期三年。某制衣公司于同日到工商部门办理了变更登记，将法定代表人张某强变更为刘某阳，延长公司经营期限至2026年1月20日。另查明，刘某宏因疾病死亡，于2015年3月14日注销户口。张某强以某制衣公司2015年10月31日股东会决议虚假为由，请求确认股东会决议不成立。

【裁判理由】：

法院审理认为，本案的焦点问题是股东会决议的效力如何认定。某制衣公司无证据证明通知原告召开股东会会议，其作出决议上亦无原告的签字。2015年10月31日股东会决议上虽有股东刘某宏、刘某阳的签名，但经审理查明刘某宏已于股东会决议作出前因病死亡，且于2015年3月14日注销了户口，故股东会决议上刘某宏的签名是虚假的。因此，在被告未依法履行通知原告召开临时股东会的义务，未实际召开股东会会议，并就变更法定代表人、延长公司经营期限等进行合法表决的情况下，虚构股东会决议，并修改公司章程的行为，违反了《公司法》第三十七条、第四十一条、第四十三条规定及公司章程第十四条、第十八条、第二十条、第六十二条、第六十三条的规定，据此判决被告某制衣公司2014年10月31日作出的股东会决议不成立。

【典型意义】：

该案为股东会决议效力确认纠纷。股东会是有限责任公司的最高权力机构和意思机关，体现全体股东的共同意志，行使的职权一般是涉及公司经营发展的重大事项。因股东会所做决议事项与公司及股东的利益息息相关，《公司法》对股东会议的召集、会议通知、会议记录、议事方式和表决程序等作了详尽规定。当股东会决议存在未实际召开会议，并未对决议事项进行表决的情形时，此时请求确认决议不成立，法院予以支持。

第二节 公司决议瑕疵实务

一、对于伪造的股东会决议或者董事会决议应如何认定

对于该问题可以从以下两个同为伪造的股东会决议或董事会决议的司法案例中得出答案。

案例一：上诉人某贸易有限公司诉被上诉人某商贸有限公司公司决议效力确认纠纷案【(2014)沪一中民四(商)终字第1237号】

【关键词】：公司决议可撤销；公司决议程序瑕疵

【相关法条】：《中华人民共和国公司法》第二十二条

【基本案情】：

2013年11月20日，某商贸有限公司作出股东会决议，该决议载明："本公司于2013年11月20日在上海市召开公司股东会。本公司共有股东4名，会议应出席股东3名，出席的股东3名，委托代为投票的股东0名……。全体参会股东投票表决，决议如下：同意为某贸易有限公司（以下简称某贸易公司）向某省银行股份有限公司某支行（以下简称某银行）申请的2亿元银行承兑汇票敞口授信提供连带责任保证和房地产抵押担保，抵押的房地产位于某市某区某路某号某层，权证号码为沪房地嘉字2011第017599号，具体担保事项以签署的担保合同为准。"该股东会决议由股东孙某燕、李某、陈某年签字。2013年11月28日，某商贸有限公司办理了该房产的抵押登记手续，抵押权人为上述银行。后某贸易有限公司诉至法院，要求确认某商贸有限公司于2013年11月20日作出的股东会决议无效。

【裁判理由】：

上诉人华筑公司诉被上诉人某商贸有限公司公司决议效力确认纠纷一案中，一审法院认为，公司股东会的决议内容违反法律、行政法规的强制性规定，因而无效。现某商贸有限公司的股东会决议涉及其为他人提供担保的事宜，该内容并未违反法律、行政法规的规定，符合某商贸有限公司章程关于公司对外担保的规定，故该股东会决议应属有效。某贸易有限公司主张其未收到股东会会议通知，实际上是对股东会的召集程序、表决方式提出异议，就此法律赋予股东的救济方式为于股东会决议作出之日起60日内请求人民法院撤销该决议，但某贸易有限公司并未于有效期内请求法院撤销该决议。且某商贸有限公司已办理了该房产的抵押登记手续，该项决议已经执行完毕，即使某贸易有限公司参加该次股东会，其所持表决权比例亦不足以改变决议结果，故对某贸易有限公司该意见，原审法院不予采纳，判决驳回确认无效的诉请。

二审法院查明，被上诉人某商贸有限公司于本案股东会会议召开前未向某贸易有限公司送达会议通知，于股东会决议作出后也未向某贸易有限公司告知该决议内容。该院认为，公司法不仅注重公司决议内容的合法，而且更强调公司决议的程序合法。公正的程序给予股东平等的参与机会，使每个股东都能对决议的形成施加自己的影响力。在对一项可能会使公司部分股东的权益受到有利或不利影响的决议作出评价时，不能一味强调结果是否可变。某商贸有限公司未履行通知义务，其作出股东会决议的行为应区别于一般的程序瑕疵，不同于提前通知不足法定时间等瑕疵，未履行通知义务在完全剥夺股东表决权的基础上还使受侵害的股东无法及时主张权利救济，系对股东基本权利的侵害，应直接以否定方式进行评判，故对于上诉人某贸易有限公司要求确认某商贸有限公司关于对外担保内容的股东会决议无效的上诉请求，本院予以支持。原审判决错误，本院依法予以纠正。

【典型意义】：

股东会决议的程序性瑕疵应以严重程度区分对待，如案例中未履行通知义务作出股东会决议的行为应区别于一般的程序瑕疵，不同于提前通知不足法定时间等瑕疵。《公司法司法解释（四）》第四条规定，请求撤销公司决议，会议召集程序或者表决方式仅有"轻微瑕疵"，且对决议未产生实质影响的，人民法院不予支持。如召集人产生存在瑕疵应属于瑕疵性质严重，不能简单地再以"轻微瑕疵"去作程度上的衡量。

案例二：谷某满诉某娱乐公司公司决议效力确认纠纷案【（2012）怀民初字第00184号】

【关键词】：决议无效；股东会决议内容

【相关法条】：《中华人民共和国公司法》第二十二条

【基本案情】：

原告谷某满为被告某娱乐有限责任公司（以下简称某娱乐公司）股东之一。2009年8月20日，某娱乐公司形成第三届第一次股东会决议并将该决议提交工商登记机关备案。该决议第1页记载的内容为：（1）全体股东一致同意将公司注册资本变更为320万元；（2）全体股东一致同意杨某妹接受王某荣转让的本公司股份1.429万元；同意杨某妹接受张某武转让的本公司股份1.429万元；（3）全体股东一致同意选举杨某妹、万某华、任某华为新董事；（4）全体股东一致同意公司营业期限变更为50年；（5）全体股东一致同意修改后的公司章程；（6）本决议经全体股东签字（盖章）后生效。该决议第2页无正文，由公司股东在空白页上签名。谷某满于2012年提起诉讼称，谷某满并未出席形成此次股东会决议的股东会会议，在会议记录上股东签名处"谷某满"的签名不是其本人所签，故请求法院确认某娱乐公司第三届第一次股东会决议无效。经鉴定机构鉴定，在该股东会会议记录上股东签名处"谷某满"的签名并非谷成满本人所签。

【裁判理由】：

谷某满诉某娱乐公司公司决议效力确认纠纷一案中，谷某满诉称其并未出席形成此次股东会决议的股东会会议，在会议记录上股东签名处的签名不是其本人所签，后经鉴定股东签名处的签名确非谷某满本人所签。

一审法院审理认为，因某娱乐公司无证据证明谷某满同意该会议记录所记载事项或授权他人代为签字，故该股东会决议实为冒用谷某名义所形成，据此判决确认某娱乐公司的股东会决议无效。但二审判决认为，虽在该次股东会会议记录上谷某满签名非其本人所签，但结合涉案股东会决议内容来看，某娱乐公司作为有限责任公司，其将注册资本变更为320万元，不低于法定的注册资本最低限额，未违反法律规定。因其他三股东之间的股权相互转让并未侵害谷某满的优先购买权，亦不违反法律规定，选举和更换董事、变更营业期限及修改公司章程的行为均为股东会行使职权，也未违反法律、行政法规，故谷某满的诉讼主张没有法律依据，后判决撤销一审法院判决，改判驳回谷某满确认无效的诉讼请求。该案终审后，一审原告谷某满申请再审，再审法院另查明，在股东会决议以外的《征求股东意见稿》中原告谷某满曾经对股东会决议事项表示过赞成意见，现虽诉称股东会决议上的签名是伪造的，但仍不能认为该份股东会决议上记载的同意变更注册资本及股权转让的内容，未经全体股东未达成一致意见，进而认定该份股东会决议内容符合法律法规的规定，驳回谷某请求确认无效的诉请。

第六章 公司决议瑕疵

【典型意义】：

公司或股东会召集人未履行通知义务，股东会在个别股东不知情的情况下召开，参会股东通过伪造未出席会议股东的签名形成股东会决议，股东会决议内容虽符合法律法规的规定，仍需考察决议作出的程序是否合法，从而综合评判股东会决议的效力。

二、典型案例

案例：李某军诉某环保科技有限公司公司决议撤销纠纷案【（最高法院指导案例10号）】

【关键词】：公司决议撤销；司法审查范围

【裁判要点】：

人民法院在审理公司决议撤销纠纷案件中应当审查：会议召集程序、表决方式是否违反法律、行政法规或者公司章程，以及决议内容是否违反公司章程。在未违反上述规定的前提下，解聘总经理职务的决议所依据的事实是否属实，理由是否成立，不属于司法审查范围。

【相关法条】：《中华人民共和国公司法》第二十二条第二款

【基本案情】：

原告李某军诉称：被告某环保科技有限公司（简称某环保公司）免除其总经理职务的决议所依据的事实和理由不成立，且董事会的召集程序、表决方式及决议内容均违反了公司法的规定，请求法院依法撤销该董事会决议。

被告某环保公司辩称：董事会的召集程序、表决方式及决议内容均符合法律和章程的规定，故董事会决议有效。

法院经审理查明：原告李某军系被告某环保公司的股东，并担任总经理。某环保公司股权结构为：葛某乐持股40%，李某军持股46%，王某胜持股14%。三位股东共同组成董事会，由葛某乐担任董事长，另两人为董事。公司章程规定：董事会行使包括聘任或者解聘公司经理等职权，董事会须由三分之二以上的董事出席方才有效，董事会对所议事项作出的决定应由占全体股东三分之二以上的董事表决通过方才有效。2009年7月18日，某环保公司董事长葛某乐召集并主持董事会，三位董事均出席，会议形成了"鉴于总经理李某军不经董事会同意私自动用公司资金在二级市场炒股，造成巨大损失，现免去其总经理职务，即日生效"等内容的决议。该决议由葛某乐、王某胜及监事签名，李某军未在该决议上签名。

【裁判结果】：

该市某区人民法院于2010年2月5日作出（2009）黄民二（商）初字第4569号民事判决：撤销被告某环保公司于2009年7月18日形成的董事会决议。宣判后，某环保公司提出上诉。该市第二中级人民法院于2010年6月4日作出（2010）沪二中民四（商）终字第436号民事判决：一、撤销该市某区人民法院（2009）黄民二（商）初字第4569号民事判决；二、驳回李某军的诉讼请求。

【裁判理由】：

法院生效裁判认为：根据《公司法》第二十二条第二款的规定，董事会决议可撤销的事由包括：（1）召集程序违反法律、行政法规或公司章程；（2）表决方式违反法律、行政法规或公司章程；（3）决议内容违反公司章程。从召集程序看，某环保公司于2009年7月18日召开的董事会由董事长葛某乐召集，三位董事均出席董事会，该次董事会的召集程序未违反法律、行政法规或公司章程的规定。从表决方式看，根据某环保公司章程规定，对所议事项作出的决定应由占全体股东三分之二以上的董事表决通过方才有效，上述董事会决议由三位股东（兼董事）中的两名表决通过，故在表决方式上未违反法律、行政法规或公司章程的规定。从决议内容看，某环保公司章程规定董事会有权解聘公司经理，董事会决议内容中"总经理李某军不经董事会同意私自动用公司资金在二级市场炒股，造成巨大损失"的陈述，仅是董事会解聘李某军总经理职务的原因，而解聘李某军总经理职务的决议内容本身并不违反公司章程。

董事会决议解聘李某军总经理职务的原因如果不存在，并不导致董事会决议撤销。首先，公司法尊重公司自治，公司内部法律关系原则上由公司自治机制调整，司法机关原则上不介入公司内部事务；其次，某环保公司的章程中未对董事会解聘公司经理的职权作出限制，并未规定董事会解聘公司经理必须要有一定原因，该章程内容未违反公司法的强制性规定，应认定有效。因此某环保公司董事会可以行使公司章程赋予的权力，从而作出解聘公司经理的决定。故法院应当尊重公司自治，无需审查某环保公司董事会解聘公司经理的原因是否存在，即无需审查决议所依据的事实是否属实，理由是否成立。综上，原告李某军请求撤销董事会决议的诉讼请求不成立，依法予以驳回。

【典型意义】：

该案例在解决公司决议解聘经理的事由是否属于司法审查范围这一问题的同时强调了三方面的内容：（1）公司自治原则。公司自治是现代公司法的灵魂，也是私法自治和市场经济的要求。公司自治精神的核心是尊重公司的商业判断，尊重公司、股东、董事依法作出的自主选择。只有当公司自治机制被滥用或失灵时，才能启动司法程序。（2）尊重公司章程的规定。公司章程是公司的自治规章，对公司及其股东、董事、监事和其他高级管理人员均具有约束力。如果公司章程对经理的聘任和解聘有特殊规定，只要没有违反法律和行政法规的强制性规定，就应当按照章程规定处理。（3）董事会与经理之间委托代理关系的法律性质。现代公司运营的专业化、技术性和市场化，需要具有专业技能和管理能力的专门人才从事公司的日常经营工作。因此，董事会需要聘任经理人专门从事公司的经营管理。关于董事会与经理之间的关系，法学界一般认为是委托代理关系，根据委托代理关系的法律性质，董事会可以随时解聘经理，法院也无须审查其解聘事由。

第七章 公司法人人格否认

第一节 公司法人人格否认基本理论

一、公司人格制度

公司行为能力是公司以自己的行为独立实现其民事权利、承担民事义务的资格。它包括：以自己的行为取得民事权利、承担民事义务的能力；独立地行使民事权利、履行民事义务的能力；对违法行为承担民事责任的能力。公司的行为能力与其权利能力同时产生，同时终止，并且范围一致。

公司是法人，具有法律上的团体人格，按照自己的意愿实施行为，与自然人有所不同。一般采用以下两种方式：

（1）通过公司的法人机关来形成和作出意思表示。公司的法人机关由公司的股东大会或股东会、董事会和监事会组成，它们依照公司法规定的职权和程序相互配合又相互制衡，进行公司的意思表示。

（2）通过公司的法定代表人实施对外行为，或通过法定代表人授权代表来实施。根据《公司法》第十三条规定："公司法定代表人依照公司章程的规定，由董事长、执行董事或者经理担任，并依法登记。公司法定代表人变更，应当办理变更登记。"公司法定代表人，按照公司的意思以公司的名义对外进行法律行为、为公司取得权利和承担义务。在公司权利能力范围内，法定代表人或其授权代表所实施的法律行为就是公司自身实施的法律行为，其后果包括权利和义务由公司承受。

二、公司法人人格否认制度的理论基础

（一）公司法人人格的概念

人格是权利、义务的归属点。公司作为法人，具有独立人格性，意味着公司具有权利能力和行为能力，能够独立享有民事权利和承担民事义务，具体表现为两方面：一是公司人格与组成公司的成员人格相对独立，其独立的基础就在于二者的财产是可分的；二是公司法人有独立的法人财产，以其全部财产对公司债务独立承担责任，而出资人仅以其出资

额为限对公司承担有限责任，即不对公司债权人直接负责。❶

（二）股东有限责任

股东有限责任乃现代公司法律的基石。股东有限责任并非公司制度产生以来就存在的一个原则，而是公司发展到一定历史阶段的产物。具体来说股东有限责任原则有以下两层含义：

1.公司独立责任

股东以其出资额或所持股份为限对公司承担责任，这种责任属于法定的量的有限责任，即股东责任与公司责任相互分离。公司法人制度是现代企业制度的核心。公司法人制度就是企业的所有权和经营权分离，公司拥有经营权（法人财产权），在对所有者承担责任的前提下，能够独立支配企业的财产。

2.法人制度的异化

法人人格独立和股东有限原则作为公司法人制度的两大基石，发挥着积极的作用。然而在制度的具体运作中发生了股东滥用公司独立人格和股东有限责任的现象，即法人制度的异化现象。究其客观原因：一是公司股东与债权人相比，在公司法人制度框架内居于一种优势地位，公司外部债权人难以对股东实施监督或调查；二是在法律本身对股东约束不足的情形下，公司法人制度诱使股东用抽逃资金、回避法律义务等行为滥用法人独立人格和股东有限责任；三是法人人格否认制度本身存在法律缺陷，实践证明，本应平衡股东和债权人双方的天平发生了向股东一方的倾斜。❷所以，美国法官桑伯恩创设的"法人人格否认制度"揭开了公司的面纱，它让股东和债权人之间的天平再次平衡。

三、公司法人人格否认制度的内容

（一）公司法人人格否认制度的概念

"揭开公司面纱制度"（也称"公司法人人格否认制度"）作为在英美国家的司法实践中发展起来的判例规则，它是指在某些情形下，为保护公司之债权人，法院可揭开公司之面纱，否定股东与公司分别独立之人格，令股东直接负责清偿公司债务。❸

（二）法人人格否认与法人制度的关系

法人人格否认是法人制度在具体运行过程中出现了异化，暴露了法人制度的漏洞，导致实践中出现大量滥用法人人格独立地位和股东有限责任的现象，为了有效遏制这一现象，英美法系在司法实践中逐渐发展起法人人格否认制度，以保护债权人的利益和社会公共利益。

---

❶ 具体规定见《公司法》第三条：公司是企业法人，有独立的法人财产、享有法人财产权。公司以其全部财产对公司的债务承担责任，有限责任公司的股东以其认缴的出资对公司承担责任；股份有限公司的股东以其认购的股份对公司承担责任。
❷ 朱慈蕴.公司法人格否认.北京：法律出版社，1998：2.
❸ 柯菊.一人公司.台大法学论丛，2018（2）.

(三) 法人人格否认制度的本质特征

法人人格否认制度的本质是通过否认特定法律关系中的法人特性，追究滥用法人人格行为人的法律责任，以维护法律的公平与正义。❶当公司股东有滥用公司独立人格的行为时，通过暂时的、有条件的否认公司独立人格，使得公司背后的股东能对债权人承担直接责任，从而保护债权人的利益，平衡原本失衡的利益体系。

(四) 适用公司法人人格否认制度的原则

1. 审慎原则

否认公司人格的法律规定是一把"双刃剑"。一方面，用好了能有效遏制股东滥用公司法人独立地位和股东有限责任原则，严重损害公司债权人利益的行为；另一方面，没用好就可能伤害公司法人独立地位和股东有限责任这两个公司法制度的基石。因此适用该制度必须审慎，在原告未能举证到足以引起对股东滥用法人独立人格和股东有限责任的怀疑的情形下，一般不予以适用该制度。

2. 责权利相等原则

只有实施了滥用法人独立地位和股东有限责任行为的股东才对公司债务承担连带清偿责任，其他股东不应承担此责任。只有滥用的行为给债权人的权益造成的损害非常严重，才能让该滥用行为的股东承担连带责任。

(五) 我国公司法人人格否认制度的确立

我国《公司法》第二十条第三款中规定："公司股东滥用公司法人独立地位和股东有限责任，逃避债务，严重损害公司债权人利益的，应当对公司债务承担连带责任。"这一规定在我国1993年《公司法》中并未出现，而是最早出现在我国2005年修订的《公司法》中，但其实在2005年我国修订《公司法》的过程中对是否引入英美法系国家的法人人格否认制度存在争议。

有观点认为，我国公司制度欠发达，引入时机不成熟，但实际上粗放型公司制度的现代化不仅要求立法者在鼓励投资方面融入主流公司制度文明，而且要求立法者在维护交易安全方面也要见贤思齐，如此才能平衡股东的权力和义务，兼顾投资兴业之促进与交易安全之维护；另一观点认为，引入否认公司人格理论会使我国公司在对外经济交往中作茧自缚，反被域外法院利用该制度判令我国控制股东对域外债权人承担清偿责任，但我国《公司法》和司法解释并未给外国法院滥用该制度留下空间，对外国投资者在我国设立的外资企业中同样适用。还有观点认为，引入该制度会阻碍国有企业公司制改革，但只要国企公司制改革依法规范进行，慎独的控制股东就不存在有限责任待遇被否认的法律风险。❷最终，还是在《公司法》第二十条第三款中作出了原则性的规定。但是，由于国外公司法人人格

---

❶ 李文祥，付国华.论我国的法人人格否认制度.行政与法，2004（5）.

❷ 刘俊海.现代公司法.3版.北京：法律出版社，2008：663.

否认制度作为判例法在个案中适用,因而该制度在我国采用制定法形式的缺陷是显而易见的,为了克服这一缺陷,我国最高人民法院颁布了一系列案例和司法解释用以指导适用该制度。

(六)公司法人人格否认制度的具体要件

1. 主体要件:公司必须具有独立的法人人格

公司的设立合法有效是公司取得独立人格的前提,也是公司人格否认的前提,各国公司法都对公司的合法有效及公司享有独立的人格规定了一系列的条件,如要求有独立的财产,有公司章程,有组织机构和场所等。如果公司欠缺以上条件,其设立就被认为无效,公司不能成立,股东也不会享有因公司人格独立而产生的有限责任制度的保护,公司人格否认也就毫无意义。

在公司法人人格否认之诉中,原告只能是因股东滥用公司法人人格的行为而受到损害的公司债权人,包括自然人、法人和其他组织。虽然在滥用公司独立人格的侵权行为中,公司本身和公司其他股东也是受害者和权利主体,但是《公司法》已明确股东作为利益相关或债权人对其他股东可直接追诉,因此限制公司与公司股东成为公司人格否认之诉的原告。

在公司法人人格否认之诉中,被告只限于实施了滥用公司人格和股东有限责任行为的股东。公司作为名义上的侵权者,一般也可以列为被告。如果原告仅起诉股东,此时,因公司形式上的法人资格仍然存在,可考虑公司以第三人身份参加诉讼。等法院查清楚事实后,应判决由侵权股东和公司承担连带责任。

2. 行为要件:股东行为时过错为故意

过错即行为人违法时的主观心理状态。故意是指行为人已经预见到自己行为的结果,仍然希望其发生或放任其发生的心理状态。具体而言,行为人主观上具有滥用公司独立人格和股东有限责任以损害债权人的利益和社会公共利益的故意。

3. 结果要件:公司人格否认应当以债权人遭受损失为前提

公司法人人格否认制度是为防止公司股东滥用公司独立人格,侵害债权人利益而设立,债权人只有在债权遭受损失即债权得不到实现时,才有权利要求法院适用公司人格否认制度。

第二节 公司法人人格否认实务

一、法人人格否认制度的适用

结合司法实践,目前滥用公司法人人格的类型主要有以下几种:

(一)公司资本显著不足

公司资本显著不足指的是,公司设立后在经营过程中,股东实际投入公司的资本数额与公司经营所隐含的风险相比明显不匹配。股东利用较少资本从事力所不及的经营,表明其没有从事公司经营的诚意，实质是恶意利用公司独立人格和股东有限责任把投资风险转嫁给债权人。由于资本显著不足的判断标准有很大的模糊性，特别是要与公司采取"以小博大"的正常经营方式相区分，因此在适用时要十分谨慎，应当与其他因素结合起来综合判断。

案例： 阿诺德诉菲利普斯案

【**关键词**】：公司资本显著不足；一人公司人格之否认

【**基本案情**】：

经得克萨斯州政府的许可，阿诺斯筹建一酿酒公司，公司资本定为50000美元，分为500股，他向公司支付50000美元。为符合公司须有3位董事的法定要求，阿诺德自己持有498股，将剩余2股配给其余2人各一股，3人均为公司董事。在兴建酿酒厂过程中，即已显出50000美元不足以完成，于是阿诺德借给公司70000美元，建筑工厂共花建115000美元。为了使酒厂开始营业，阿诺德借给公司5500美元，其后公司以酒厂为招保签发80000美元的票据给阿诺德作为借款的凭据，并约定每年支付6%的利息，工厂开工后，生意兴隆，两年中，公司支付阿诺德薪水45000美元，利息19000美元，并偿还27400美元借款，至此公司仅欠阿诺德52000美元，而公司仍有97000美元的资产。其后不久，公司业务转坏，阿诺德又陆续借给公司47000美元，最后公司共欠阿诺德99000美元，而无法按期清偿。阿诺德请求查封酒厂求偿，法院公开拍卖酒厂，阿诺德得标，价金为99000美元，恰好清偿其债务。半年后，公司宣告破产，此时公司尚有无担保债务66000美元。破产管理人代表公司向法院请求否认公司酒厂的作为清偿阿诺德债权的担保，并撤销酒厂拍卖行为，以将公司酒厂的资产用于清偿无担保债务。❶

【**裁判理由**】：

联邦上诉法院认为，公司为准备营业设立工厂，需要相当的资金，阿诺德对公司贷款以完成工厂建设，开始生产，实际上为一种公司支付利息而随时可收回的股份认购，不可在公司债权人获得清偿以前，得到回赎，故应否认阿诺德对这一部分优先受偿的请求；然而对于公司营业两年后的47000美元贷款，则是阿诺德处于银行地位借款给公司，可以享受一般银行的待遇，对公司财产享有抵押权，而优先于其他债权人受偿。综上，公司章程所载资本50000美元加上其后阿诺德借给公司的75000美元，始构成与其所营事业相当的125500美元的足够资产，经两年公司发展，业务进展良好，阿诺德此时再次给公司贷款，与公司间形成普通的债权债务关系。❶

【**典型意义**】：

根据这一审判实践可以发现，公司拥有足够的独立财产是承认公司具有独立人格的前提，股东提供有限资金后，再用贷款的方式补足公司资本，贷款应被视为对公司股份的认购。

---

❶ 蔡立东. 公司人格否认论. 民商法论丛，1994（2）.

（二）利用公司回避合同义务

公司被用来回避合同义务的情形主要包括：

（1）为逃避契约上的特定不作为义务而设立新公司从事相关活动；

（2）通过成立新的公司逃避债务，主要是将原公司资产转移到新公司而逃避原公司的债务；

（3）利用公司对债权人进行欺诈以逃避合同义务。

案例：比斯凯勒房地产公司诉某房地产公司案

【关键词】：回避合同义务；公司人格之否认

【基本案情】：

布希与其妻为经营不动产设立某房地产公司，并拥有该公司全部股份。该公司实际上并无任何财产，亦未经营不动产业务，只是股东用来买卖不动产的工具。两股东通常以公司名义购进不动产，除付清订金外，其余价款则以公司名义签发支票给付，出卖人将不动产产权移转于公司后，两股东随即将不动产转移于其个人名下，使公司名下无不动产。其后因以公司名义签发的支票无法兑现，被诉至法院。原告主张布希个人应以其个人名下之不动产偿付购买上述不动产之价款。

【裁判理由】：

法院认为：在此情形，公司仅为股东的"另一自我"，股东以公司作为逃避债务的手段，实际上买卖业务为股东自身经营。并进而指出，假如公司的股东为图个人私利进行交易，为交易便利利用公司名义仅为交易上的便利，公司在交易上没有任何利益，徒使债权人产生误信，进而导致欺诈，应无视以其名义从事交易的法律上之主体，当事人应自负其责任，于是支持原告的主张，判决原告胜诉。

【典型意义】：

根据这一审判实践可以发现，虽然公司成立的目的在于盈利，但是法律对于公司盈利的方式会作出一定的限制，在公司被用来作为回避合同义务以损害他人合法权益为代价的时候，公司的法人人格通常也将被否认。

（三）利用公司规避法律义务

利用公司规避法律义务是指利用新设公司或既存公司的法人人格，以实现其自身无法达到的目的，该行为损害社会公共利益，缺乏存在的合法性和正当性，因而也成为适用法人人格否认的情形之一。

案例：纽约州出租车公司案

【关键词】：利用公司规避法律义务；公司人格之否认

【基本案情】：

在美国出租业是这类判例的主要来源，特别是纽约州的实践中，出现了在众多汽车中仅以少量出租车为资产设立公司，其经营模式为单独设立一个中心公司，而另一个公司以从事调度服务的情形。这样，每个出租车公司仅有为法律所必须的资本（通常为出租车本身），并仅购买为法律所必须的保险，以至于除非动用股东的其他个人财产，汽车事故的严重受害者往往得不到足够的补偿。于此场合，最小资本额的出租车公司之独立人格应被否认，而将整个公司系列视为一个整体，甚至受害人的诉讼请求将直接指向股东个人。

【裁判理由】：

法院认为：在此情形下，尽管看似彼此独立，但这些公司在融资、供应、维修、员工和车库等方面是"作为一个单一企业运作"，所以这些公司都应被列为被告。且由于汽车本身的特性，如果没有以正确的方式操作，就会造成严重的伤害并承担昂贵的赔偿。所以将经济上单一的企业划分为几个独立的公司，以减少每个公司债权人可以主张强制执行的财产，将导致对相信整个公司为一个整体之债权人的不公平，在这种情况下，法院将无视股东已将统一体分为几个独立公司，而将公司重新聚合起来，否认姊妹公司的独立人格。

【典型意义】：

根据这一审判实践可以发现，在认定否认公司人格时并不会受限于公司划分出来个数，对于看似独立实则为一体的若干公司，可将其看为一个整体，以弥补对债权人的不公平。我国学者将这一审判实践中的观点译为"企业整体说"❶，即股东如果设立若干公司经营统一事业，或各公司之间存在着经营业务、利益和权属的一致性时，这些公司实质上为同一企业的不同部门而已，法院可以无视各个公司法律主体的独立性，而将它们视为一个企业实体或经济上的统一体来追究企业整体的责任。

（四）公司法人人格的形骸化

公司形骸化是指公司与股东完全混同，使公司成为股东的另一个自我，或成为其代理机构和工具，以至于形成股东即公司，公司即股东的情况。公司法人人格形骸化实质是公司与股东完全混同，公司仅仅是股东的另一形象，是股东行为的工具，因而失去独立存在的价值。

案例：西部证券公司诉斯皮罗案

【关键词】：人格混同；一人公司人格之否认

【基本案情】：

A 为西部证券公司的唯一股东，他以公司名义而以个人之实与被告斯皮罗为交易行为，斯皮罗后因此交易行为欠西部证券公司一笔债务。而 A 本人则欠斯皮罗一笔债务没有偿还。后来，西部证券公司起诉斯皮罗，要求偿还债务，但斯皮罗则主张两笔债务抵消。

【裁判理由】：

法院认为：斯皮罗与西部证券公司为交易行为是在相信 A 的保证，即借公司之名只是为交易上和法规之规定上的处置的情况进行的，从而公司人格与 A 的人格产生混同，在这种情况下，公司人格应予否认，斯皮罗的主张应得到支持。

---

❶ 朱慈蕴. 公司法原论. 北京：清华大学出版社，2011：45.

【典型意义】：

根据这一审判实践可以发现，公司的独立财产是公司独立人格的基础，如果公司财产与股东财产发生了混同，使公司缺乏独立的财产，从而也就失去了独立人格。

二、举证责任问题

（一）公司法人人格否认之诉的举证责任分配

在公司法人人格否认之诉中，原告不一定必然承担举证责任，由于公司法人人格的特殊性，一般采用"限制的举证责任倒置"，即先由原告承担初步举证责任，等符合初步举证责任的要求后，再将举证责任移转给被告，具体而言：

第一，由原告举出盖然性的证据，证明股东存在滥用公司"人格"行为的事实以及原告遭受严重损害的事实（原告债权人受损），且损害结果和滥用行为存在因果关系。原告的举证应达到合理怀疑的程度，并使法官相信被告股东存在滥用公司人格的较大可能。

第二，由被告证明其不存在滥用权利的行为，证明自己与被控制公司的关系的正当性，公司人格不存在形骸化，自己没有滥用股东有限责任，从而抗辩原告的诉讼主张。如果被告的举证内容不能排除其存在人格滥用的可能，则应承担举证不能的后果。

（二）公司法人人格否认之诉诉讼主体

公司法人人格否认诉讼中的原告应为股东滥用公司法人人格而受损害的债权人及其他利益相关者。在公司法人人格否认中，有正向否认和逆向否认两方面。正向否认指在出现股东滥用公司人格时，债权人提出揭开面纱的请求，而不是由股东或公司提出。逆向否认则是对正向否认的逆反，公司自身或股东为某种权益诉请法院揭开公司面纱。通常公司法人人格否认诉讼中正向否认的债权人或利益相关方才是适格被告，其中包括公司债权人以及代表受损害的国家利益和社会公共利益的政府部门。

虽然在滥用公司独立人格的侵权行为中，公司本身和公司其他股东也是受害者和权利主体，但是，依现行公司法，已明确股东作为利益相关方或债权人，对其他股东可直接追诉，通过否认公司人格实现权利已显得多此一举，因此限制公司与公司股东成为公司人格否认之诉的原告。

公司法人人格否认诉讼的被告是滥用公司法人独立人格侵权行为的行为人，即义务主体，也就是实施滥用人格的积极股东或控制股东作为被告。分两种情况：

（1）在公司股东共同滥用公司独立法人人格，积极实施经营管理行为，损害债权人利益时，滥用人格的股东无论是否为控制股东均应成为被告；

（2）在部分股东实施滥用人格行为时，如证据确凿，在董事会或股东会决议中持反对保留意见的人，不应列为被告承担责任，而应由其他股东担责。

另外，公司作为名义上的侵权者公司，一般也可以列为被告。如果原告仅起诉股东，此时，因公司形式上的法人资格仍然存在，可考虑公司以第三人身份参加诉讼。等法院查清楚事实后,应判决由侵权股东和公司承担连带责任。

三、典型案例

案例：某集团工程机械股份有限公司诉某工贸有限责任公司等买卖合同纠纷案【(最高人民法院指导案例15号)】

【**裁判要点**】：

(1) 关联公司的人员、业务、财务等方面交叉或混同,导致各自财产无法区分,丧失独立人格的,构成人格混同。

(2) 关联公司人格混同,严重损害债权人利益的,关联公司相互之间对外部债务承担连带责任。

【**相关法条**】：《中华人民共和国民法通则》第四条;《中华人民共和国公司法》第三条第一款、第二十条第三款

【**基本案情**】：

原告某工集团工程机械股份有限公司(以下简称某工机械公司)诉称：某工贸有限责任公司(以下简称某工贸公司)拖欠其货款未付,而某交工程机械有限责任公司(以下简称某交机械公司)、四川某建设工程有限公司(以下简称某建设公司)与某工贸公司人格混同,三个公司实际控制人王某礼以及某工贸公司股东等人的个人资产与公司资产混同,均应承担连带清偿责任。请求判令：某工贸公司支付所欠货款10916405.71元及利息；某交机械公司、某建设公司及王某礼等个人对上述债务承担连带清偿责任。

被告某工贸公司、某交机械公司、某建设公司辩称：三个公司虽有关联,但并不混同,某交机械公司、某建设公司不应对某工贸公司的债务承担清偿责任。

王某礼等人辩称：王某礼等人的个人财产与某工贸公司的财产并不混同,不应为某工贸公司的债务承担清偿责任。

法院经审理查明：某交机械公司成立于1999年,股东为某省公路桥梁工程总公司二公司、王某礼、倪某、杨某刚等。2001年,股东变更为王某礼、李某、倪某。2008年,股东再次变更为王某礼、倪某。某建设公司成立于2004年,股东为王某礼、李某、倪某。2007年,股东变更为王某礼、倪某。某工贸公司成立于2005年,股东为吴某、张某蓉、凌某、过某利、汤某明、武某、郭某,何某庆2007年入股。2008年,股东变更为张某蓉(占90%股份)、吴某(占10%股份),其中张某蓉系王某礼之妻。在公司人员方面,三个公司经理均为王某礼,财务负责人均为凌某,出纳会计均为卢某,工商手续经办人均为张某。三个公司的管理人员存在交叉任职的情形,如过某利兼任某工贸公司副总经理和某交机械公司销售部经理的职务,且免去过某利某工贸公司副总经理职务的决定系由某交机械公司作出；吴某既是某工贸公司的法定代表人,又是某交机械公司的综合部行政经理。在公司业务方面,三个公司在工商行政管理部门登记的经营范围均涉及工程机械且部分重合,其中某工贸公司的经营范围被某交机械公司的经营范围完全覆盖；某交机械公司系某工机械公司在四川地区(攀枝花除外)的唯一经销商,但三个公司均从事相关业务,且相互之间

存在共用统一格式的《销售部业务手册》《二级经销协议》和结算账户的情形；三个公司在对外宣传中区分不明，2008年12月4日重庆市公证处出具的《公证书》记载：通过因特网查询，某工贸公司、某建设公司在相关网站上共同招聘员工，所留电话号码、传真号码等联系方式相同；某工贸公司、某建设公司的招聘信息，包括大量关于某交机械公司的发展历程、主营业务、企业精神的宣传内容；部分某工贸公司的招聘信息中，公司简介全部为对某建设公司的介绍。在公司财务方面，三个公司共用结算账户，凌某、卢某、汤某明、过某利的银行卡中曾发生高达亿元的往来，资金的来源包括三个公司的款项，对外支付的依据仅为王某礼的签字；在某工贸公司向其客户开具的收据中，有的加盖其财务专用章，有的则加盖某建设公司财务专用章；在与某工机械公司均签订合同、均有业务往来的情况下，三个公司于2005年8月共同向某工机械公司出具《说明》，称因某交机械公司业务扩张而注册了另两个公司，要求所有债权债务、销售量均计算在川交工贸公司名下，并表示今后尽量以某工贸公司名义进行业务往来；2006年12月，某工贸公司、某建设公司共同向某工机械公司出具《申请》，以统一核算为由要求将2006年度的业绩、账务均计算至某工贸公司名下。

另查明，2009年5月26日，卢某在徐州市公安局经侦支队对其进行询问时陈述：某工贸公司目前已经垮了，但未注销。又查明某工机械公司未得到清偿的货款实为10511710.71元。

【裁判结果】：

江苏省徐州市中级人民法院于2011年4月10日作出（2009）徐民二初字第0065号民事判决：一、某工贸公司于判决生效后10日内向某工机械公司支付货款10511710.71元及逾期付款利息；二、某交机械公司、某建设公司对某工贸公司的上述债务承担连带清偿责任；三、驳回某工机械公司对王某礼、吴某、张某蓉、凌某、过某利、汤某明、郭某、何某庆、卢某的诉讼请求。宣判后，某交机械公司、某建设公司提起上诉，认为一审判决认定三个公司人格混同，属认定事实不清；认定某交机械公司、某建设公司对某工贸公司的债务承担连带责任，缺乏法律依据。某工机械公司答辩请求维持一审判决。江苏省高级人民法院于2011年10月19日作出（2011）苏商终字第0107号民事判决：驳回上诉，维持原判。

【裁判理由】：

法院生效裁判认为：针对上诉范围，二审争议焦点为某交机械公司、某建设公司与某工贸公司是否属于人格混同，应否对某工贸公司的债务承担连带清偿责任。

某工贸公司与某交机械公司、某建设公司人格混同。一是三个公司人员混同。三个公司的经理、财务负责人、出纳会计、工商手续经办人均相同，其他管理人员亦存在交叉任职的情形，某工贸公司的人事任免存在由某交机械公司决定的情形。二是三个公司业务混同。三个公司实际经营中均涉及工程机械相关业务，经销过程中存在共用销售手册、经销协议的情形；对外进行宣传时信息混同。三是三个公司财务混同。三个公司使用共同账户，以王某礼的签字作为具体用款依据，对其中的资金及支配无法证明是否已作区分。三个公司与某工机械公司之间的债权债务、业绩、账务及返利均计算在某工贸公司名下。因此，三个公司之间表征人格的因素（人员、业务、财务等）高度混同，导致各自财产无法区分，已丧失独立人格，构成人格混同。

某交机械公司、某建设公司应当对某工贸公司的债务承担连带清偿责任。公司人格独立是其作为法人独立承担责任的前提。《中华人民共和国公司法》（以下简称《公司法》）第三条第一款规定："公司是企业法人，有独立的法人财产，享有法人财产权。公司以其全部财产对公司的债务承担责任。"公司的独立财产是公司独立承担责任的物质保证，公司的独立人格也突出地表现在财产的独立上。当关联公司的财产无法区分，丧失独立人格时，就丧失了独立承担责任的基础。《公司法》第二十条第三款规定："公司股东滥用公司法人独立地位和股东有限责任，逃避债务，严重损害公司债权人利益的，应当对公司债务承担连带责任。"

本案中，三个公司虽在工商登记部门登记为彼此独立的企业法人，但实际上相互之间界线模糊、人格混同，其中某工贸公司承担所有关联公司的债务却无力清偿，又使其他关联公司逃避巨额债务，严重损害了债权人的利益。上述行为违背了法人制度设立的宗旨，违背了诚实信用原则，其行为本质和危害结果与《公司法》第二十条第三款规定的情形相当，故参照《公司法》第二十条第三款的规定，某交机械公司、某建设公司对某工贸公司的债务应当承担连带清偿责任。

【典型意义】：

本案法院分别从人员、业务和财务三个方面，综合考虑证据后，认定了三家公司存在人格混同的事实，由此我们可以看出，在对人格混同进行认定时，不应依赖某一因素进行判断，而是应当综合全貌严格审慎待之。本案法院还运用了诚实信用原则和类推适用的法理填补了法律漏洞，采纳了上文所提到的法人人格法理上的"企业整体说"，从而丰富了法人人格否认制度在实践中的适用情形。此外，该案法院还为法院在运用"人格混同"事由下的法人人格否认制度时，提供了可供参考的构成要件，下文将具体阐述，此处不作详细说明。

【案例分析】：解决几个问题

（1）如何认定"关联公司"？

关联企业是指与其他企业之间存在直接或间接控制关系或重大影响关系的企业。相互之间具有联系的各企业互为关联企业。我国公司法并未明确何为关联公司，但可以参照《联合国关于发达国家与发展中国家间避免双重征税的协定范本》和《经济合作与发展组织关于避免双重征税的协定范本》中的规定，将参与管理、控制和资本作为认定关联公司的依据。

除此之外，我国关联公司的认定还可以依照我国《企业所得税法实施条例》第一百零九条、《税收征收管理法实施细则》第五十一条以及国家税务总局发布的《特别纳税调整实施办法（试行）》第九条中的规定进行认定。

（2）如何认定"人格混同"？

关联公司间人格混同是指公司与公司之间法人人格特征高度一致的公司存在状态。公司人格混同主要表现为以下三种形式：组织机构混同、财产混同和业务混同。

组织机构混同。公司之间如果具有相同的公司管理人员、相同的工作人员、相同的办公场所、相同的电话号码等情形，一般可认定为公司组织机构混同。公司作为社团法人，其运行基础便是人的组合。因此，不同公司间一旦组织机构混同，极易导致公司财务、利益整体性混同，公司的独立意志也将不复存在。

业务混同。业务混同是指公司之间在经营业务、经营行为、交易方式、价格确定等方面存在混同现象，主要表现为：公司之间从事相同业务活动，各业务活动不以公司独立意志为支配。

财产混同。公司财产独立是公司人格独立的基础，只有在财产独立的情况下，公司才能以自己的财产独立地对其债务负责。公司间财产混同违背了公司资本三原则，严重影响公司对外清偿债务的物质基础。

①关联公司人格混同的表征因素。

第一，人员混同。这是指关联公司之间在组织机构和人员上存在严重的交叉、重叠。如公司之间董事相互兼任、公司高级管理人员交叉任职，甚至雇员也相同，最典型的情形是"一套人马，多块牌子"。

第二，业务混同。这是指关联公司之间从事相同的业务活动，在经营过程中彼此不分。如同一业务有时以这家公司名义进行，有时又以另一公司名义进行，以至于与之交易的对方当事人无法分清与哪家公司进行交易活动。

第三，财务混同。这是指关联公司之间账簿、账户混同，或者两者之间不当冲账。需要注意的是，关联公司依法合并财税报表，以及在分开记账、支取自由前提下的集中现金管理，不应被视为财务混同。

②关联公司人格混同的实质因素。

关联公司之间的财产归属不明，难以区分各自的财产是关联公司人格混同的实质因素。如关联公司的住所地、营业场所相同，共同使用同一办公设施、机器设备，公司之间的资金混同，各自的收益不加区分，公司之间的财产随意调用，等等。

③关联公司人格混同的结果因素。

关联公司人格混同的结果因素是指人格混同的程度必须达到严重损害侵权人利益的后果时，法院才否认关联公司的法人人格，让关联公司之间承担连带责任。该结果因素实际上包含了两方面的内容：第一，债权人的利益因为关联公司人格混同而受到了严重的侵害。第二，如果不适用法人人格否认，将无从保障债权人的利益。

（3）关于本案的法律适用。

在本案中，法官判决某交机械公司、某建设公司对某工贸公司的债务承担连带清偿责任，并未支持原告的诉讼请求判决王某礼等个人对债务承担连带清偿责任，由此可以看出：我国法院适用《公司法》第二十条时，对公司股东滥用公司法人独立地位和股东有限责任而承担连带责任的认定上十分严格和谨慎，体现了对股东有限责任的维护。

除此之外，本案作为指导案例，法院在运用"人格混同"事由下的法人人格否认制度时，提供了可供参考的构成要件：

①人格混同的事实存在，包括对人员、业务和财务综合考量；

②"逃避债务"的行为本质；

③"严重损害债权人"的危害结果；

④"逃避债务"行为与"严重损害债权人"危害结果具有因果关系。

除满足构成要件外，法官还可以结合诚实信用原则和《公司法》第三条、第二十条进行自由裁量。

第八章 公司治理

第一节 公司治理基本理论

一、公司治理概述

(一) 公司治理的概念

公司治理是一个由主体和客体、边界和范围、机制和功能、结构和形式等诸多因素构成的体系。公司治理泛指公司管理层对股东和利益相关者负责的理念、制度和商业实践。❶ 公司治理机制包括激励机制、约束机制及决策机制，这些机制充分发挥作用的前提是存在合理的公司治理结构。公司治理是现代企业理论的重要组成部分，不仅研究公司治理结构中对经营者的监督与制衡机制，也强调如何通过公司治理结构和治理机制来保证公司决策的有效性和科学性，从而维护公司多方面利害关系者的利益。

(二) 公司治理的要素

公司治理存在三大要素：理念，制度，实践。理念上，要认识到公司治理的重要性，将良好的公司治理作为公司经营管理的基础和中心工作；制度上，设计良好的公司治理结构和制度安排；在实践中，践行上述理念和制度。其中，制度作为衔接理念和实践最好的媒介，具有承上启下的作用。

(三) 公司良治的意义和特征

公司良治有四大意义：一是良好的公司治理是决定企业运作和发展质量的重要条件；二是良好的公司治理有助于降低运营成本；三是良好的公司治理结构有助于股权结构的合理化；四是良好的公司治理结构有利于企业财务目标的实现。

同时，良好的公司治理应具备以下特征：公司内部有效的制衡关系和清晰的职责边界，完善的内部控制和风险管理体系，科学的激励约束机制等。

二、公司治理的模式选择

自 16 世纪第一次出现公司所有者和经营者分离的状况以来，如何使经营者对公司和股

---

❶ 刘俊海. 现代公司法. 3 版. 北京：法律出版社，2008：543.

东更负责成为人们关注的问题，于是在各个国家发展出了不同的公司治理模式。

（一）公司机关的立法例

1. 德国的双层制

在德国模式下，公司重内部控制，所以采用双层董事会结构，即在股东大会下设董事会外还设监事会，监事会和董事会呈垂直的双层状态，前者行使决策权，后者行使监督权。该模式下的监事会和董事会之间有上下级之别，监事会为上位机关，董事会是下位机关。❶根据德国《股份法》第一百零一条规定，监事由股东大会选任和劳方委派，向监事会派遣成员的权利只能由章程并且只能为特定股东或为特定股票持有人设定。在特定情况下，也可以由法院委任。

德国模式下的公司治理结构是股东大会选举产生监事会，监事会选任董事。监事会和董事会并立，两者实现业务监督和业务执行的分离。监事会与董事会成员不得交叉，以保证居于上级的监事会不受董事会和经理层牵制，履行对公司业务和财务的监督职能。❶德国的监事会实际上拥有相当大的权力，特别是任命董事会成员和批准某些特别交易的权力，使监事会实际上已拥有了几乎控制董事会的权力，比如：

（1）监事会的任免权，监事会任命董事会成员，同时任命一名董事为董事会主席。如果董事粗暴地违反董事义务，没有能力执行业务，或股东大会丧失了对他的信任时，监事会有权撤销任命和更换董事会主席。

（2）监事会的监督权，包括财务监督权和业务监督权。监事会有权检查公司财务状况，可以查阅公司账簿等财务会计资料，可以委托监事或专家检查公司财务，监事会还可以随时要求董事会报告公司的重要业务执行情况。

（3）监事会特定交易的批准权。虽然公司法将经营决策权赋予了董事会，监事会不得以任何方式插手公司的实际管理，但公司章程可以明确规定，对于某些特定的交易，董事会必须事先得到监事会的批准后才能进行。

（4）监事会特殊情况下的公司代表权，公司的代表权原则上属于董事会，但在特殊情况下，监事会亦可代表公司。

（5）监事会对临时股东会的召集权。如果公司利益需要，监事会有权召集股东大会。

在德国的公司治理模式下，职工参与公司治理结构是德国公司治理结构的最大特点，职工选举职工代表进入监事会从而参与公司的治理。该制度体现了现代公司法理论中的"利益相关者理论"，是对传统股东本位的固有观念的修正，与20世纪末期兴起的"人力资本理论"不谋而合。

2. 英美法为代表的单层制

在英美模式下，公司重外部控制，所以采用单层董事会结构，即在股东大会下面设立

---

❶ 彭真明，江华. 美国独立董事制度与德国监事会制度之比较：也论中国公司治理结构模式的选择. 法学评论，2003（1）.

董事会，由董事会来承担决策和监督的职能。英美治理模式最大的特点是股权的高度分散，但由于没有单独的监督机构，公司就出现了内部人控制问题，于是独立董事制度应运而生，通过对董事会这一内部机构的适当外部化，从而引入外部的独立董事对内部人形成一定的监督制约。对于何为独立董事，美国证券交易委员会（SEC）将独立董事界定为与公司没有重大关系的董事。没有"重大关系"包括以下情形：（1）不是公司以前的执行董事，并且与公司没有职业上的关系；（2）不是一个重要的消费者或供应商；（3）不是以个人关系为基础而被推荐或任命的；与任何执行董事没有密切的私人关系；（4）不具有大额的股份或代表任何重要的股东等。❶

英美模式下的公司治理结构是股东大会选举董事会，董事会选任、解聘经营者。为实现对经理层的监督制约，其措施是确保董事特别是独立董事的外部性和独立身份，以构筑一个超越经理之上的战略机构，对经理进行事前（提名机制）、事中（薪酬机制）和事后（审计机制）的监督。❶独立董事制度的形成是美国在其公司机关构造单一制模式下对其内部监督机制的改良。该制度主要功能就是监督，独立董事在公司内部扮演着监督者的角色，包括对公司的财务监督以及对内部董事和高层管理人员职务行为的监督。

3. 我国的治理模式

我国现行的公司治理结构是在国有企业治理模式的基础上结合现代化社会经济体系改革而来的，与英美外部强力控制，内部控制能力较弱的特点不同，我国的经营模式是建立在以公有经济制度作为主要的公司制度大环境之下。因此，在公司的治理模式和内部结构的建立上，大多数公司的董事会和监事会的设立混合了英美德日等国的不同模式。在设立董事会的同时设立与之平行的监事会，行使监督职能，这接近于日本模式二元制的公司治理模式。许多国有企业还实行外派监事制度，强化监事会对董事会的监督评价，带有德国模式的特点，上市公司在设立监事会的同时，还要求引进独立董事制度保障董事会职能，突出了英美模式的特点。

（二）公司的机关

公司机关是公司存续和发展的基本条件，包括：股东（大）会、董事会和监事会。现代公司机关不是单一的，而是依照公司权力的"分立与制衡"原则形成了三机关分立的状态，也就是所谓的机关分立主义（也即"公司权力层次论"）。❷具体功能如下：

股东大会（股东会）是由全体股东所构成的股东大会（股东会），是公司的表意机关，它所形成的决议是公司的意思。董事会是执行公司意思的决策机关，指导公司业务的执行，并对外代表公司。监事会是公司的监督机关，对董事会执行公司事务及会计实行监督。英美国家不设此机关，但英国所设审计人和美国所设外部独立董事均与监事会功能相仿。

---

❶ 李占猛，杨宏伟.美国公司独立董事制度研究.国外财经，2000（4）.
❷ 汤欣.公司治理与上市公司收购.北京：中国人民大学出版社，2001：143.

三、公司治理中的各项制度

(一) 股东(大)会制度

1. 股东(大)会的概念

股东(大)会是公司的权力机关,它由全体股东组成,对公司重大事项进行决策,有权选任和解除董事,并对公司的经营管理有广泛的决定权。

2. 股东(大)会的特点

股东(大)会既是一种定期或临时举行的由全体股东出席的会议,又是一种非常设的由全体股东所组成的权力机关。它是股东作为企业财产的所有者,对企业行使财产管理权的组织。企业一切重大的人事任免和重大的经营决策一般都得股东(大)会认可和批准才有效。

3. 股东(大)会的类型

我国《公司法》将公司分为了两类,一类是股份有限公司,另一类是有限责任公司,在股份有限公司中,称为股东大会;在有限责任公司中则称为股东会。

4. 股东(大)会的职权

根据现代公司的两权分离理论,股东(大)会没有直接的业务执行权,根据我国《公司法》第三十七条的规定,股东(大)会只能在以下范围内行使职权:(1)决定公司的经营方针和投资计划;(2)选举和更换非由职工代表担任的董事、监事,决定有关董事、监事的报酬事项;(3)审议批准董事会的报告;(4)审议批准监事会或者监事的报告;(5)审议批准公司的年度财务预算方案、决算方案;(6)审议批准公司的利润分配方案和弥补亏损方案;(7)对公司增加或者减少注册资本作出决议;(8)对发行公司债券作出决议;(9)对公司合并、分立、解散、清算或者变更公司形式作出决议;(10)修改公司章程;(11)公司章程规定的其他职权。

5. 股东(大)会中心主义和董事会中心主义

公司法人治理结构中权力配置模式可以分为以股东(大)会作为公司治理结构核心机构的模式和以董事会为公司权力中心的模式,前者可以称之为"股东(大)会中心主义",后者则可以称之为"董事会中心主义"。前者主要认为公司是股东投资的产物,因此公司的权力理所应当最终由股东会享有,认为股东(大)会是公司的治理中心。后者的主要认为公司的日常运营均由董事会实施或在其指导下实施,股东只在公司的重大事项上进行表决,从而事实上形成了股东和经营层之间的权力分野。[1] 从当下来看,公司权力重心从股东会向董事会的转移是公司发展的必然趋势,也是发挥经营者积极性和增强公司竞争力的必然选择。

---

[1] 叶敏,周俊鹏.从股东会中心主义:现代公司法人治理结构的发展与变化.商业经济与管理,2008(1).

6. 股东（大）会的召集人与主持人

（1）董事会。

我国《公司法》第四十七条规定，通常情况下，股东会由董事会召集，董事长主持；董事长不能履行职务或者不履行职务的，由副董事长主持；副董事长不能履行职务或者不履行职务的，由半数以上董事共同推举一名董事主持。由此可见，《公司法》为预防董事长失灵现象，赋予副董事长和半数以上董事选定的董事在董事长怠于或拒绝履行职权时自动代行股东会会议主持权。

（2）监事会。

我国《公司法》第五十三条规定，在董事会不能履行或者不履行召集股东会会议职责的，监事会或不设监事会的公司的监事应当及时召集和主持。由此可见，在董事会失灵的情况下，监事会在关键时刻要及时启动股东会召集程序。

（3）适格股东。

我国《公司法》第四十条、第一百零一条规定，在董事会不能履行或者不履行召集股东会会议的职责，且监事会可以召集和主持却拒不召集和主持的情况下，❶股东可以自行召集和主持。该规定是为了避免董事会与监事会滥用和垄断股东会召集权，故意不召集股东会。

需要注意的是，在股东会会议召集中，董事会为第一顺位的股东会召集人，监事会为第二顺位的股东会召集人，适格股东则为第三顺位的股东会召集人，只有在第一顺位和第二顺位均不能履行或者不履行召集股东会会议的职责的前提下，股东才能行使自行召集权。

（4）清算组。

我国《公司法》第一百八十三条、第一百八十四条及第一百八十六条规定，清算组是公司处于清算状态时的临时公司机构，清算组在履行清算职责时，包括清理公司财产、编制资产负债表和财产清单后，应当制定清算方案，并报股东会、股东大会或人民法院确认，这就需要清算组召集股东会。

7. 召开临时股东（大）会的法定情形

临时股东大会指依据法定的事由，临时召集的不定期的股东大会，以决定临时出现需要股东表决的公司重大事宜。根据我国《公司法》第一百条的规定，应当在两个月内召开临时股东大会的法定情形如下：（1）董事人数不足规定的人数或者公司章程所定人数的三分之二时；（2）公司未弥补的亏损达实收股本总额三分之一时；（3）单独或者合计持有公司股份百分之十以上的股东请求时；（4）董事会认为必要时；（5）监事会提议召开时；（6）公司章程规定的其他情形。需要注意的是，召开临时股东大会也应当将会议召开的时间、地点和审议的事项于会议召开15日前通知各股东。

---

❶ 于股东大会而言，这里股东指连续90日以上单独或者合计持有公司10%以上股份的股东。

8. 股东和监事会的提案权

股东提案权起源于美国，1935年9月起，美国国会开始着手制定委托书规则，并于1938年规定，管理层寄送委托书时，须于委托书中刊载股东提案，以落实公司民主机制。赋予股东以股东提案权对于平衡控股股东和中小股东之间的利益具有重要意义。

监事会提案权则是监督权的派生权利。监事会从产生之日起就被作为董事会的制衡机制而存在，监事会的使命就是代表股东监督董事会等机构，并对出资人负责。在所有权与经营权高度分离的条件下，监事会监督权的落实对出资人利益的保护显得尤为重要。为了确保监事会监督的实效性，解决实践中监事会监督乏力的问题，我国《公司法》赋予了监事会提案权。我国《公司法》第五十三条、一百零二条明确规定了股东和监事会的提案权：（1）监事会或者不设监事会的公司的监事可以行使向股东会会议提出议案的职权；（2）单独或者合计持有公司百分之三以上股份的股东，可以在股东大会召开前提出临时提案并书面提交董事会。

9. 股东表决规则

股东通过行使表决权参与公司治理，表达自己对公司事务的看法和意见，股东表决权是股东最重要的权利之一，是基于股东地位而享有的，能够独立做出意思表示的权利。具体来讲，就是持有公司股份的股东可以在其出资范围内，对应地表达自己意志和行使自己的权利，同时承担自己相应的义务。如果股东持有相同数量的股份，那么他们享有的表决权也是相同的。在"同股同权"原则下，我国《公司法》对此也作出了相应的规定。根据《公司法》第四十二条："股东会会议由股东按照出资比例行使表决权；但是，公司章程另有规定的除外"，以及第一百零三条第一款"股东出席股东大会会议，所持每一股有一表决权。但是，公司持有本公司的股份没有表决权"之规定，因此，无论是资合性较强的股份有限公司，还是人合性较强的，章程未对表决权另外规定的有限责任公司均采取股东表决权平等的规则。需要注意的是，这里的股东表决权平等并不是指每个股东享有同样的表决权，而是指每一等额的出资或每一股份具有同等的表决权。

（二）董事会制度

1. 董事会的法律地位

根据我国《公司法》第四十四条、第四十六条的规定，董事会是由董事组成的、对内掌管公司事务、对外代表公司的经营决策和业务执行机构，公司设董事会，由股东会（大会）选举，对股东会（大会）负责。

2. 董事会的人数和任期

董事会设董事长一人，可设副董事长，董事长、副董事长的产生办法由公司章程规定，

---

❶ Timothy L. Feagans, SEC Rule 14a-8: New Restrictions on Corporate Democracy?, 33 Buffalo Law Review, 234 (1984). 转引自伍坚：《股东提案权制度：美国的立法与启示》，载《证券市场导报》，2012。

一般由董事会选举产生。董事任期由公司章程规定，最长三年，任期届满，可连选连任，董事在任期届满前，股东会不得无故解除其职务。

《公司法》第四十四条、第一百零八条考虑到一般情况下两类公司的规模存在差异，于是作出了更细致的规定，即有限责任公司设董事会的成员应为3～13人，但股东人数较少或规模较小的，可以设一名执行董事，不设董事会；股份有限公司则必须设立董事会，其成员为5～19人。

3. 董事会的职权

董事会作为公司的经营决策和业务执行机构，除法律和章程规定应由股东会（大会）行使的权力之外，其他事项均可由董事会决定。以有限责任公司为例，我国《公司法》第46条规定董事会对股东会负责，并在以下范围内行使职权：（1）负责召集股东会，执行股东会决议并向股东会报告工作；（2）执行股东会决议；（3）决定公司的生产经营计划和投资方案；（4）制订公司的年度财务预算方案、决算方案；（5）制订公司利润分配方案和弥补亏损方案；（6）制订公司增加或减少注册资本以及发行公司债券方案；（7）制订公司合并、分立、解散或者变更公司形式的方案；（8）决定公司内部管理机构的设置；（9）决定聘任或解聘公司经理及其报酬事项，并根据经理的提名决定聘任或者解聘公司副经理、财务负责人及其报酬事项；（10）制定公司的基本管理制度；（11）公司章程规定的其他职权。

4. 董事会会议的召集

为提高董事会会议的效率，许多国家公司法中都规定了董事会会议的召集人和召集程序。

就召集人而言，我国《公司法》第四十七条规定，董事会会议由董事长召集和主持；董事长不能履行职务或者不履行职务的，由副董事长召集和主持；副董事长不能履行职务或者不履行职务的，由半数以上董事共同推举一名董事召集和主持。

就召集程序而言，我国对有限公司董事会会议的召集程序没有作出特别规定，但对股份有限公司作出了规定，《公司法》第一百一十条规定，股份公司的董事会每年度至少召开两次会议，每次会议应当于会议召开10日前通知全体董事和监事。代表十分之一以上表决权的股东、三分之一以上董事或者监事会，可以提议召开董事会临时会议。董事长应当自接到提议后10日内，召集和主持董事会会议。董事会召开临时会议，可以另定召集董事会的通知方式和通知时限。

5. 董事会的议事方式与表决规则

董事会会议的议事方式应严格按照规定的程序进行。董事会应按规定的时间事先通知所有董事，并提供足够的资料，包括会议议题的相关背景材料和有助于董事理解公司业务进展的信息和数据。董事会应当对所议事项的决定做成会议记录，由出席会议的董事在会议记录上签名存档，并对董事会的决议承担责任。在董事会闭会期间，董事会可授权董事长行使董事会部分职权的，公司应在公司章程中明确规定授权原则和授权内容，授权内容应当明确、具体。凡涉及公司重大利益的事项，应由董事会集体决策。

与股东会一股一权的表决规则不同,董事会会议的表决规则是按董事人数确定表决的票数,董事会会议表决一般实行举手表决方式,每一董事享有一票表决权,董事会做出决议,必须经全体董事的过半数通过。

6. 董事的决策责任

我国《公司法》第一百一十二条第三款规定,董事应当对董事会的决议承担责任。董事会的决议违反法律、行政法规或者公司章程、股东大会决议,致使公司遭受严重损失的,参与决议的董事对公司负赔偿责任。但经证明在表决时曾表明异议并记载于会议记录的,该董事可以免除责任。

7. 利害关系董事回避表决制度

利害关系董事回避表决制度是指董事会通过某项决议时,与该项决议有特别利害关系的董事不得对该决议事项行使表决权。利害关系董事回避表决制度是对董事表决权的必要限制,以阻却公司控股股东、关联董事滥用表决权,损害公司及中小股东的合法权益。

8. 董事长制度

董事长由董事会选举产生,是公司的代表,其职责具有组织、协调、代表的性质。但董事长不是董事会的代表,董事长的权力在董事会职责范围之内,不管理公司的具体业务,一般也不进行个人决策,只在董事会开会或董事会专门委员会开会时才享有与其他董事同等的投票权。

从各国的公司立法看,根据董事长的权利来源可以将其职权划分为法定权力和章定权力。法定权力由公司法以及其派生的各种规范性文件授予董事长的权力,章定权力即由公司章程之规定授予董事长的权力。

(1)法定权利。

根据我国《公司法》第十三条、第四十七条、第一百零九条及第一百一十条规定,董事长法定权利主要包括三类权力:基于法定代表人产生的权力[1]、作为一般董事的权力、有关公司会议的权力。前两类权力不再赘述,第三类有关公司会议的权力主要包括:前述的董事长召集和主持会议的权力,还包括对董事会所作决议事项实施情况的检查和督促的权力,除此之外,董事会作出的重要文件和法律规范性文件需要董事长的签章署名。

(2)章定权力。

在法律规定的范围内,通过公司章程的规定选为法定代表人,并具体细化法定代表人的职责。主要包括两类:双重表决权、临时处置权。双重代表权目前在法国的公司法中有所体现,即董事会上,如果出现表决票数相等的情形,除公司章程另有规定外,董事长享有双重表决权,此时董事决议的产生依赖于董事长的个人意志。但我国《公司法》做出了相反的规定,实行董事会决议一人一票,强化了董事会的决策职能,这也符合了国际立法趋势。临时处置权,是指当遇到不可抗拒的自然因素对公司的利益和财产安全构成威胁时,

---

[1] 我国最新《公司法》中规定,董事长不再当然担任公司的法定代表人。

董事长有临时处置权,事后向董事会和股东大会报告处置方法和结果。或遇到董事会职权中未涉及的紧急事项,董事长在与其他董事沟通的基础上,按照有关法律法规进行处理,事后向董事会报告处置方法和结果。❶

9. 公司的法定代表人

《公司法》第十三条规定:"公司法定代表人依照公司章程的规定,由董事长、执行董事或者经理担任,并依法登记。公司法定代表人变更,应当办理变更登记。"该规定主要包含以下三方面内容:

(1)董事长不再当然担任公司的法定代表人,且公司法定代表人并不限于董事长担任,董事长、执行董事和经理均可以成为公司的法定代表人。

(2)公司的法定代表人并非公司设立之后就一成不变,可以基于公司人事调整、股权变动、控制权争夺以及其他不可预见因素变更法定代表人。

(3)工商登记是法定的公示程序,法定代表人的变动只有经过工商变更登记以后才能对第三人产生对抗效力。

被罢免的董事长应当及时返还公司印章。公司公章作为公司的财产,是公司对外进行活动的有形代表和法律凭证,应当由公司法定代表人或者经营管理者保管,公司依法对其享有所有权。根据我国《民法典》第二百三十五条❷规定的返还原物请求权,已经被罢免的董事长(视为不再继续担任公司的法定代表人)继续持有公司公章的行为就缺乏依据,已经侵犯了公司的财产权,应当及时返还。

(三)总经理制度

1. 总经理的地位

总经理是指在由公司董事会聘任的、位于董事会之下而处于公司管理阶层顶端的、主持公司日常经营管理的公司行政事务负责人。❸总经理一般作为公司决策阶梯结构顶点的组织者,意味着他们会决定公司开发市场的方向、公司提供产品和服务的定位以及制定公司的基本组织机构。❹

2. 总经理的职权

《公司法》第四十九条和一百一十三条规定了股份有限公司设经理,有限责任公司可设经理,由董事会决定聘任或者解聘公司经理,并规定了经理的职权范围。为了便于理解,可以将经理的职权划分为如下两类:内部管理权和对外代理权。内部管理权表现为对于公司内部人、事、物的调配和处置的权力,包括人事权、规章制度的拟定执行权、日常事务

---

❶ 裴久徽.董事长制度及其法律完善.重庆:西南政法大学硕士论文,2014:10-11.
❷ 我国《民法典》第235条规定:无权占有不动产或者动产的,权利人可以请求返还原物。
❸ 吴伟央.公司经理法律制度研究.北京:中国政法大学博士论文,2008:32.
❹ 何美欢.公众公司及其股权债券(上册).北京:北京大学出版社,1999:397.

处分权以及一定程度的经营决策权等。❶对外代理权表现为经理基于公司赋予的权力而与第三人进行交易,由于公司与外部发生关系的复杂性更强、不确定性和不可预测性更多、产生纠纷的概率更高,且我国立法缺乏对该权力的规定,所以需要通过与其他法律的配合对经理的对外代理权进行规范。❷

3. 董事长与总经理的角色区分

董事长是董事会的组织管理者,总经理是董事会执行业务的辅助人。具体来说存在以下几处不同:(1)产生方式不同:董事长的产生由公司章程规定,总经理的产生由董事会任命。(2)职能权限不同:董事长组织董事会执行股东会决策,总经理主持公司日常经营工作。

4. 总经理的越权代理行为

总经理的越权行为是指经理超出其代理权限范围与第三人进行交易。判断经理的代理行为是否越权,可以从经理代理权限的来源即法律、章程与合同内部决议来判断经理是否越权,根据权力来源判断经理越权后的不同的法律效力。

5. 经理超越法定的代理权限

法律作为认定经理越权的依据,具有较强约束力,但法律不能事无巨细地规定所有行为,所以法律为经理提供的代理权体现为原则性规定和禁止性规定,包括:对善意第三人的保护、经理对公司负有的忠实和勤勉义务、经理不能实施的禁止行为等。

6. 经理超越意定的代理权限

公司章程是认定经理职权的重要依据,章程是一种意定的模式,对经理的职权范围,章程可以在法律的范围内做出不同于法律的规定,但仍不能对抗法律的强制性规定。合同和内部决议也可以对经理的职权范围作出规定,并具有较强的灵活性。

注意:公司章程、合同以及内部决议的效力均不能对第三人产生约束力。经理超越意定的代理权限的行为并不当然无效,要根据情况的不同作出讨论。在第三人善意的情况下,由于公司经理具有授权的外观表象,这时经理行为有效,经理的行为就会约束公司,由公司对第三人承担责任。在第三人非善意的情况下,公司则可以追认或者否认经理的行为效力。

(四) 监事会

1. 监事会的法律地位及失灵现象

监事会是公司常设监督机关。监事会作为公司治理的重要机构,在分权制衡思想影响下产生,虽移植到我国,但由于1994年《公司法》颁布后,我国公司多由公有制和集体所有制企业转变而来。在组织层面和执行层面,公司制度缺乏实在效果,国有独资公司和国家控股的大型企业的股东缺位和绝对权力、监事的人事任免体制缺陷、监事会缺乏独立性、

---

❶ 吴伟央. 公司经理法律制度研究. 北京:中国政法大学博士论文,2008:56.
❷ 吴伟央. 公司经理法律制度研究. 北京:中国政法大学博士论文,2008:76.

制度设计缺陷等原因,导致监事会被架空,无法起到对董事会高管的权力进行制衡的效果,也无法有效行使监督职能。

2. 人数和任期

监事会由监事组成。《公司法》规定,有限责任公司设立监事会,股东人数较少或者规模较小的有限责任公司,可以设1至2名监事,不设立监事会。监事的任期每届为三年,监事任期届满,连选可以连任。根据上述规定,原则上有限责任公司应当设立监事会的,只是考虑到其规模大小问题,法律作出了例外规定,这是为了更好地发挥监事的监督作用。

3. 监事会的监督职权

我国《公司法》第五十三、第五十四条规定了监事会或监事在以下范围内行使职权:

(1) 检查公司财务。

(2) 对董事、高级管理人员执行公司职务的行为进行监督,对违反法律、行政法规、公司章程或者股东会决议的董事、高级管理人员提出罢免的建议。

(3) 当董事、高级管理人员的行为损害公司的利益时,要求董事、高级管理人员予以纠正。

(4) 提议召开临时股东会会议,在董事会不履行本法规定的召集和主持股东会会议职责时召集和主持股东会会议。

(5) 向股东会会议提出提案。

(6) 依照本法第一百五十二条的规定,对董事、高级管理人员提起诉讼。

(7) 公司章程规定的其他职权。监事可以列席董事会会议,并对董事会决议事项提出质询或者建议。监事会、不设监事会的公司的监事发现公司经营情况异常,可以进行调查;必要时,可以聘请会计师事务所等协助其工作,费用由公司承担。

4. 监事会的监督手段

监事会主要有以下四种监督手段:

(1) 通知经营管理机构停止其违法行为。当董事或经理人员执行业务时违反法律、公司章程以及从事登记营业范围之外的业务时,监事有权通知他们停止其行为。

(2) 随时调查公司的财务状况,审查账册文件,并有权要求董事会向其提供情况。

(3) 审核董事会编制的提供给股东大会的各种报表,并把审核意见向股东大会报告。

(4) 当监事会认为有必要时,一般是在公司出现重大问题时,可以提议召开股东大会。

(五) 董事、经理的信托义务

董事、经理的信托义务是指董事和经理与公司在信托关系下产生的义务,主要包括忠实义务和注意义务。信托关系起源于英国早期的合股公司,信托关系说认为,董事和经理是为了公司股东的利益而管理公司事务的人,因此股东在选择被信托之人董事和经理时,一定会选择对自己最有利的人选,且董事和经理一旦被股东信托,就负有充分的履行他们所负担义务的职责。

《公司法》第一百四十七条、第一百四十八条规定了董事、监事和高级管理人员对公司负有忠实义务和勤勉义务，并通过禁止性法律规范的方式列举出了以下八种不得违反忠实义务的行为：

（1）挪用公司资金；

（2）将公司资金以其个人名义或者以其他个人名义开立账户存储；

（3）违反公司章程的规定，未经股东会、股东大会或者董事会同意，将公司资金借贷给他人或者以公司财产为他人提供担保；

（4）违反公司章程的规定或者未经股东会、股东大会同意，与本公司订立合同或者进行交易；

（5）未经股东会或者股东大会同意，利用职务便利为自己或者他人谋取属于公司的商业机会，自营或者为他人经营与所任职公司同类的业务；

（6）接受他人与公司交易的佣金归为己有；

（7）擅自披露公司秘密；

（8）违反对公司忠实义务的其他行为。

四、董监高的问责机制

（一）董监高的责任

根据我国《公司法》的规定，董监高主要负有以下几项责任：

（1）接受股东质询的责任。

根据我国《公司法》第一百五十条的规定，股东会或者股东大会要求董监高列席会议的，董监高应当列席并接受股东的质询。

（2）赔偿公司损失的责任。

根据我国《公司法》第一百四十九条的规定，董监高执行公司职务时违反法律、行政法规或者公司章程的规定，给公司造成损失的，应当承担赔偿责任。

（3）公司行使归入权。

根据我国《公司法》第一百四十八条的规定，董事、高级管理人员违反规定所得的收入应当归公司所有，国家出资企业的董监高因前款所列行为取得的收入，依法予以追缴或者归国家出资企业所有。

（4）刑事责任。

我国《刑法》中以下几个罪名的犯罪主体可由公司董监高构成：贪污罪、职务侵占罪、单位受贿罪、非法经营同类营业罪、为亲友非法牟利罪、签订、履行合同失职被骗罪、国有公司、企业、事业单位人员失职罪和滥用职权罪、徇私舞弊低价折股、出售国有资产罪、背信损害上市公司利益罪。

（5）违反如实披露义务的责任。

根据我国《证券法》第八十五条的规定，发行人、上市公司公告的招股说明书、公司债券募集办法、财务会计报告、上市报告文件、年度报告、中期报告、临时报告以及其他信息披露资料,有虚假记载、误导性陈述或者重大遗漏,致使投资者在证券交易中遭受损失的,发行人、上市公司应当承担赔偿责任。发行人、上市公司的控股股东、实际控制人、董监高和其他直接责任人员以及保荐人、承销的证券公司及其直接责任人员,应当与发行人、上市公司承担连带赔偿责任,能够证明自己没有过错的除外。

(6) 任职限制。

根据我国《企业国有资产法》第七十三条的规定,国有独资企业、国有独资公司、国有资本控股公司的董监高违反规定,造成国有资产重大损失,被免职的,自免职之日起五年内不得担任国有独资企业、国有独资公司、国有资本控股公司的董监高,造成国有资产特别重大损失,或者因贪污、贿赂、侵占财产、挪用财产或者破坏社会主义市场经济秩序被判处刑罚的,终身不得担任国有独资企业、国有独资公司、国有资本控股公司的董监高。

(二) 董事、监事、高管侵权纠纷

董监高侵权纠纷是指董监高违反忠实、勤勉等法定义务造成公司利益受损而引发的纠纷。在董监高侵权纠纷中,公司作为利益受损一方是适格原告。但在实践中,损害公司利益的往往是公司的实际控制人,不会配合起诉。因此,对于损害公司利益的行为,在董监高不作为的情形下,赋予适格股东代表公司提起诉讼的权利。而被告一方则是实施侵权行为的董监高。

第二节 公司治理实务

根据司法实践中企业治理遇到的问题,本节梳理了几个实务中常见的问题。

一、法定代表人越权代表

(一) 法定代表人越权代表的概念

基于提高交易效率、保护交易安全的考量,我国确立了法定代表人越权代表行为对善意相对人有效的制度。我国《民法典》第五百零四条规定,法定代表人超越权限所订立的合同,除相对人知道或应当知道其超越权限的以外,该代表行为有效。同时,我国《公司法》第十六条就公司对外担保事项对法定代表人的代表权进行了法定限制。综上,要准确认定法定代表人是否构成越权代表,除了要正确理解《公司法》第十六条,还要明确善意的认定标准。

(二) 典型案例

案例:河北某担保有限公司与永年县某房地产有限公司、邯郸市某贸易有限公司、河北某化工有限公司、谢某明、郭某林追偿权纠纷案【(2016)最高法民申 2633 号】

第八章 公司治理

【关键词】：法定代表人越权代理

【关联法条】：《中华人民共和国公司法》第十六条

【裁判要旨】：

《公司法》第十六条就公司对外担保事项上对法定代表人的代表权进行了法定限制，因此在判断公司法定代表人违反该规定越权签订担保合同是否对公司有效时，还应考察该行为是否构成表见代表，相对人是否尽到了合理的审查义务，是否为善意。具体到本案，法定代表人向涉案担保公司出具《反担保保证书》时未提供董事会或者股东会决议等相关文件，而作为专门从事担保业务的专业机构，本应对法定代表人是否越权尽到更为谨慎的审查义务，但其并未进行形式上的审查，因此不构成善意，法定代表人越权出具《反担保保证书》的行为不构成表见代表，该保证书不发生法律效力。

【基本案情】：

谢某明于2013年8月9日至2013年11月4日担任圣某地产公司的法定代表人，期间其于2013年10月21日代表某房地产公司向某担保公司出具《反担保保证书》，该保证书上有某房地产公司的公章以及谢某明本人的签字。经刑事案件判决书认定，前述保证书上的某房地产公司公章系谢某明私刻后加盖，本案中某房地产公司对于谢某明出具前述保证书的行为不予认可，认为谢某明系超越职权出具了前述保证书，某房地产公司不应承担担保责任。

【裁判结果】：

最高院认为，某房地产公司是否应对谢某明的越权行为承担责任，也即是否应基于《反担保保证书》的约定向某担保公司承担担保责任，是本案争议的焦点问题。关于公司对外担保问题，《公司法》第十六条第一款规定："公司向其他企业投资或者为他人提供担保，依照公司章程的规定，由董事会或者股东会、股东大会决议……"，该规定在公司对外担保事项上对法定代表人的代表权进行了法定限制，因此在判断公司法定代表人违反该规定越权签订担保合同是否对公司有效时，还应考察该行为是否构成《中华人民共和国合同法》第五十条规定的表见代表，相对人是否尽到了合理的审查义务，是否为善意。具体到本案，谢某明在代表某房地产公司向某担保公司出具《反担保保证书》时未提供《公司法》第十六条第一款规定的某房地产公司董事会或者股东会决议等相关文件，而某担保公司作为专门从事担保业务的专业机构，本应对谢某明是否越权尽到更为谨慎的审查义务，但其并未进行形式上的审查，因此不构成善意。与此相应，谢某明越权出具《反担保保证书》的行为不构成表见代表，该保证书对某房地产公司不发生法律效力。故二审判决关于某担保公司未尽到审查义务、某房地产公司不应对谢某明的越权担保行为承担保证责任的认定并无不当。某担保公司申请再审所提二审判决认定事实与适用法律错误的主张，理据不足，不能成立。

【典型意义】：

本案着重指出了在法定代表人越权代表中，认定相对人是否善意为关键一步。《九民纪要》第18条认为，债权人对签订保证合同时自己是否为"善意"承担举证责任，即其需要提供证据证明在订立保证合同时对作为保证人的公司股东会或股东大会决议进行了形式审查。审查的内容包括决议的表决程序是否符合《公司法》第十六条的规定，是否符合公司章程的签字要求。《九民纪要》虽然不是严格意义上的规范性文件，但其中对于债权人善意的认定，会统一法官裁判思路，规范法官自由裁量权，所以具有重要意义。

（三）《公司法》第十六条的适用

《公司法》第十六条是判断公司法定代表人是否违规越权签订担保合同的重要法条，最高院在《某建材集团进出口公司与被告北京某经贸有限公司等进出口代理合同纠纷案》中，就《公司法》第十六条的属性做如下解释，即：第一，该条款并未明确规定公司违反上述规定对外提供担保导致担保合同无效；第二，公司内部决议程序，不得约束第三人；第三，该条款并非效力性强制性的规定；第四，依据该条款认定担保合同无效，不利于维护合同的稳定和交易的安全。

（四）善意的认定

上述案例中，法院就善意的认定给出了标准，有限责任公司的公司章程不具有对世效力，有限责任公司的公司章程作为公司内部决议的书面载体，它的公开行为不构成第三人应当知道的证据。强加给第三人对公司章程的审查义务不具有可操作性和合理性，第三人对公司章程不负有审查义务。第三人的善意是由法律所推定的，第三人无须举证自己善意；如果公司主张第三人恶意，应对此负举证责任。因此，不能仅凭公司章程的记载和备案就认定第三人应当知道公司的法定代表人超越权限，进而断定第三人恶意。

二、监事会失灵下的股东代表诉讼

（一）概念

股东代表诉讼制度又称股东派生诉讼制度，是指当公司的合法权益遭受侵害，而公司怠于起诉时适格的股东为公司的利益以自己的名义对侵害人提起诉讼，追究其法律责任的诉讼制度。股东代表诉讼兼具"派生性"和"代表性"。一方面，起诉股东是代位公司行使诉权，以避免因公司消极不行使诉权而遭受损失；另一方面，起诉股东是代表全体股东行使诉权，以维护全体股东所应享有的"间接利益"。股东代表诉讼制度的设立旨在为股东特别是中小股东提供维护公司和自身合法权益的手段，以制止董事、监事、高管、大股东、第三人等人员对公司的侵害行为。❶

我国《公司法》第一百五十一条以及《公司法司法解释（五）》第一条、第二条对股东代表诉讼制度作出了相关规定。我国法律对股东提出代表权诉讼规定了前置程序，即交叉请求规定。交叉请求规则是指董事损害公司利益，股东向监事会提出书面请求；监事损害公司利益，股东向董事会提出书面请求。在股东代表诉讼中，股东履行书面请求的前置程

---

❶ 刘凯湘. 股东代表诉讼的司法适用与立法完善：以《公司法》第 152 条的解释为中心. 中国法学, 2008（4）.

序的情况下，公司机关仍拒不提起诉讼，股东作为形式原告，代公司提起诉讼的，属于股东代表诉讼。因股东代表诉讼中，股东行使的诉权原本属于公司，并且在原告股东胜诉后，公司将成为胜诉利益的接收主体，因此，公司应参与股东代表诉讼程序之中。鉴于公司的诉权已经由原告股东具体行使，因此应当列公司为第三人。实践中，公司作为第三人参诉，有可能协助原告股东，也有可能偏袒被告，但公司在诉讼中提出的意见并不重要。因为原告股东代为行使公司的诉权，此时形成实质对抗的是原告股东与被告。公司更多表现为胜诉利益的被动接收方。当然，公司可以提出相应证据，辅助查明案件事实。

一般情况下，当董事监事有损害公司利益的行为造成公司损害时，股东可提起股东代位诉讼，但如果股东没有履行该前置程序，法院应驳回起诉。但是，当董事或监事均存在损害公司利益的行为且实际控制该公司的意思机关时，提起代表诉的股东便无法履行前置程序。若这种情形下，还要求股东必须履行前置程序，将导致股东代表诉讼功能失效。因此，在这种情况下，股东可以直接起诉。那么，何种情况下股东可以越过前置程序直接提起诉讼，就成为学习的重点。

（二）典型案例

案例：马某升、白某杰损害公司利益责任纠纷再审审查与审判监督民事裁定书【（2020）最高法民申70号】

【关键词】：监事会失灵下的股东代表诉讼

【关联法条】：《中华人民共和国公司法》第一百五十一条第一款

【案情简介】：

2011年6月11日，某面粉公司与中储粮A库、中储粮B库签署《出资协议书》，协商成立中储粮某面业公司。后中储粮B库根据其上级主管部门的要求与中储粮C库合并，并撤销中储粮B库的法人资格，公司股东变更为中储粮C库。公司成立后，一直由原股东中储粮B库控股经营并委派董事实施具体的经营管理活动。某面粉公司认为公司的董事，财务人员在经营过程中存在侵犯公司利益的行为，故提起本案股东代表诉讼。另查明，中储粮某面业公司章程中仅约定监事会由某面粉公司派出二人，中储粮C库派出一人，未明确公司监事会的具体人员。

【裁判理由】：

法院认为，根据公司法第一百五十一条第一款的规定，股东发现公司董事、高级管理人员侵害公司利益时，应先穷尽公司内部救济途径，可以书面请求监事会或者不设监事会的有限责任公司的监事向人民法院提起诉讼。该款意旨首先利用公司内部监督制度保护公司利益，以避免股东滥诉影响公司日常运营。但若内部机制无法正常启动，该条第二款赋予了股东以自己的名义为公司利益提起诉讼的权利。本案中，中储粮某面业公司股东会选举的监事与该公司工商登记的监事不一致，担任监事职务的人员不明确。再审申请人亦未能提交证据证明该公司的监事会在实际运行。某面粉公司事实上已无法通过监事会提起诉讼。此种情形下，某面粉公司以自己的名义提起诉讼，具有法律依据。原判决认定某面粉公司享有诉权，并无不当。

【典型意义】：

本案中，建立特定条件下股东代表诉讼的前置程序豁免机制，既是法律价值衡量的结果，也具有重要而积极的现实意义。前置程序的设定初衷是遵循公司治理内外有别的原则，对内督促公司内部治理结构充分发挥作用，维护公司的独立意志，同时防止少数股东滥用诉权。一般情况下，股东发现公司董事、高级管理人员侵害公司利益时，应先穷尽公司内部救济途径，但若内部机制无法正常启动，比如股东事实上已无法通过监事会提起诉讼时，可以自己的名义提起诉讼。

（三）《公司法》第一百五十一条的适用

根据《全国法院民商事审判工作会议纪要》（法〔2019〕254号）规定，应正确适用股东代表诉讼的前置程序。根据《公司法》第一百五十一条的规定，股东提起代表诉讼的前置程序之一，股东必须先书面请求公司有关机关向人民法院提起诉讼。一般情况下，股东没有履行该前置程序的，应当驳回起诉。但是，该项前置程序针对的是公司治理的一般情况，即在股东向公司有关机关提出书面申请之时，存在公司有关机关提起诉讼的可能性。如果查明的相关事实表明，根本不存在该种可能性的，人民法院不应当以原告未履行前置程序为由驳回起诉。

三、股东请求解散公司之诉

（一）概念

股东请求解散公司之诉也被称为狭义的公司司法解散之诉，是指当出现法定事由导致股东权益受损，通过其他手段已经无法获得救济时，股东可以请求法院判决解散公司。我国《公司法》在第一百八十二条确立了这一制度，股东可以向法院提起解散公司之诉，这是法律赋予股东的权利，更是对小股东权利的保护。但是，行使该权利并不是无限制的，必须要符合一定的前提和条件。具体来说，股东提起解散公司之诉需要具备形式要件和实质要件。形式要件主要包括：提起解散公司诉讼的股东必须持有公司一定比例的股份；股东在提起该诉讼之前已经通过合理的途径要求解决矛盾但未能解决的，即通过其他途径无法解决；股东需要向法院提供担保等。实质要件主要是指存在解散公司的重要事由，具体包括：董事会僵局、股东会僵局、实际控制人对中小股东的压迫等。那么，出现何种情况法官会认定为公司僵局，就成为学习的重点。

（二）案例

案例： 林某清诉某实业有限公司、戴某明公司解散纠纷案【最高人民法院指导案例8号】

【裁判要点】：

《公司法》第一百八十三条❶将"公司经营管理发生严重困难"作为股东提起解散公司之诉的条件之一。判断"公司经营管理是否发生严重困难",应从公司组织机构的运行状态进行综合分析。公司虽处于盈利状态,但其股东会机制长期失灵,内部管理有严重障碍,已陷入僵局状态,可以认定为公司经营管理发生严重困难。对于符合公司法及相关司法解释规定的其他条件的,人民法院可以依法判决公司解散。

【关键词】：股东请求解散公司

【关联法条】：《中华人民共和国公司法》第一百八十三条

【基本案情】：

某实业公司成立于 2002 年 1 月,林某清与戴某明系该公司股东,各占 50% 的股份,戴某明任公司法定代表人及执行董事,林某清任公司总经理兼公司监事。某实业公司章程明确规定:股东会的决议须经代表二分之一以上表决权的股东通过,但对公司增加或减少注册资本、合并、解散、变更公司形式、修改公司章程作出决议时,必须经代表三分之二以上表决权的股东通过。股东会会议由股东按照出资比例行使表决权。2006 年起,林某清与戴某明两人之间的矛盾逐渐显现。同年 5 月 9 日,林某清提议并通知召开股东会,由于戴某明认为林某清没有召集会议的权利,会议未能召开。同年 6 月 6 日、8 月 8 日、9 月 16 日、10 月 10 日、10 月 17 日,林某清委托律师向某实业公司和戴某明发函称,因股东权益受到严重侵害,林某清作为享有公司股东会二分之一表决权的股东,已按公司章程规定的程序表决并通过了解散某实业公司的决议,要求戴某明提供某实业公司的财务账册等资料,并对某实业公司进行清算。同年 6 月 17 日、9 月 7 日、10 月 13 日,戴某明回函称,林某清作出的股东会决议没有合法依据,戴某明不同意解散公司,并要求林某清交出公司财务资料。同年 11 月 15 日、25 日,林某清再次向某实业公司和戴某明发函,要求某实业公司和戴某明提供公司财务账册等供其查阅、分配公司收入、解散公司。

江苏常熟服装城管理委员会(简称服装城管委会)证明某实业公司目前经营尚正常,且愿意组织林某清和戴某明进行调解。

从 2006 年 6 月 1 日至今,某实业公司未召开过股东会。服装城管委会调解委员会于 2009 年 12 月 15 日、16 日两次组织双方进行调解,但均未成功。

【裁判理由】：

法院生效裁判认为:首先,某实业公司的经营管理已发生严重困难。根据公司法第一百八十三条和《公司法解释(二)》第一条的规定,判断公司的经营管理是否出现严重困难,应当从公司的股东会、董事会或执行董事及监事会或监事的运行现状进行综合分析。"公司经营管理发生严重困难"的侧重点在于公司管理方面存有严重内部障碍,如股东会机制失灵、无法就公司的经营管理进行决策等,不应片面理解为公司资金缺乏、严重亏损等经营性困难。本案中,某实业公司仅有戴某明与林某清两名股东,两人各占 50% 的股份,

---

❶ 该案例发布在 2018 年《公司法》颁布前,现为《公司法》第一百八十三条。

某实业公司章程规定"股东会的决议须经代表二分之一以上表决权的股东通过",且各方当事人一致认可该"二分之一以上"不包括本数。因此,只要两名股东的意见存有分歧、互不配合,就无法形成有效表决,显然影响公司的运营。某实业公司已持续4年未召开股东会,无法形成有效股东会决议,也就无法通过股东会决议的方式管理公司,股东会机制已经失灵。执行董事戴小明作为互有矛盾的两名股东之一,其管理公司的行为,已无法贯彻股东会的决议。林某清作为公司监事不能正常行使监事职权,无法发挥监督作用。由于某实业公司的内部机制已无法正常运行、无法对公司的经营作出决策,即使尚未处于亏损状况,也不能改变该公司的经营管理已发生严重困难的事实。

其次,由于某实业公司的内部运营机制早已失灵,林某清的股东权、监事权长期处于无法行使的状态,其投资某实业公司的目的无法实现,利益受到重大损失,且凯棻公司的僵局通过其他途径长期无法解决。《公司法司法解释(二)》第五条明确规定了"当事人不能协商一致使公司存续的,人民法院应当及时判决"。本案中,林某清在提起公司解散诉讼之前,已通过其他途径试图化解与戴某明之间的矛盾,服装城管委会也曾组织双方当事人调解,但双方仍不能达成一致意见。两审法院也基于慎用司法手段强制解散公司的考虑,积极进行调解,但均未成功。

此外,林某清持有某实业公司50%的股份,也符合公司法关于提起公司解散诉讼的股东须持有公司10%以上股份的条件。

综上所述,某实业公司已符合公司法及《公司法司法解释(二)》所规定的股东提起解散公司之诉的条件。二审法院从充分保护股东合法权益,合理规范公司治理结构,促进市场经济健康有序发展的角度出发,依法作出了解散公司判决。

【典型意义】:

通过本案例可以发现,私法自治本是现代民商法的一项基本原则,公司享有自主经营和处决权,但同时,公司的自我调节机制却是有局限的,公司僵局的存在正好证明了公司自治机制的局限性。股东或董事之间的利益冲突或权利争执以及情感的对抗已经发展到登峰造极的程度,相互合作的基础已完全破裂,普通救济难以奏效,在其不能正常形成表达意志,无法自治的情况下,允许司法介入才是正确的方式。确立公司僵局的司法救济制度不但可使当事人的纠纷能在法律层面上解决,还能避免矛盾推向社会,具有重大的社会、经济和法律意义。

(三) 公司僵局的认定

要认定出现了公司僵局,首先要认定公司客观上存在经营管理的严重困难情形,对此,可以参照《公司法司法解释(二)》第一条以及《公司法》第一百八十二条的规定,以股东会或者股东大会持续两年无法召开,或者表决时无法达到法定或者公司章程规定的多数而不能作出有效决议,或者其他公司经营管理发生严重困难的情形为由,向人民法院提起诉讼,请求解散公司的,人民法院应当受理。其中,公司经营管理出现严重困难的情形主要包括:基于资本多数决导致公司的经营管理出现严重困难,即股东会或者股东大会因在表决中无法达成法定或者公司章程约定的资本多数而不能作出决议;基于人数多数决导致公司的经营管理出现严重困难,即董事会在表决中无法达成法定或者公司章程约定的表决人数而不能作出决议;基于全体一致决导致公司的经营管理出现严重困难,即股东会或者董事会因在表决中无法达成全部表决股份或者全体成员一致通过而不能作出决议。

其次,要认定公司僵局的继续存在会使股东利益受到重大损失。利益是一个十分宽泛的概念,一般认为,股东利益包括股东的基本权益和合理预期,不仅包括股本、股息红利等自益权,而且也包括表决权、查询和监督等共益权。

最后,要认定公司僵局不能通过其他途径予以解决。解决公司僵局的"其他途径",并不是指程序意义上的替代审判的纠纷解决机制,而主要是指避免解散公司的解决公司僵局的某些救济方式,如请求变更公司章程、请求判决公司决议无效及请求回购股份等。法院在立案审查时,应正确理解和界定"通过其他途径不能解决"的范畴,将其使用范围界定为除诉讼救济程序外的其他任何合法途径,包括股东退出、股权转让等均不能奏效的情形。在司法实务中,下列三种具体情形应视为"通过其他途径不能解决":(1)控制股东严重压制、损害其他股东利益,后者无合适退出渠道;(2)公司股东形成僵局无其他打破僵局的渠道;(3)一方严重违反章程致使股东设立公司的目的无法实现,又无其他合适的退出渠道。

第九章 公司变更

第一节 公司变更基本理论

公司在发展过程中会依据发展实际情况对公司的内外部进行调整。其中包括公司内部的资本变动（即增资、减资），外部形式的变动（即合并、分立）以及公司内部组织形式的变动。

一、公司的资本变动

（一）资本变动的概念

公司成立后，公司内部的资本不是一成不变的。随着公司经营活动的发展变化，公司的资本需要随时调整。如果公司发展前景看好，为拓展业务和保持良好的资信，公司则可能增加资本。反之，如果公司暂时资本过剩，为避免资本闲置造成浪费，则可能减少资本。资本变动包括增加资本和减少资本。

（二）增加资本

1. 增加资本的方式

增加资本，简称增资，是指依法增加公司注册资本总额的行为。增加资本的方式主要有增加票面价值、增加出资、发行新股或者债转股。

（1）增加票面价值。增加票面价值是指公司在不改变原有股份总数的前提下，增加每股金额以达到增加资本的目的。例如，法定公积金，应分配股利留存，以及股东新缴纳的股款，均可计入每一股份中，从而使票面价值增加。

（2）增加出资。有限责任公司如果需要增加资本，可以按照原有股东的出资比例增加出资，也可以邀请原有股东以外的其他人出资。如果是原有股东认购出资，可以另外缴纳股款，也可以将资本公积或者应分股利留存转化为出资。

（3）发行新股。发行新股是指公司为了扩大资本需求而发行新的股份。发行新股既可以向社会公众募集，也可以由原有的股东认购。一般情况下，原有股东享有优先认购权。

（4）债转股。债转股是指将债权转换为股权。当债权转换为股权时，公司负债消灭，股本增加。股份有限公司增加股份数额还可以采取将可转换公司债券转换为公司股票的方式，如果将该种债券转换成公司股份，则该负债消灭，公司股本增加。

2.增加资本的程序

（1）股东或股东大会表决通过。《公司法》第四十三条、一百零三条规定，有限责任公司股东对增加公司资本作出决议，必须经代表三分之二以上表决的股东通过。股份有限公司增加资本也必须由股东大会作出决议，必须经出席会议的股东所持表决权的三分之二以上通过。

（2）办理变更登记。《公司法》第一百七十九条第二款规定，公司增加或者减少注册资本，应当依法向公司登记机关办理变更登记。

（三）减少资本

1.减少资本的方式

减少资本，简称减资，是指公司减少注册资本的行为。减资的方式主要有减少票面价值和减少出资或者股份数额两种方式。

（1）票面价值的减少是指公司在不减少原有股份总数的前提下，减少股票的每股金额。比如，将每股金额从 10 元减至 8 元，即可达到减少股份金额的目的。

（2）出资或者股份数额的减少是指直接对出资或者股份总数的减少。比如，公司原先已发行在外股份一万股，现在将其减少至 6000 股，以此来达到减少资本的目的。回购是公司通常采取的减少出资或者股份的方式。一般情况下公司不得收购本公司股份。依据《公司法》第一百四十二条规定，公司通过收购本公司股份减少公司注册资本的应当自收购之日起 10 日内注销。

2.减少资本的程序

（1）股东或股东大会表决通过。《公司法》第四十三条和第一百零三条规定，有限责任公司股东对减少公司资本作出决议，必须经代表三分之二以上表决的股东通过。股份有限公司减少资本也必须由股东大会作出决议，必须经出席会议的股东所持表决权的三分之二以上通过。

（2）办理变更登记。《公司法》第一百七十九条第二款规定，减少注册资本，应当依法向公司登记机关办理变更登记。

（3）通知债权人。《公司法》第一百七十七条规定，公司需要减少注册资本时，必须编制资产负债表及财产清单。公司应当自作出减少注册资本决议之日起 10 日内通知债权人，并于 30 日内在报纸上公告。债权人自接到通知书之日起 30 日内，未接到通知书的自公告之日起 45 日内，有权要求公司清偿债务或者提供相应的担保。

二、公司的合并与分立

（一）公司合并

1.公司合并的概念和特征

公司合并是指两个以上的公司订立合并契约并依照法定程序归并为一个公司的法律行

为。❶公司合并的特征如下:

第一,公司合并是一种法律行为。公司合并属于公司组织结构的变更。公司组织结构的变更必将对相关利害关系人(如合并与被合并公司的股东及其债权人)的利益产生影响,因此,公司合并必须遵守公司法的规定。公司法主要对合并规则和程序以及对债权人和少数股东的保护等措施进行了规定。但公司合并在性质上属于合同行为。合并交易的当事人是两个或者两个以上的公司。合并交易的后果是两个或者两个以上的公司归并于一个公司。因而,公司合并还应当遵守合同法的规定。如果违背合同法上有关合同的效力要件的规定,该种合并交易可能无效。

第二,公司合并是将两个或者两个以上的公司归并为一个公司的行为。公司合并的基本形式包括吸收合并和新设合并。在此基础上还演变出其他一些特殊的合并形式,如简易合并、小规模合并、三角合并、事实合并等。

第三,公司合并须依照法定程序进行。公司法对公司合并规定了严格的程序要件。这些程序要件是合并行为的效力条件。也就是说,如果公司合并没有遵守这些程序要件,同样可能导致公司合并无效。

2. 公司合并的方式

依据合并后原公司是继续存续还是新设公司,可以将公司合并分为吸收合并和新设合并。我国《公司法》第一百七十二条第一款规定,公司合并可以采取吸收合并或者新设合并,第一百七十二条第二款规定,一个公司吸收其他公司为吸收合并,被吸收的公司解散。采取吸收合并方式,存续公司仍然保持原有公司名称,而且有权获得被吸收公司的财产和债权,同时也有义务承担被吸收公司的债务。这种继续存在的公司为存续公司(surviving corporation);由于合并而失去法人资格的公司为消灭公司(disappearing corporation)或者被兼并公司(mergered corporation)。吸收合并实际上是一种狭义的"兼并"(merger)。

我国《公司法》第一百七十二条第二款规定,两个以上公司合并设立一个新的公司为新设合并,合并各方解散。新设合并,又称为创设合并。在这种合并中,新设立的公司是在接管原有公司的全部资产和业务的基础上设立的。在这种情形下,被合并公司的法人资格均发生消灭并产生一个新的公司(newly-created corporation)。这种合并交易可称为狭义的"合并"(consolidation)。此外,依据合并对价形式的不同,可将合并分为现金合并与易股合并❷。

3. 公司合并的程序

(1)订立合并协议。

合并因当事公司之间的合同而成立。根据《公司法》第一百七十三条的规定,公司合并,应当由合并各方签订合并协议。此外,合并计划还需要经过公司董事会的同意。合并

---

❶ 李哲松. 韩国公司法. 北京:中国政法大学出版社,2000:89-92.
❷ 现金合并(cash merger),是指在合并中,消灭公司的某些股东被要求接受现金或者其他财产(但不包括股票)作为其股份的对价。易股合并(share exchange merger)是指在合并交易中消灭公司的股东接受存续公司的股份作为合并对价的合并。

计划经由董事会同意后推荐给股东会，然后征得各自公司股东会的同意。如果合并双方股东会批准了合并计划，合并协议发生法律效力。

（2）董事会制订公司合并的方案。

公司合并应首先由董事会制订公司合并的方案。公司合并方案的制订就是公司董事会权限范围内的事情。

（3）股东会决议。

公司合并是公司的重大变更事项，对股东利益影响甚大。因此，公司合并必须经由股东会同意后方可实施。根据我国《公司法》第三十七条、第四十三条及第一百零三条规定，公司的合并，应当由股东会作出决议。有限公司的分立，须经代表三分之二以上表决权的股东通过；股份公司须经出席股东大会的股东所持表决权的三分之二以上通过。

（4）编制资产负债表及财产清单。

根据《公司法》第一百七十三条规定，公司合并，应当由合并各方签订合并协议，并编制资产负债表及财产清单。编制资产负债表的目的是便于了解公司现有资产状况编制财产清单，应包括公司所有的动产、不动产债权债务及其他资产或者负债，并须分门别类标明价格，记载于财产目录表中。上述表册，应当按规定置备，以供债权人查阅。如有虚假记载，公司负责人应承担相应的法律责任。

（5）通知或者公告债权人。

因公司合并对债权人利益构成影响，法律要求公司在作出合并决议后应当通知或者公告债权人。根据《公司法》第一百七十三条规定，公司应当自作出合并决议之日起10日内通知债权人，并于30日内在报纸上公告。

（6）债权人异议。

公司应自合并决议后指定一定期限允许债权人提出异议。债权人在此期间内未提出异议的，视为承认合并。如债权人在此期间内提出异议，可以要求公司清偿债务或提供相当的担保。

根据《公司法》第一百七十三条规定，债权人自接到通知书之日起30日内，未接到通知书的自公告之日起45日内，可以要求公司清偿债务或者提供相应的担保。

（7）办理合并登记手续。

公司合并完成后应办理合并登记手续和相应的注销、变更或设立登记。《公司法》第一百七十九条第一款规定，公司合并或者分立，登记事项发生变更的，应当依法向公司登记机关办理变更登记；公司解散的，应当依法办理公司注销登记；设立新公司的，应当依法办理公司设立登记。

4. 公司合并的后果

根据《公司法》第一百七十四条规定，公司合并时，合并各方的债权、债务，应当由合并后存续的公司或者新设的公司承继。

（二）公司分立

1. 公司分立的概念

公司分立是指一个公司依照有关法律、法规的规定，分立为两个或两个以上的公司。公司分立可以采取存续分立和解散分立两种形式。其中，解散分立是指原企业解散，分立出的各方分别设立为新的企业，也称新设分立；存续分立是指原企业存续，而其一部分分出设立为一个或数个新的企业，也称为派生分立。

2. 分立的程序

（1）董事会决议。

公司分立首先必须经过董事会决议。董事会作出决议后再提交公司股东会决议。董事会在向股东会提出动议时还必须提交分立计划或者分立协议。在分立合并中，还需要由相应对公司董事会作出决议。

（2）股东会决议。

公司分立经董事会决议后须提交股东会决议。这是因为公司分立将导致公司发生根本性变化，并可能对股东利益造成重大影响，因此需要获得股东会的同意。公司分立是公司的重大变更事项，对股东利益影响甚大。因此，公司分立必须经由股东会同意后方可实施。根据我国《公司法》第三十七条、第四十三条及第一百零三条规定，公司的分立，应当由股东会作出决议。有限公司的分立，须经代表三分之二以上表决权的股东通过。股份公司须经出席股东大会的股东所持表决权的三分之二以上通过。

（3）分立计划书或分立协议。

分立计划书由分立公司董事会制作和决议通过，并提交股东会决议通过。经股东会决议通过的分立计划书具有法律效力。分立协议由分立公司与相对公司董事会协商制定，并经其决议通过后提交各自股东会决议批准后发生法律效力。

（4）编制资产负债表及财产清单。

根据《公司法》第一百七十五条规定，公司分立，应当由分立各方签订分立协议，并编制资产负债表及财产清单。编制资产负债表的目的是便于了解公司现有资产状况；编制财产清单，应包括公司所有的动产、不动产债权债务及其他资产或者负债，并须分门别类标明价格，记载于财产目录表中。上述表册，应当按规定置备，以供债权人查阅。如有虚假记载，公司负责人应承担相应的法律责任。

（5）通知或者公告债权人。

因公司分立对债权人利益构成影响，法律要求公司在作出分立决议后应当通知或者公告债权人。根据《公司法》第一百七十五条规定，公司应当自作出分立决议之日起10日内通知债权人，并于30日内在报纸上公告。根据《公司法》第一百七十六条规定，公司分立前的债务由分立后公司承担连带责任。但是，公司在分立前与债权人就债务清偿达成的书面协议另有规定的除外。

(6) 办理分立登记手续。

公司分立完成后应办理分立登记手续和相应的注销、变更或设立登记。《公司法》第一百七十九条规定，公司合并或者分立，登记事项发生变更的，应当依法向公司登记机关办理变更登记；公司解散的，应当依法办理公司注销登记；设立新公司的，应当依法办理公司设立登记。

三、公司组织形式变更

(一) 公司组织形式变更的概念

公司的组织形式变更，是指公司在不中断公司法人资格的前提下，由一种公司组织形式变更为另外一种公司形式的情形。营运中的公司，由于某种情况的变化，可能需要对公司组织形式进行变更。例如，原先设立一家有限责任公司属于家族式企业，后来由于公司规模的扩大，需要外部资金的支持。一种简单的做法就是将原来的有限责任公司变更为股份有限公司。如此，公司就可以向社会公众融资了。反之，股份有限公司也可以变更为有限责任公司。❶

(二) 公司组织形式变更规定

(1) 必须符合一定的条件。《公司法》第九条第一款规定，有限责任公司变更为股份有限公司，应当符合本法规定的股份有限公司的条件。股份有限公司变更为有限责任公司，应当符合本法规定的有限责任公司的条件。

(2) 多数股东同意。《公司法》第四十三条第二款和第一百零三条第二款规定变更公司形式的决议，必须经股东或出席会议的股东所持表决权的三分之二以上通过。

(3) 有限责任公司变更为股份有限公司的出资须折合为股份。《公司法》第九十五条规定，有限责任公司变更为股份有限公司时，折合的实收股本总额不得高于公司净资产额。为增加资本公开发行股份时，有限责任公司变更为股份有限公司，应当依法办理。

(4) 债务承担。公司的组织形式变更未使公司法人资格中断，故原有的债权债务由变更后的公司概括继承。《公司法》第九条第二款规定，有限责任公司变更为股份有限公司的，或者股份有限公司变更为有限责任公司的，公司变更前的债权、债务由变更后的公司承继。

(5) 变更登记的撤销。《公司法》第二十二条规定，公司股东会或者股东大会、董事会的决议内容违反法律、行政法规的无效。股东会或者股东大会、董事会的会议召集程序、表决方式违反法律、行政法规或者公司章程，或者决议内容违反公司章程的，股东可以自决议作出之日起 60 日内，请求人民法院撤销。公司根据股东会或者股东大会、董事会决议已办理变更登记的，人民法院宣告该决议无效或者撤销该决议后，公司应当向公司登记机关申请撤销变更登记。

---

❶ 施天涛. 公司法论. 北京：法律出版社，2018：561.

第二节 公司变更实务

根据我国法律规定,公司登记事项及公司法定代表人、董监高、股东等发生变更时,均需申请工商变更登记。公司高级管理人员有办理变更登记手续的职责与义务。

一、变更登记事项的范围

公司变更登记是指公司改变名称、住所、法定代表人、经营范围、企业类型、注册资本、营业期限、有限责任公司股东或者股份有限公司发起人的登记。公司变更登记事项应当向原公司机关申请变更登记。未经核准变更登记,公司不得擅自变更登记事项,否则应当承担相应的法律责任。《市场主体登记管理条例》第九条规定,市场主体的下列事项应当向登记机关办理备案:(一)章程或者合伙协议;(二)经营期限或者合伙期限;(三)有限责任公司股东或者股份有限公司发起人认缴的出资数额,合伙企业合伙人认缴或者实际缴付的出资数额、缴付期限和出资方式;(四)公司董事、监事、高级管理人员;……(七)市场主体登记联络员、外商投资企业法律文件送达接受人;(八)公司、合伙企业等市场主体受益所有人相关信息;(九)法律、行政法规规定的其他事项。根据《市场主体登记管理条例》第二十四条规定:"市场主体变更登记事项,应当自作出变更决议、决定或者法定变更事项发生之日起30日内向登记机关申请变更登记。市场主体变更登记事项属于依法须经批准的,申请人应当在批准文件有效期内向登记机关申请变更登记。"

二、请求变更公司登记的主体

(1)股东。《公司法司法解释(三)》第二十三条规定,当事人依法履行出资义务或依法继受取得股权后,公司未根据公司法第三十一条、第三十二条的规定签发出资证明书、记载于股东名册并办理公司登记机关登记,当事人请求公司履行上述义务等,人民法院应予支持。

(2)实际出资人。《公司法司法解释(三)》第二十四条第二款规定,实际出资人与名义股东因投资权益的归属发生争议,实际出资人以其实际履行了出资义务为由向名义股东主张权利等,人民法院应予支持。在确认了实际出资人的实际出资权益并经公司其他股东过半数同意后,实际出资人可请求公司办理股权变动手续,请求公司变更股东、签发出资证明书、记载于股东名册、记载于公司章程并办理公司登记机关登记。

(3)其他主体。如新任法定代表人有权请求公司办理变更登记手续。

在上述主体的请求下,公司是承担公司变更登记的义务主体。同时在股权转让中,转让股东有义务协助办理股东变更登记手续。

三、请求权变更登记的前提条件

(1)具备公司股东身份。公司向登记机关进行股东登记的前提是被登记人是公司的股东,丧失股东身份后无权请求变更公司登记。

(2)股权处于可变更状态。自然人起诉请求其他主体协助其办理股权工商变更登记,首先该股权应处于可变更状态。如股权被人民法院查封或处于其他被限制状态,则无法进行变更。

(3)经半数以上股东同意是实际出资人变更登记为显名股东的前提。《公司法司法解释(三)》第二十四条第三款之规定,实际出资人未经公司其他股东半数以上同意,请求公司变更股东、签发出资证明书、记载于股东名册、记载于公司章程并办理公司登记机关登记的,人民法院不予支持。

四、变更登记应提交的文件、证件

(一)股份有限公司变更登记应提交的文件、证件

(1)《企业变更(改制)登记(备案)申请书》,其中包括《企业变更(改制)登记申请表》《变更后单位投资者(单位股东、发起人)名录》《变更后自然人股东(发起人)、个人独资企业投资人、合伙企业合伙人名录》《变更后投资者注册资本(注册资金、出资额)缴付情况》《法定代表人登记表》《董事会成员、经理、监事任职证明》《企业住所证明》等。

(2)依照《公司法》作出的变更决议或决定;股份有限公司股东大会决议应按照《公司法》的有关规定由到会法人股东盖章、自然人股东签字或提交授权委托书。

(3)《企业法人营业执照》正、副本。

(4)《指定(委托)书》。

(二)变更下列具体事项的,还需要提交的文件、证件

1. 变更名称

《企业名称变更预先核准通知书》及《预核准名称投资人名录表》(办理名称变更预先核准登记请参看《一次性告知单——如何办理名称预先登记》的相关内容)。

2. 增加注册资本

(1)股东大会决议。

(2)提交依法设立的验资机构出具的验资证明;以非货币方式增资的,还应提交评估报告(涉及国有资产评估的,应提交国有资产管理部门的核准或备案文件)及法定验资机构对评估结果和办理财产转移手续进行验证的报告。

(3)非上市股份公司以未分配利润、股本溢价计入的资本公积金、红利转增注册资本的,还应提交年度审计报告,并提交会计师事务所出具的《验资报告》(公司法定公积金转增为注册资本的,验资证明应当载明留存的该项公积金不少于转增前公司注册资本的25%)。

(4)上市股份有限公司增加注册资本的(公开发行新股),还应提交国务院证券管理部

门的批准文件。

（5）上市股份公司以公积金转增注册资本的还应提交中国证券登记结算有限责任公司深圳（上海）分公司确认的《协助查询确认函》。

（6）上市股份公司涉及国有股权变更的应提交国有资产监管部门的批准文件及中国证券登记结算有限责任公司深圳（上海）分公司过户确认书。

（7）公司境外上市发行增加注册资本还应提交中国证监会的批准文件，同时请企业咨询外商务部是否必须变更为中外合资股份公司。

3. 减少注册资本

（1）股东大会决议。

（2）公开发行的报纸减资公告报样（自公告之日起45日后，方受理减资申请）。

（3）公司债务清偿或者担保情况的说明。

（4）验资报告（采取分期缴付注册资本方式的股份有限公司不能在规定期限内缴付注册资本的，申请办理减资登记时，亦应提交验资报告）。

4. 变更出资方式

（1）股东大会决议。

（2）非货币出资变更为货币出资方式的，提交法定验资机构出具的验资报告；货币出资变更为非货币出资方式或非货币出资变更为其他非货币出资方式的，提交全部非货币出资的评估报告（涉及国有资产评估的，应提交国有资产管理部门的确认文件）及法定验资机构对评估结果和办理财产转移手续进行验证的报告。

5. 变更公司类型

（1）有限责任公司变更为股份有限公司所需要的资料如下：有限责任公司股东会决议；审计报告或评估报告及验资报告；拟变更的股份有限公司股东大会决议（募集设立的应提交创立大会决议）；董事会决议；监事会决议；变更为募集设立的应提交国务院证券监督管理机构出具的批准文件。

（2）股份有限公司变更为有限责任公司所需要的资料如下：股份有限公司股东大会决议；验资报告；拟变更的有限公司股东会决议；董事会决议；监事会决议。

需要注意的是，在公司类型由有限责任公司变更为股份有限公司和股份有限公司变更为有限责任公司这样的互转中，如果不涉及注册资本的变更，则无需提交验资报告。

（3）股份有限公司变更为股份有限公司（上市）应提交的文件、证件有：上市前股东大会决议；中国证监会审批文件；深（上）交所关于该公司人民币普通股股票上市的通知；发行新股股份登记证明（包括上市公司股份结构表、中国证券登记结算有限责任公司深圳分公司确认的股东名册）；验资报告。需要注意的是，有限责任公司变更为股份有限公司时，折合的实收股本总额不得高于公司净资产额。股份有限公司变更为有限责任公司时的实收资本为股份有限公司的注册资本（无需提交审计或评估报告）。上述公司类型发生变化涉及股东变化的，应提交新股东资格证明。

6.变更经营范围

（1）股东大会决议；

（2）增加的经营项目中涉及前置许可的，应提交有关部门的批准文件；

（3）企业申请不具体核定经营项目的，应提交《承诺书》。

7.股东转让股权

（1）股权转让协议。

（2）涉及国有产权转让的，应提交《产权交易凭证》；涉及中央国有产权转让的，应提交中央企业国有产权交易试点机构出具的《产权交易凭证》；涉及外埠国有产权转让的，可依据国有产权属地政府有关规定，提交规定的产权交易机构出具的产权转让交割文件或国有资产管理部门出具的产权转让批准文件。

（3）股东发生变化的应提交受让方的合法资格证明（资格证明应按公司设立时的有关要求提交）。需要注意的是法律、行政法规和国务院决定规定变更登记事项前需先办理许可文件变更的，应在办理变更登记时一并提交变更后的许可文件。

五、请求变更登记纠纷案件审判实务

（1）请求变更公司登记诉讼的管辖。《民事诉讼法》第二十六条规定：因公司设立、确认股东资格、分配利润、解散等纠纷提起的诉讼，由公司住所地人民法院管辖。同时《民事诉讼法司法解释》第二十二条规定，因股东名册记载、请求变更公司登记、股东知情权、公司决议、公司合并、公司分立、公司减资、公司增资等纠纷提起的诉讼，依照《民事诉讼法》第二十六条规定确立管辖。因此，根据上述规定，请求公司变更登记诉讼由公司住所地法院管辖。

（2）请求变更登记的原告和被告。请求变更登记的原告有公司股东、实际出资人、被代表人股东及新任法定代表人等，而请求变更登记的被告主要是公司。特定情形下，股权转让股东、原法定代表人、被冒名股东、退股股东及股东的法定继承人等主体，有协助办理变更登记的义务。

（3）股权转让中，在股权转让协议未约定足额认购股份和办理股权登记变更先后顺序的情况下，转让方不得以受让方未支付股款为由拒绝办理股权变更登记。

（4）公司决议无效或被撤销后应申请撤销变更登记。公司登记变更后，依法规定的股东会决议、董事会决议等被人民法院宣告决议无效或撤销该决议后，公司应当向登记机关申请撤销变更登记。

（5）请求公司变更登记不适用有关诉讼时效的规定。根据《最高人民法院关于审理民事案件适用诉讼时效制度若干问题的规定》法释〔2020〕17号第1条规定，当事人可以对债权请求权提出诉讼时效抗辩。但对非财产利益为内容的债权请求权不适用诉讼时限的规定。

（6）在股权转让中，企业高管应及时办理股权变更手续，以避免自身的责任风险。根据《公司法司法解释（三）》第二十七条第二款之规定，公司董事等企业高级管理人员，在股权发生变更后，及时为股权受让人办理股权变更登记手续是其职责所在。如股权受让方因未变更登记受损失的，董事、高级管理人员应当在其过错范围内承担相应的损害赔偿责任。

六、典型案例

案例：唐某与某国际贸易有限公司等公司增资纠纷上诉案——股东投资意思表示不明确的法律后果【一审：（2016）沪0105民初24805号；二审：（2018）沪01民终2769号】

【关键词】：民事；公司增资；意思表示

【相关法条】：《中华人民共和国公司法》第三十四条、第三十七条

【基本案情】：

2010年4月14日，某国贸公司被核准设立。设立时某国贸公司拥有股东3名，分别为茅某、王某以及唐某，其中茅某出资60万元，王某出资30万元，唐某出资10万元，共计注册资本为100万元，于2010年4月9日前均已出资到位。

公司设立后，大股东茅某向某国贸公司转账共计102万元。王某向某国贸公司转账共计51万元，其中21万元的打款进账单上载明用途为"借款"，30万元的现金缴款单上载明款项来源为"股东借款"。唐某分两次向某国贸公司转账共计17万元，但仅在第二次的打款进账单上写了"投资款第三期"。

关于某国贸公司设立后，公司再次向3名股东融资的款项性质，三人认识存在分歧：大股东茅某认为3名股东达成了按原有股权比例增资的口头协议，因为各股东投入的资金数额符合原有股权6:3:1的比例，王某认为系借款，并曾向法院起诉，要求某国贸公司返还借款51万元，法院支持了王某的诉请，判决某国贸公司返还王某借款51万元；唐某亦曾向法院起诉，要求某国贸公司返还借款17万元及利息，但法院认为唐某以借款关系主张还款证据不足，判决驳回了唐某的该项诉讼请求。

2017年2月8日，某国贸公司的3位股东召开临时股东会会议，由于3位股东意见分歧较大，未通过《关于推进公司增资扩股事宜的议案》。而某国贸公司2017年6月至2018年2月期间逐月的资产负债表显示，某国贸公司资本公积一栏的数额经常变动，绝大多数月份里唐某投入的17万元和茅某投入的102万元未同时列入资本公积。期间，2018年1月和2月的资产负债表显示，唐某投入的17万元列入资本公积，而茅某投入的102万元列入其他应付款。

本案中，唐某认为某国贸公司没有将其17万元款项用于增资扩股，又由于3位股东产生矛盾无法达成相应的增资决议，客观上无法实现增资的目的，故向一审法院起诉请求：（1）某国贸公司返还增资款17万元；（2）某国贸公司支付相应的增资款利息。

【裁判理由】：

一审法院认为，唐某、茅某和王某在公司成立并经营后，均向公司注入了资金，各出资额亦符合各自所占的股份比例。其中，唐某与茅某的出资明确为投资，意思表示真实，

不违反公司章程以及公司法的规定。由于唐某与茅某两股东所占公司股份的比例已经超过了公司章程对公司重大决策表决权的要求，所以王某主张公司返还其借款，亦不影响唐某与茅某作为公司股东对公司已经实施的投资行为的效力。即使王某不同意按其股份比例追加投资，唐某与茅某亦完全可以根据公司章程的规定，按照股东实际出资情况，对股东所占公司股份比例重新进行登记。因此，唐某所称某国贸公司不能实现增资的行为，不符合案件事实。唐某另称其投资没有用于公司增资，但未能充分举证予以证明，故亦不予采信。根据公司法关于公司资本维持的原则，某国贸公司返还王某的款项不代表某国贸公司可以返还唐某出资到公司的投资款。故唐某要求某国贸公司返还投资款及相应利息，无事实和法律依据，法院不予支持。据此，一审法院判决驳回唐某的全部诉讼请求。

唐某不服一审判决，提起上诉，要求撤销一审判决，改判支持其一审诉讼请求。其认为：(1) 本案所涉增资事项未召开股东会会议并形成有效决议，一审判决没有事实依据。(2) 一审判决适用公司法第三十七条规定属于适用法律错误，还会严重损害其他股东参与重大决策以及新增资本优先认购等权利。唐某在二审中明确表示，不愿意将其交付某国贸公司的 17 万元确定为增资款。

二审法院认为：本案的争议焦点在于唐某的 17 万元款项投入是否构成对某国贸公司的有效增资。第一，根据另案生效判决，王某投入某国贸公司的 51 万元被认定为借款，且王某表示股东间未就增资达成协议，在无其他证据证明的情况下，两名股东单独增资的方式，不应被认为具有合理性和可行性。第二，公司增资作为公司重要事项，属于要式法律行为，不仅需要合意基础，还需要符合法律以及公司章程规定的股东会决议、工商登记变更等形式和手续。从本案来看，既不存在股东之间书面的增资协议，也没有形成增资的股东会决议，当然也就不可能发生工商登记变更事项。第三，某国贸公司 2017 年 6 月至 2018 年 2 月期间逐月的资产负债表显示，资本公积一栏的数额经常变动，且唐某投入的 17 万元并非始终列入资本公积。而茅某作为大股东和公司法定代表人，多数情况下未将自己投入的 102 万元列入资本公积一栏。这说明，茅某本人也并未积极促成增资目的的实现。第四，某国贸公司 3 名股东就增加投资一事引发纠纷，自实际出资以来已有 8 年左右，期间引发多起诉讼，对公司治理、股东行权以及权益保障都会产生负面影响。目前，某国贸公司难以形成涉案相关的增资决议，在增资事项上可能会长期形成僵局。基于公司治理的正当考量，也应当选择有利于促成公司有效治理，并且有利于维护股东特别是非控股股东利益的方案。基于上述因素，二审法院认为，涉案增资行为因不具备法律规定的要件而不成立，自然也不发生法律效力，某国贸公司应当返还唐某已经投入的 17 万元款项。但是，增资目的之所以落空，关键在于公司 3 名股东就增资事项未能在充分协商基础上形成书面协议，以致产生不同理解，并在实际履行过程中引发纷争，故对于唐某主张的相关利息请求不予支持。据此，二审法院判决：(1) 撤销一审民事判决；(2) 某国贸公司返还唐某增资款 17 万元；(3) 唐某的其他诉讼请求不予支持。

【裁判意义】：

因股东投资意思表示不明确致使公司股东会未通过增资决议的，公司增资行为不成立。

股东投资意思表示不明确的，全体股东间的增资协议因无合意而不成立。对于具有相同增资意思表示的部分股东之间是否成立事实上的增资协议，应当根据是否有利于保护股东新增资本优先认购权、是否有利于优化公司治理、是否有利于平衡大小股东利益等标准进行判断。若股东对增资协议的不成立不存在过错，且向公司实际给付款项而又不能认定为借款的，应当按照不当得利规则处理法律后果。

第十章 企业清算

第一节 企业清算基本理论

一、企业清算的依据

公司清算（winding up/liquidation），俗称公司清盘，是指公司解散后，处分公司财产以及了结各种法律关系并最终消灭公司人格的行为和程序。[1]清算是公司解散到公司终止前的一个必经程序。公司清算因对象、程序及复杂程度的不同，在理论上的分类有：破产清算和非破产清算，任意清算和法定清算，普通清算和特别清算等。严格意义上讲，公司解散和清算都是指公司结束其生命和独立法人的一种法律程序。公司解散是此程序的开始，而清算则是这种程序的继续和结束。公司解散是公司清算的原因，而公司清算则是公司解散的结果，是公司解散后人格消灭过程的继续和终结。

（一）理论依据

无论是何种类型的清算方式，他们都体现了法律价值对公平与效率的永恒追求，并体现了国家对社会经济的适当干预。从另一方面讲，法律虽然赋予企业解散并进行清算的一定自由权利，但它们必须遵照法定程序行为，而不能完全任由自己意愿行事，也体现了民法上的禁止权力滥用原则。

在公司清算过程中，为了使债权人都能够平等受偿，维护社会的稳定，法律要求公司在终止注销之前必须厘清其债权债务关系，使拥有同等债权的人都能够公平地实现其合法债权，而在公司清偿其外部债权人之后，还要保护作为投资者的股东的合法权益，使他们也能够从剩余财产中得到公平的分配，同时公司在破产清算时还要兼顾其他利害关系人的利益。从这一点上看，公司清算制度的目的无疑是为了实现社会正义。

另外，由于公司在市场经济活动中交易量日益庞大，在其解散后清算过程中不可能通过与每一个债权人单独协商解决债务清偿问题。公司清算制度要求所有债权人在一定期限内申报债权，并通过公司清算程序统一处理债权债务了结程序，它有效地节约了社会和经济成本，加快了企业终止注销的进程，使有限资源得到了充分发挥，从而实现了更高的效率。接下来，从非破产清算和破产清算入手，对其理论依据作进一步的探讨。

---

[1] 施天涛.公司法论.4版.北京：法律出版社，2018：596.

（1）非破产清算。公司的非破产清算主要适用于非因破产事由而发生的公司解散，它的法理基础主要是源自经济法理论中的国家适当干预原则。法律之所以对这类清算程序也作出严格规定，主要是从稳定社会经济秩序，保护交易安全的角度出发。

（2）破产清算。在破产清算程序中，上述公平与效率原则体现得更为明显和直接。破产清算程序的顺利实施，无疑是为了保护各方面的利益，并且保证对私法主体的权利救济。关于破产清算对利害关系人的保护理论，经历了从单方面保护债权人利益，到债权人与债务人（股东）双方利益保护，再到债权人、债务人（股东）、社会公共利益多重利益兼顾的一个发展过程。法学界将这个机制称为破产利益均衡机制，而这种机制存在也是体现了社会本位的立法目标。

美国法学家Elizabeth Warren认为，企业破产时，除了债权人和企业所有者之外，雇员、供应商、顾客或者消费者以及政府等都可能不同程度地遭受消极的影响，因而他们需要得到相应的保护。处理破产问题除了尊重诸如债权人利益保护的经济价值之外，还应当重视经济价值之外的其他诸如道德的、政治的、社会的以及社会个体利益的价值等。

因此本书认为，在公司发生破产、进入清算程序过程中，宜用各方利益兼顾保护原则，保护债权人利益并兼顾其他主体利益。这不仅体现了法律的公平和效率原则，也体现了法律作为社会本位的立法目标。

（二）法律依据

1. 公司解散情形法律依据

《公司法》第一百八十条规定："公司因下列原因解散：（一）公司章程规定的营业期限届满或者公司章程规定的其他解散事由出现；（二）股东会或者股东大会决议解散；（三）因公司合并或者分立需要解散；（四）依法被吊销营业执照、责令关闭或者被撤销；（五）人民法院依照本法第一百八十二条的规定予以解散。"

公司经营管理发生严重困难，继续存续会使股东利益受到重大损失，通过其他途径不能解决的，持有公司全部股东表决权百分之十以上的股东，可以请求人民法院解散公司（《公司法》第一百八十二条）。一般而言，公司合法注销了，承担责任的主体即不存在了。但是，如果公司的设立、注销程序不符合法律的规定，那么公司原来的股东、实际控制人则要对没有处理的债权要承担责任。

根据《企业破产法》第一百一十三条、第一百一十五条的规定："管理人应当及时拟定破产财产分配方案，经债权人会议讨论通过，报请人民法院裁定后执行。破产财产优先拨付破产费用和共益债务后，按照下列顺序清偿：（一）破产人所欠职工工资和医疗、伤残补助、抚恤费用，所欠的应当划入职工个人账户的基本养老保险、基本医疗保险费用，以及法律行政法规规定应当支付给职工的补偿金；（二）破产人所欠的除前项规定以外的社会保险费用和破产人所欠税款；（三）普通破产债权。"

破产财产不足清偿同一顺序的清偿要求的，按照比例分配。破产财产分配完毕，由管理人提请人民法院终结破产程序。破产程序终结后，未得到清偿的债权不再清偿。

2. 股东起诉解散公司的当事人确定法律依据

《公司法司法解释（二）》第四条规定，股东提起解散公司诉讼应当以公司为被告。原告以其他股东为被告一并提起诉讼的，人民法院应当告知原告将其他股东变更为第三人。原告坚持不予变更的，人民法院应当驳回原告对其他股东的起诉。原告提起解散公司诉讼应当告知其他股东，或者由人民法院通知其参加诉讼。其他股东或者有利害关系人申请以共同原告或者第三人身份参加诉讼的，人民法院应予以准许。

3. 管辖地法律依据

《公司法司法解释（二）》第二十四条规定，解散公司诉讼案件和公司清算案件由公司住所地人民法院管辖。公司住所地是指公司主要办事机构所在地。公司办事机构所在地不明确的，由其注册地人民法院管辖。

4. 公司清算后的债务清偿

《公司法》第一百八十六条规定，清算组在清理公司财产、编制资产负债表和财产清单后，应当制定清算方案，并报股东会或者有关主管机关确认。公司财产能够清偿公司债务的，分别支付清算费用、职工工资和劳动保险费用，缴纳所欠税款，清偿公司债务。公司财产按前款规定清偿后的剩余财产，有限责任公司按照股东的出资比例分配，股份有限公司按照股东持有的股份比例分配。本法第一百八十七条规定，清算组在清理公司财产、编制资产负债表和财产清单后，发现公司财产不足清偿债务的，应当立即向人民法院申请宣告破产。公司经人民法院裁定宣告破产后，清算组应当将清算事务移交给人民法院。

二、企业清算的程序

（一）成立清算组

1. 清算组的成立及组成

（1）清算组的成立。

公司解散后需要经过清算才能注销，从而使公司消灭。公司未经清算就处分公司资产并注销公司将损害债权人利益。因此，我国《公司法》第一百八十三条对此作出了规定，公司因本法第一百八十条第（一）项、第（二）项、第（四）项、第（五）项规定而解散的，应当在解散事由出现之日起15日内成立清算组，开始清算。此外，《公司法司法解释（二）》第七条还规定了债权人、公司股东、董事或其他利害关系人申请人民法院指定清算组进行清算（即强制清算）的情形：（一）公司解散逾期不成立清算组进行清算的；（二）虽然成立清算组但故意拖延清算的；（三）违法清算可能严重损害债权人或者股东利益的。

根据《公司法》第一百八十九条的规定，清算组成员应当忠于职守，依法履行清算义务。清算组成员不得利用职权收受贿赂或者其他非法收入，不得侵占公司财产。清算组成员因故意或者重大过失给公司或者债权人造成损失的,应当承担赔偿责任。此外,《公司法司法解释(二)》第九条同样对更换清算组成员的事由进行了规定,即人民法院指定的清算组成员有下列情形之一的,人民法院可以根据债权人、股东的申请,或者依职权更换清算组成员:(一)有违反法律或者行政法规的行为;(二)丧失执业能力或民事行为能力;(三)有严重损害公司或者债权人利益的行为。

(2)组成。

《公司法》同样对清算组的组成人员进行了规定,有限责任公司的清算组由股东组成,股份有限公司的清算组由董事或者股东大会确定的人员组成。人民法院受理公司清算案件,应当及时指定有关人员组成清算组。

清算组成员可以从下列人员或者机构中产生:①公司股东、董事、监事、高级管理人员;②依法设立的律师事务所、会计师事务所、破产清算事务所等社会中介机构;③依法设立的律师事务所、会计师事务所、破产清算事务所等社会中介机构中具备相关专业知识并取得执业资格的人员。❶

2. 清算组的职权

(1)清算组对公司进行清算是公司注销前的法定程序。

(2)清算组在清算期间有权清理公司资产、通知并公告债权人、处理与清算有关的公司未了结的业务、清缴所欠税款以及清算过程中产生的税款、清理债权和债务、处理公司清偿债务后的剩余财产、代表公司参与民事诉讼活动。

(3)清算组应当自成立之日起10日内通知债权人,并于60日内在报纸上公告。债权人应当自接到通知书之日起30日内,未接到通知书的自公告之日起45日内,向清算组申报其债权,清算组要对债权人申报的债权进行识别和登记。

(4)清算组在清理公司财产、编制资产负债表和财产清单后,应当制定清算方案,并报股东会或者人民法院确认。

(5)清算组在清理公司财产、编制资产负债表和财产清单后,发现公司财产不足清偿债务的,应当依法向人民法院申请宣告破产。

(6)公司清算结算后,清算组应当制作清算报告,报股东会或者人民法院确认,并报送登记机关,申请注销登记,公告公司终止。

(7)清算组成员应当忠于职守,履行清算义务。清算组成员因故意或者重大过失给公司或者债权人造成损失的,应当承担赔偿责任。

(二)通知、公告债权人

《公司法》第一百八十五条第一款规定,清算组应当自成立之日起10日内通知债权人,并于60日内在报纸上公告。清算中的通知和公告债权人也称为债权人催告制度,是指清算人采取通知和公告的方式将公司解散并进入清算程序的情况告知公司的所有债权人,并要

---

❶ 参见最高人民法院关于适用《中华人民共和国公司法》若干问题的规定(二)(法释〔2020〕18号)第八条。

求其进行债权申报的制度。在公司解散清算的制度安排中,债权人必须通过债权申报方能从清算中获得债权清偿,但由于公司解散清算均属于公司内部事宜,外部债权人很难及时知悉相关信息。❶为了打破此种信息不对称的状况,《公司法》直接要求清算组必须将公司清算及债权申报事宜告知债权人,其中对于已知债权人,清算组应当采用书面通知的方式;对于未知债权人,清算组应当采用公告通知的方式。

《公司法司法解释(二)》第十一条规定,公司解散清算事宜应"书面通知"全体已知债权人。书面通知,一般会采用直接送达、邮寄、传真等方式,但基于日后证据形式的需要,大都采用邮寄的方式进行通知。清算组向债权人邮寄书面债权申报通知,应注意以下事项:

(1)债权人名称及法定地址核实,一般通过国家企业信用信息公示系统核实债权人的全称、法定住所地、收件人(一般填写法定代表人或者该项业务的授权联系人)等信息,❷如果有债权人联系方式的,务必直接联系债权人确认邮寄的地址及收件人信息。

(2)在填写快递单时,应在其中"内件品名"(以 EMS 为例)中明确注明"《债权申报通知》"字样。

(3)邮寄的书面文件一般包括《债权申报通知》、《债权申报表》、《授权书》(授权代理人申报)和《送达地址(方式)确认书》等。

(4)邮寄后应妥善保管邮寄单(通常是第二联)以及邮寄文件的复印件,实务中一般采用将邮寄单与邮寄文件一一拍照留存的方式进行证据保存。

(5)要求邮寄机构提供文件寄送证明。实务中,经常出现仅通过网站查询邮寄情况后即打印保存的操作方式,但这样做还不够规范,应要求邮寄机构出具盖章的寄送证明,避免之后可能出现的争议。

(三)债权申报和债权登记

根据《公司法》第一百八十五条之规定,债权人应当自接到通知书之日起 30 日内,未接到通知书的自公告之日起 45 日内,向清算组申报其债权。债权人申报债权,应当说明债权的有关事项,并提供证明材料。清算组应当对债权进行登记。在申报债权期间,清算组不得对债权人进行清偿。此外,《企业破产法》及司法解释也对管理人的职权进行了规定和细化,《企业破产法》第五十七条规定,管理人收到债权申报材料后,应当登记造册,对申报的债权进行审查,并编制债权表。债权表和债权申报材料由管理人保存,供利害关系人查阅。《企业破产法司法解释(三)》第六条对此细化为,管理人应当依照企业破产法第五十七条的规定对所申报的债权进行登记造册,详尽记载申报人的姓名、单位、代理人、申报债权额、担保情况、证据、联系方式等事项,形成债权申报登记册。并对债权的性质、数额、担保财产、是否超过诉讼时效期间、是否超过强制执行期间等情况进行审查、编制债权表并提交债权人会议核查。债权表、债权申报登记册及债权申报材料在破产期间由管理人保管,债权人、债务人、债务人职工及其他利害关系人有权查阅。

---

❶ 刘敏.公司解散清算制度.北京:北京大学出版社,2012:118.
❷ 国家企业信用信息公示系统网址:http://www.gsxt.gov.cn/index.html.

(四) 清理公司财产、编制资产负债表和财产清单

根据《公司法》第一百八十六条第一款、第一百八十七条的规定，清算组在清理公司财产、编制资产负债表和财产清单后，应当制定清算方案，并报股东会、股东大会或者人民法院确认。若清算组在清理公司财产、编制资产负债表和财产清单后，发现公司财产不足清偿债务的，应当依法向人民法院申请宣告破产。公司经人民法院裁定宣告破产后，清算组应当将清算事务移交给人民法院。公司财产是顺利开展公司清算活动的基础。清算组成立之后，应当及时从公司财务人员、业务人员以及清算义务人等管理公司财务的人员处接管公司财产，防止公司财产出现流失、损毁、灭失或者被相关人员恶意处置等不利情况。目前，法律没有对"及时"作出具体规定，我们认为按照《最高人民法院关于审理公司强制清算案件工作座谈会纪要》（法发〔2009〕52号）第一条"坚持清算效率原则"的规定来看，应当理解为"尽快"。倘若清算组成立后至接管财产前，发生公司财产流失、损毁、灭失等情况的，如清算组未能对此作出合理解释或者具备合法事由，应当认定为清算组未能及时接管公司财产，清算组成员应当按照《公司法》第一百八十九条的规定承担相应的赔偿责任。

另外，在公司自行组织清算的情况下，如清算组未能及时接管公司财产的，符合《公司法司法解释（二）》第七条第二款第二项规定的成立清算组但故意拖延清算的情形，可能因此导致债权人或者公司股东申请强制清算。在公司强制清算的情况下，如清算组成员未能及时接管公司财产导致公司或者债权人损失的，符合《公司法司法解释（二）》第九条第三项规定的有严重损害公司或者债权人利益的行为的情形，人民法院可以根据债权人、股东的申请，或者依职权更换清算组成员。

（五）制定清算方案，并报股东会、股东大会或者人民法院确认

根据《公司法》第一百八十六条第一款及《公司法司法解释（二）》第十五条的规定，清算组在清理公司财产、编制资产负债表和财产清单后，应当制定清算方案，并报股东会、股东大会或者人民法院确认，否则清算组不得执行。执行未经确认的清算方案给公司或者债权人造成损失，清算组成员需承担赔偿责任。这样明确了清算方案的确认是使其具备法律效力的必要条件，只有具有法律效力的清算方案才可以被清算组执行，如此，清算方案的确认尤为重要。

1. 清算方案的确认

第一，清算方案的确认是清算组处分公司财产的前提。

清算组将公司财产评估作价的方案在清算方案中进行明确，并在清算方案经确认后予以执行，是清算组了结现存事务、清偿债务、分配公司剩余财产的基础。

第二，清算方案的确认是清算组清偿公司债务的前提。

清算组清偿公司债务，原则上应于清算方案确认后开始。清算组制定的公司资产负债表、债权与债务清册、财产清单等作为清算方案的必要组成部分，也都将成为清偿债务的

文件依据。为了快速、高效地处理公司所负担的不同类型的债务，清算组可在清算方案中一并制定相应的处理办法。如对于未到期的公司债务，清算方案中可以规定"未届清偿期限的债务可以一并清偿"。确认清算方案是债务清偿办法得以执行的基础和前提，清算组应当依照清算方案中确认的债务清偿顺序和比例以公司财产向已申报债权的债权人及虽然未申报但已知的债权人进行清偿。

第三，清算方案的确认是清算组分配公司剩余财产的前提。

根据《公司法》第一百八十六条的规定，清算组在支付了清算费用、职工工资、社会保险费用和法定补偿金，缴纳所欠税款，清偿公司债务后的剩余财产可以分配给股东。清算方案的主要内容之一就是公司剩余财产的分配，清算组在制定该内容时应当遵循风险收益相统一的原则，有限责任公司按照股东的出资比例进行分配，股份有限公司按照股东持有的股份进行分配。经确认的清算方案具有法律效力和执行力，才可以作为清算组分配公司剩余财产的依据。

2.清算方案的瑕疵

根据前述规定，清算方案没有经过股东会、股东大会或者人民法院确认，清算组不能执行。通常情况下，股东会、股东大会或者人民法院在认为清算方案有瑕疵时，将不予确认。清算方案的瑕疵可能是内容瑕疵，如清算组在清理公司资产负债时，遗漏了资产或者债务，错误地计算了公司可分配财产或需偿还债务的数额。清算组对公司的财产处置不当，如财产作价依据不合理，过低或过高地估计了财产的价格等；清算组在偿还公司债务前未支付职工工资、社会保险费用或法定补偿金；清算组分配剩余财产不合理，未按照《公司法》规定的分配规则按比例进行分配等等。同时，清算方案的瑕疵还可能是制定程序瑕疵，如制定清算方案时，清算组成员未按照法律或者章程的约定召集、主持会议或表决通过清算方案。此时清算组应当修改清算方案，直到股东会、股东大会或者人民法院认可。清算方案经确认，即对清算中公司、清算组、股东等发生法律约束力，清算组不得擅自改变经确认的清算方案。

（六）公司财产分配

公司财产在分别支付清算费用、职工的工资、社会保险费用和法定补偿金，缴纳所欠税款，清偿公司债务后的剩余财产，有限责任公司按照股东的出资比例分配，股份有限公司按照股东持有的股份比例分配。清算期间，公司存续，但不得开展与清算无关的经营活动。公司财产在未依照前款规定清偿前，不得分配给股东（《公司法》第一百八十六条第二款、第三款）。

（七）清算结束，办理公司注销登记

人民法院指定的清算组在清理公司财产、编制资产负债表和财产清单时，发现公司财产不足清偿债务的，可以与债权人协商制作有关债务清偿方案。债务清偿方案经全体债权人确认且不损害其他利害关系人利益的，人民法院可依清算组的申请裁定予以认可。清算

组依据该清偿方案清偿债务后,应当向人民法院申请裁定终结清算程序。❶公司清算结束后,清算组应当制作清算报告,报股东会、股东大会或者人民法院确认,并报送公司登记机关,申请注销公司登记,公告公司终止(《公司法》第一百八十八条)。根据《市场主体登记管理条例》第三十二条第二款规定,清算组应当自清算结束之日起30日内向登记机关申请注销登记。市场主体申请注销登记前,应当依法办理分支机构注销登记。公司申请注销登记,应当提交下列文件:(1)公司清算组负责人签署的注销登记申请书;(2)人民法院的破产裁定、解散裁判文书,公司依照《公司法》作出的决议或者决定,行政机关责令关闭或者公司被撤销的文件;(3)股东会、股东大会、一人有限责任公司的股东、外商投资的公司董事会或者人民法院、公司批准机关备案、确认的清算报告;(4)《企业法人营业执照》;(5)法律、行政法规规定应当提交的其他文件。国有独资公司申请注销登记,还应当提交国有资产监督管理机构的决定,其中,国务院确定的重要的国有独资公司,还应当提交本级人民政府的批准文件。有分公司的公司申请注销登记,还应当提交分公司的注销登记证明。经公司登记机关注销登记,公司终止,公司的法人资格消灭。

三、企业清算的过程

(一)成立清算组

1.成立清算组

公司自股东(大)会作出解散决议之日起15日内成立清算组,制定清算过程中的议事规则、清算工作计划。清算工作计划包括人员分工及工作安排,清算工作的时间和进度,资金计划。

有限责任公司清算组由股东组成但并非全部都须为股东,股份有限公司的清算组由董事或者股东大会确定的人员组成,也可选任注册会计师、律师或其他熟悉清算事务的人员作为清算组成员,清算组成员一般不得少于三人。自清算组成立之日起10日内须将清算组成员、清算组负责人名单向所在的公司登记机关备案。

2.刻制印章和开立账户

清算组成立后,持股东会成立清算组的决议、公司公章及致公安机关刻制印章的函件等法定文件材料,向公安机关申请刻制清算组印章,向银行申请开立清算组账户。

(二)通知债权人,进行资产清核

1.通知或公告债权人申报债权

清算组应当自成立之日起10日内通知债权人,并于60日内在报纸上公告。对于"已知"债权需应以书面方式寄送通知,对于"未知"债权,则需用"公告"方式予以公告,且需"根据公司规模和营业地域范围在全国或者公司注册登记地省级有影响的报纸上进行

---

❶ 范健.公司法.5版.北京:法律出版社,2018:406.

公告",两者不可相互替代。

书面通知/清算公告应包括企业名称、住址、清算原因、清算开始日期、申报债权的期限、清算组的组成、通信地址及其他应予通知和公告的内容。

2.调查公司资产,核定资产范围

公司资产包括但不限于以下几方面:公司经营管理的财产(包括公司在解散时实际占有的厂房、机器设备、房产、土地使用权等,企业提取的法定公积金、法定公益金等也包括在内);公司对外享有的债权/股权;公司享有的其他财产权利,如著作权、商标权、专利权等。清算组聘请有资质的专业机构对公司财产进行专项审计/评估,审计/评估报告作为清算组调查财产状况和制作公司财产状况报告的财务依据。清算组应根据调查内容制作财产状况报告,并提交股东(大)会审议批准。

3.接管公司资产

接管内容主要包括:

(1)公章的接交和管理,并从接交之日起建立公章使用审批登记制度,指定专人保管。须移交的公司公章包括:①公司公章;②公司内各职能部门的印章;③各种财务印章及合同印章;④独立法人分支机构的印章;⑤非独立法人的分支机构的印章。

(2)核实员工情况,移交人员花名册(含在职和离退休人员),明确员工工龄、工种、用工形式、工资及工资拖欠、社保拖欠等。

(3)对公司财务账册、资产清单进行清查、登记。按照流动资产、固定资产分类登记,包括库存现金的清查登记、清查银行存款、固定资产的清查与登记、库存材料和产品的清查和登记。

(4)公司的资产权利凭证,包括购买的有价证券,享有的无形资产权利凭证等。

(三)处理资产、完成债权申报及审查

1.管理和处分公司的资产

清算组接管公司财产后,应当根据各类资产的不同性质,处理与清算有关的公司未了结的业务,采取合理的管理和处分措施。清算组对于公司与对方当事人在公司解散前成立而未履行完毕的合同,应作出解除或者继续履行的决定。

2.参与公司的诉讼活动

公司成立清算组的,由清算组负责人代表公司参加诉讼;尚未成立清算组的,由原法定代表人代表公司参加诉讼。律师代理诉讼的费用,应计入清算费用中。

公司依法清算结束并办理注销登记前,有关公司的民事诉讼,应当以公司的名义进行。

3.追收公司财产

书面通知公司的债务人及时向清算组清偿债务,书面通知公司的财产持有人及时向清算组交付财产;追收股东尚未缴足的出资和被抽逃的出资;追收董监高可能存在的非正常

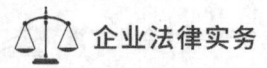

收入和侵占公司的财产。

4. 债权申报及审查

债权人应当自接到通知书之日起 30 日内，未接到通知书的自公告之日起 45 天内，向清算组申报其债权。债权人虽在规定的期限内未申报债权，但在公司清算程序终结前补充申报的，应予登记。公司清算程序终结，是指清算报告经股东会、股东大会或者人民法院确认完毕。

债权人申报债权，应当说明债权的有关事项，并提供证明材料。清算组接收债权申报材料后，应审查债务产生的原因和依据，对所依据合同的真实性、合法性、关联性进行审查。完成债务确认后，将已确认的债务登记造册。

（四）清算方案的执行与终结

1. 执行清算方案

在公司的债权清理完毕、债务登记清楚、财产变价处理完后，清算组应当编制资产负债表和财产清单。清算方案应写明债权人姓名或名称、债权数额、清偿数额及清偿办法，并报股东（大）会决定通过。股东（大）会对清算方案进行表决，必须经出席会议的股东所持表决权的半数以上通过。未经表决通过的清算方案，清算组不得执行。债权人对债务清偿方案不予确认或者股东（大）会对债务清偿方案不予认可的，清算组或相关权利人可以依法向中级人民法院提起破产申请。清算财产在分别支付清算费用、职工的工资、社会保险费用和法定补偿金，缴纳所欠税款，清偿公司债务后的剩余财产，按照股东的出资比例分配。

2. 终结清算程序

公司财产足以清偿全部债务的，清算结束后，清算组制作清算报告，报股东（大）会确认终结公司清算程序。清算报告的内容一般包括：公司解散原因及日期；清算组的组成；清算的形式；清算的过程及安排；公司债权债务的确认和处理；清算方案；清算方案的执行情况；清算组成员履行职责情况；其他清算相关内容。清算报告和清算期内收支报表、各种财务账册经股东（大）会／法院分别确认后，清算组应将清算报告报送工商登记机关，申请注销登记。经工商登记机关核准后，公司终止。

第二节　企业清算纠纷实务

一、公司解散纠纷

案例：陈龙与某体育文化传播有限公司等公司解散纠纷案【（2021）最高法民申 6453 号】

【关键词】：公司解散；解散事由；经营管理；严重困难

【相关法条】：《中华人民共和国公司法》第一百八十二条、《最高人民法院关于适用〈中华人民共和国公司法〉若干问题的规定（二）》第一条

第十章 企业清算

【裁判要点】：

《公司法》第一百八十二条规定："公司经营管理发生严重困难，继续存续会使股东利益受到重大损失，通过其他途径不能解决的，持有公司全部股东表决权百分之十以上的股东，可以请求人民法院解散公司。"该条中的"严重困难"包括对外的生产经营困难及对内的管理困难。

【基本案情】：

陈某（参公人员）和任某成为某体育文化传播有限公司（以下简称某体育公司）股东，分别持有49%和51%的股份，陈某已部分履行出资义务。后陈某以公司没有给其分红，没有召开股东大会，在无法就公司经营管理中的重大事项作出有效决策，股东会机制实质已经失灵向人民法院提起解散公司之诉。二审法院支持了陈某的诉讼请求。判决生效后，某体育公司未能在15日内成立清算组进行清算，陈某已向人民法院申请强制清算，该市中级人民法院已受理陈某的申请并于2021年7月13日作出（2021）陕01强清21号之一《关于指定某体育文化传播有限公司清算组的决定》。某体育公司不服该省高级人民法院（2021）陕民终206号民事判决，申请再审。再审法院认为某体育公司的再审申请不符合《民事诉讼法》第二百条第一项、第二项、第六项规定的情形。本院依照《民事诉讼法》第二百零四条第一款、《最高人民法院关于适用〈中华人民共和国民事诉讼法〉的解释》第三百九十五条第二款之规定，裁定如下：驳回某体育公司的再审申请。

【裁判理由】：

再审法院认为：本案系当事人申请再审案件，应当围绕某体育公司的再审事由能否成立进行审查，相应的审查重点为：某体育公司提供的"新的证据"的证明力；陈某是否具有某体育公司股东资格，可否行使提起公司解散之诉的股东权利；某体育公司是否具备法定解散事由；二审程序是否有严重违法之处。

关于某体育公司提供的"新的证据"的证明力。关于证据一至七，经查，该七份证据在此前程序已由法院组织质证，且证据已被法院采用，而证据二至七仅能证明某体育公司曾催告陈某出资、参加股东会等，不足以证明陈某未出资，故该七份证据均不满足"新的证据"的形式要件，也不具有"足以推翻原判决、裁定"的证明力。关于证据八，经查，《催办通知》在此前程序已由人民法院组织质证，《询问通知书》落款时间是在二审判决作出之后，但上述两份通知当中均未明示也无法从中推断陈某为参公人员，而且另案生效判决已指出陈龙是否为参公人员、是否违反相关法律规定与本案诉争的法律关系并无直接联系，某体育公司可另寻途径解决，故证据八不具有"足以推翻原判决、裁定"的证明力。关于证据九，经查，虽然该刑事裁定形成于二审庭审结束后，认定的事实亦不包括某体育公司所称的陈某强行入股一节，且陈某仅作为证人参与诉讼，故与本案关联性不足，也不具有"足以推翻原判决、裁定"的证明力。综上，某体育公司申请再审所提交的"新的证据"，不符合《民事诉讼法》第二百条第一项规定的情形。

关于陈某是否具有某体育公司股东资格，可否行使提起公司解散之诉的股东权利的问题。经查，陈某持有某体育公司49%的股份且已实缴部分出资的事实已由一、二审判决根据公司章程、工商登记资料、另案生效裁判查明认定。而且，根据《最高人民法院关于适用〈中华人民共和国公司法〉若干问题的规定（三）》第十六条的规定，股东因未履行或者未全面履行出资义务而受限的股东权利，并不包括其提起解散公司之诉的权利。某体育公司本节申请再审理由不成立，本院不予支持。

关于某体育公司是否具备法定解散事由的问题。《公司法》第一百八十二条规定的"严重困难"包括对外的生产经营困难、对内的管理困难。本案中，一、二审法院已查明认定某体育公司的股东会机制失灵，股东之间矛盾无法调和，且经法院协调仍难以打破公司僵局；而某体育公司申请再审事由中也反映出其客观上存在着管理方面的严重困难。因此，二审判决认定某体育公司已具备《公司法司法解释（二）》第一条规定的解散事由，在事实认定和法律适用上并无不当。某体育公司本节申请再审理由不成立，本院不予支持。

关于二审程序是否有严重违法之处的问题。一方面，某体育公司未指明其所称程序违法情况符合《民事诉讼法》第二百条哪项情形，且其所称程序违法情况亦不符合该条任一具体情形。另一方面，2020年4月3日，该省某市中级人民法院就本案作出（2019）陕01民初1276号民事判决，认定陈某和任某对某体育公司出资均存在争议。2020年4月7日，该省某市中级人民法院就另案即某体育公司与陈某变更股东登记纠纷案作出（2020）陕01民终803号民事判决，认定陈某履行了部分出资义务。此后，本案二审法院以本案原一审判决事实不清为由，将本案发回重审。重审后，一审法院已将（2020）陕01民终803号民事判决内容纳入查明事实并做出裁判，二审法院予以维持。上述审理过程，符合法定审判程序。某体育公司本节申请再审理由不成立，本院不予支持。

【典型意义】：

《公司法》第一百八十三条将"公司经营管理发生严重困难"作为股东提起解散公司之诉的条件之一。判断"公司经营管理是否发生严重困难"，应从公司组织机构的运行状态进行综合分析。公司虽处于盈利状态，但其股东会机制长期失灵，内部管理有严重障碍，已陷入僵局状态，可以认定为公司经营管理发生严重困难。对于符合公司法及相关司法解释规定的其他条件的，人民法院可以依法判决公司解散。

二、公司清算纠纷

（一）清算组成员责任的法律性质

清算组成员责任的法律性质应属于侵权行为损害赔偿责任。侵权行为是指行为人就其对他人的人身权利和财产权利造成的损害，依法应当承担过错责任或无过错责任的行为。认定一般侵权行为的构成要件应当包括：（1）损害事实；（2）违法行为；（3）损害事实与违法行为的因果关系；（4）过错。

（二）清算组成员责任的侵权形态

《公司法司法解释（二）》细化了《公司法》第一百八十九条第三款（"清算组成员因故意或者重大过失给公司或者债权人造成损失的，应当承担赔偿责任"）的适用情形，增强了司法操作性。其中，有限公司股东未经依法清算，以虚假的清算报告骗取公司登记机关办理法人注销登记，或公司未经清算即办理注销登记，导致公司无法进行清算的，债权人要求股东承担清偿责任的，法院应依法予以支持。

实践中，如何认定清算组成员在公司清算、注销过程中，侵害了债权人利益，可从以下方面考虑：公司是否成立清算组；清算组成员组成是否合法；清算组是否将公司解散清算事宜书面通知全部已知债权人；是否根据公司规模和营业地域范围在全国或者公司注册登记地省级有影响的报纸上进行公告，并为债权人留有法定债权申报期；是否依据法定程序制作清算方案并经股东会确认。

(三) 清算组成员责任的承担

根据《公司法》《民法典》及相关解释的规定，清算组成员的赔偿责任应当是连带责任。因为，对债权人来讲，不管清算组成员的身份如何、由几人构成，他们的工作目标是一致的，工作职责也是一致的，工作结果是他们共同完成的。进而，由于他们的工作结果所直接导致的公司债权人权利被侵害的状态，是全体清算组成员共同作用的结果，故他们的行为构成共同侵权。

此外，共同侵权的成立，不必要在侵权行为人之间有意思的共通或共同认识，只要在客观上共同实施了权利侵害即满足条件。因此，在有限公司未经合法清算而注销的情况下，即使他们之间不存在共同故意，但如果其行为直接结合发生了使公司债权人不能依正常清算程序主张权益的损害结果，则应视为无意思联络的共同侵权，清算组成员间仍要承担连带责任。

自公司实行资本认缴制以来，成立有限责任公司的注册成本降低了，同时，随着市场经济的加速发展，公司解散或注销的情形也随之增加，公司清算类纠纷案件也大幅上升。但由于法律固有的滞后性，任何法律都不可能调整到社会生活的每个方面。我国继《公司法》及《公司法司法解释（一）》之后，又颁布了《公司法司法解释（二）》《最高人民法院印发〈关于审理公司强制清算案件工作座谈会纪要〉的通知》，对公司强制清算案件的审理原则作出进一步规定。可见，对于如何处理因公司清算引发的纠纷，立法机关和司法机关也在不断总结、提炼的基础上逐步进行调整完善。

案例：某异型辊有限公司与李某芬、李某丰清算责任纠纷案【最高人民法院（2015）民申字第 1416 号】

【基本案情】：

某省某市中级人民法院一审审理查明：某工贸有限公司于 2006 年 4 月 18 日成立，股东为李某丰、李某芬，各占 50% 的股份。2007 年 7 月 13 日，某异型辊公司与某工贸公司签署了加工合同，总价款为 14018576 元。合同签订后，某异型辊公司按约交付了货物，但某工贸公司未及时付款。经某异型辊公司多次催要，截至 2010 年 9 月，某工贸公司拖欠 1530735.3 元。

另查明，李某丰与李某芬于 2009 年 12 月 5 日签订了股权转让协议，约定李某芬将在某工贸公司的股权转让给李某丰，公司经营期间的债权债务由李某丰个人享有和承担。李某丰向李某芬支付了股权转让款，但未办理股权转让登记。某工贸公司在李某芬未参加的情况下，于2010年10月10日作出了注销公司、成立清算组的股东会决议，但未在法定期限内通知某异型辊公司。李某丰在清算报告上的清算组成员、股东签字处签上李某丰和李某芬的名字后，于2010年12月26日向该省某县工商局出具了清算报告，将某工贸公司注销。李某芬在举证期限内申请司法鉴定，经唐山物证司法鉴定中心鉴定，2010年10月10日《某工贸有限公司股东会决议》和2010年12月26日《某工贸有限公司清算报告》中共计四处"李某芬"签名字迹不是李某芬本人书写。

一审法院认为某异型辊公司要求清算组成员承担赔偿责任的诉讼请求应予支持。李某丰作为清算组成员，将某工贸公司注销，应承担赔偿责任。李某芬在转让股权后，对公司清算、注销均不知情，清算报告上的清算组成员、股东签字处李某芬的名字均系李某丰所签，李某芬并非清算组成员，不应承担清算组成员的损害赔偿责任。李某芬虽已与李某丰签订了股权转让协议，但由于股东变更没有在工商局办理变更手续，故股权转让协议仅在李某芬与李某丰之间有效，李某芬不能以其目前已经不是某工贸公司股东为由对外免除其股东身份的赔偿责任。因李某芬出资额为二十五万元，故其应当在二十五万元限额内承担赔偿责任。判决：李某芬在250000元范围内对上述款项承担连带清偿责任。某异型辊公司和李某芬均不服一审判决，上诉至该省高级人民法院。

二审法院认为关于李某芬是否应当承担违法清算的赔偿责任的问题。虽然李某芬已经对内转让股权，但在未办理变更登记之前，李某芬仍应对外承担某工贸公司的股东责任，负担清算组成员的责任。李某芬在明知某异型辊公司系某工贸公司债权人的情况下，其应在转让股权后根据诚实信用原则及时将已转让股权的事实通知某异型辊公司或敦促李某丰尽快办理股权变更登记手续，而李某芬并未尽到上述注意义务。综上，李某芬转让股权的行为不能对抗某异型辊公司，李某芬以清算组成员的身份与李某丰向某异型辊公司承担清算组成员违法清算的连带赔偿责任。判决：（1）维持该省某市（2014）唐民初字第30号民事判决第一项、第三项；（2）变更该省某市（2014）唐民初字第30号民事判决第二项为：李某芬对上述款项承担连带清偿责任。

再审申请人称/抗诉机关称李某芬不服二审判决，向本院申请再审称：（1）二审判决适用法律错误，改判李某芬连带承担李某丰赔偿责任没有法律依据。（2）清算组成员是"清算责任纠纷"的唯一责任主体，法律和最高人民法院司法解释对此有明确规定，二审判决李某芬连带承担清算组成员的违法清算责任是适用法律错误。

【裁判理由】：

本案再审中争议焦点为李某芬是否应当承担清算赔偿责任。《中华人民共和国公司法》第三十二条第三款规定："公司应当将股东的姓名或者名称向公司登记机关登记；登记事项发生变更的，应当办理变更登记。未经登记或者变更登记的，不得对抗第三人。"本案中李某丰与李某芬是某工贸公司股东，虽然两人签订股权转让协议，李某芬将所持有的某工贸公司50%股权转让给李某丰，但并未在工商登记机关办理股权转让和股东变更登记，因此某工贸公司的股权变更不能对抗债权人某异型辊公司。对于某异型辊公司而言，李某芬仍然具有某工贸公司股东的身份，承担某工贸公司股东的责任。《公司法》第一百八十三条规定："有限责任公司的清算组由股东组成"，李某芬作为某工贸公司股东之一，承担组成清算组，依法清算的义务。《公司法司法解释（二）》第十一条规定："公司清算时，清算组应当按照规定，将公司解散清算事宜书面通知全体已知债权人，并根据公司规模和营业地域范围在全国或者公司注册登记地省级有影响的报纸上进行公告。清算组未按照前款规定履行通知和公告义务，导致债权人未及时申报债权而未获清偿，债权人主张清算组成员对因此造成的损失承担赔偿责任的，人民法院应依法予以支持。"本案中某工贸公司清算组疏于履行公司清算时的通知和公告义务，导致债权人某异型辊公司未及时申报债权，现某工贸公司已注销，某异型辊公司向清算组成员要求损害赔偿，原审法院支持某异型辊公司的诉讼请求并无不当。

综上，李某芬的再审申请理由不能成立，本院根据《中华人民共和国民事诉讼法》第二百零四条第一款之规定，裁定如下：驳回李某芬的再审申请。

【典型意义】：

有限责任公司清算时，所有股东均应承担组成清算组、依法清算的法定义务；若有股东以自己非清算组成员、清算组成员是"清算责任纠纷"的唯一责任主体为由主张对债权人不承担清算责任，不予支持。

【实务总结】：

（1）公司原股东转让股权后，务必及时办理股东工商变更登记。根据公司法的相关规定，股东发生变更的，应当办理变更登记。未经登记或者变更登记的，不得对抗第三人。工商登记虽不是设权性登记，但其是宣示性登记，能维护交易安全，保障善意第三人的利益。公司法贯彻公示公信原则，对于公司外部的债权人来讲，其基于工商登记簿的记载，有理由相信工商登记簿上登记的股东即为公司真正的股东。股权已经转让，但未办理工商变更登记的原股东，不得以其已丧失股东资格为由，对抗债权人，拒绝承担责任。

（2）公司清算时，清算组成员（有限责任公司的全部股东，股份有限公司的董事或股东大会确定的人员）务必严格履行清算程序，即清算组应当自成立之日起10日内通知债权人，并于60日内在报纸上公告。清算组通知债权人需保留好证明履行通知义务的相关证据（快递单、电子邮件、公证书等），并根据公司规模和营业地域范围在全国或者公司注册登记地省级有影响的报纸上进行公告。

（3）对于公司债权人来讲，其应当自接到通知书之日起30日内（未接到通知书的自公告之日起45日内）向清算组申报其债权，当清算组在清理公司财产、编制资产负债表及财产清单后，发现公司财产不足清偿债务，也可以依照《公司法》第一百八十七条的规定，向法院申请宣告破产。当债权人发现清算组未履行通知及公告义务即注销公司的，其可以依据《公司法司法解释（二）》第十一条第二款的规定，向法院提起诉讼要求清算组成员承担连带清偿责任。

第十一章 企业破产

第一节 企业破产基本理论

一、企业破产法概述

《企业破产法》对于维护债务清偿秩序,维护社会安定,实现资源的优化组合具有十分重要的作用。规范企业破产程序,对一个国家维护市场经济市场交易秩序的重要性不言而喻,《企业破产法》不仅可以使债权人的债权得到公平的清偿,避免在不公平清偿情况下受到的损害,而且可以通过破产清算程序使落后的企业得以淘汰,还可通过和解或重整程序使企业得以起死回生。

(一)历史沿革

企业破产法最早是《中华人民共和国企业破产法(试行)》,第六届全国人民代表大会常务委员会第十八次会议于1986年12月2日通过,仅适用于全民所有制企业,自《全民所有制工业企业法》实施满三个月之日起试行(1988年11月1日)。《中华人民共和国全民所有制工业企业法》,第七届全国人民代表大会第一次会议于1988年4月13日通过,自1988年8月1日起施行。

《中华人民共和国企业破产法》,第十届全国人民代表大会常务委员会第二十三次会议于2006年8月27日通过,自2007年6月1日起施行,取代1986年制定的《企业破产法(试行)》。同时,也已取代了《民事诉讼法》(1991年4月9日通过)第十九章"企业法人破产还债程序"的规定。自本法施行之日起,所有的企业法人破产,除破产案件审理程序,本法没有规定的适用民事诉讼法的有关规定外,都应适用本法的规定。

(二)企业破产法的立法宗旨

我国《企业破产法》第一条规定:"为规范企业破产程序,公平清理债权债务,保护债权人和债务人的合法权益,维护社会主义市场经济秩序,制定本法。"本条款规定了其立法宗旨,即为什么要立法的问题,具体可分为四个方面:

(1)规范企业破产程序。企业破产程序是一个相对来说比较复杂的工程,需要有一套完整的规则程序来进行实践操作。我国旧破产法存在着立法思想陈旧、体系杂乱、适用范围窄等缺陷,缺乏实际可操作性。为了符合现代先进破产法律制度的发展趋势,我国现行

《企业破产法》有相对完善的制度设计与程序衔接，整个破产程序操作规范、透明，有利于保护债务人与债权人的合法利益。

（2）公平清理债权债务。公平是破产法的第一理念，在企业破产程序中，要公平清理案件所涉及的各种债权债务关系，维护相关利益人的各种法律权益。我国现行《企业破产法》主要从三方面体现债权人公平受偿原则：一是规定所有破产债权人的法律地位平等；二是规定所有破产债权人的受偿机会均等；三是规定了不同类型的债权人之间合理的破产清偿程序。

（3）保护债权人和债务人的合法权益。随着现代先进破产法律制度的发展，单纯保护债权人利益，置债务人利益于不顾的立法理念已不再适应现代社会的需要。在办理破产案件中，债权人与债务人的法律地位平等，在保护债权人合法权益的同时，债务人的合法利益也应当得到保护。

（4）维护社会主义市场经济秩序。这是破产法立法宗旨最重要的内容，维护社会主义市场经济秩序需要通过一系列的法律、政策和监管措施，优化市场主体队伍，促进整个商品流通和社会资源的有效配置。现行《企业破产法》的出台与完善，就是要通过规范企业破产程序、公平清理债权债务、保护债权人和债务人的合法权益，以达到维护社会主义市场秩序的目的。

二、企业破产的原因

破产原因指认定债务人丧失债务清偿能力，当事人提出破产申请，法院据以启动破产程序、宣告债务人破产的法律事实。破产原因以债务人不能清偿债务为客观标准，是判断破产申请能否成立、法院决定是否受理以及能否作出破产宣告、重整、和解等裁定的法律依据。

破产原因的立法模式有列举主义和概括主义。

（1）破产原因的列举主义。列举主义即在法律中列举规定若干种表明债务人丧失清偿能力或影响债务人清偿能力，损害到债权人利益的行为，只要具备其中之一即视为发生了破产原因。该种模式的优点为操作简单明了，对破产原因的认定较为容易，但列举式并不能穷尽所有的破产原因，因此其发展具有滞后性，采用该种立法模式的有加拿大、英国、我国香港地区，1978年修订后的美国破产法不再适用列举式。

（2）破产原因的概括主义。概括主义模式下的破产原因以债务人不能清偿债务为核心，主要着眼于破产发生的一般原因，并不是具体的行为。该种模式赋予了法官较大的自由裁量权，使用较灵活，但容易出现判断错误等情况，采该种模式的主要有德国、法国、日本、俄罗斯、我国台湾地区以及美国现行破产法。

我国破产法规定的破产原因一般而言，不能清偿是指债务人由于缺乏清偿能力，对已经到期的债务，在债权人请求清偿时，债务人不能清偿或不能继续清偿的客观情况。我国现行《企业破产法》第二条第一款规定："企业法人不能清偿到期债务，并且资产不足以清偿全部债务或者明显缺乏清偿能力的，依照本法规定清理债务。"根据这一规定，破产的原因应当满足三项条件：

（1）不能清偿到期债务。到期债务是指合同约定或者法律规定债务人应当向债权人立即清偿的债务，在债务未届清偿期时，由于未产生债务人的清偿责任，即使债务人的财产额已不足以清偿债务总额，也无法认定债务人不能清偿到期债务。不能清偿到期债务是指债务的清偿期限已经届至，债权人要求清偿，但债务人无力清偿。不能清偿到期债务包括以下几个方面：一是债务人丧失清偿能力，即不能以其财产、信用或者能力等任何方法清偿债务；二是债务人不能清偿的债务应当是已经到期且提出清偿要求、无争议或者已有确定名义的债务；三是债务必须是能够以货币估价即能够折合成货币的债务；四是债务人在相当长时期内持续不能清偿债务。

（2）资产不足以清偿全部债务。资产不足以清偿全部债务是指债务人的资产总和小于其债务总和，即资不抵债。判断债务人是否资产不足以清偿全部债务，最基本的财务依据是债务人的资产负债表和中介机构对债务人作出的专项审计或者会计报告。企业法人有债务超过资产时，已经就对一般债权人利益构成不能足额清偿的潜在风险，增加了其交易的不安全因素。

（3）明显缺乏清偿债务的能力。明显缺乏清偿债务的能力是指债务人客观上无清偿债务的能力，并不是暂时停止清偿债务或拒绝清偿债务，同时，债务人是否明显缺乏清偿能力需要结合债务人的可供抵偿债务进行综合判断，不能仅以其拥有的财产来认定。明显缺乏清偿债务的能力不能单独作为破产的原因，它与资产不足以清偿全部债务为并列选择条件，应当结合债务人不能清偿到期债务的情由，作为申请债务人破产的依据。

一般情况下，以上三个条件是法院认定债务人已临破产界限的客观标准，无论破产申请的主体是债务人还是债权人，法院都需对该三项条件进行严格审查，才能作出是否通过破产申请而开启破产程序的决定。

三、企业破产案件的管辖

破产案件的管辖同民事诉讼的管辖一样，都是关系到当事人、利害关系人以及社会等各方利益，我国确立了法院对破产案件的专属管辖，主要是因为破产案件比较特殊，涉及到的当事人比普通民事诉讼案件更纷繁，且不论债务人财产所在何处，都需严格受破产程序的限制，所以除法院外任何机关都不能主张对破产案件的管辖。

（一）地域管辖

我国《企业破产法》第三条规定："破产案件由债务人住所地人民法院管辖。"同时根据《最高人民法院关于审理企业破产案件若干问题的规定》【法释〔2002〕23号】（以下简称《企业破产规定》）第一条规定："企业破产案件由债务人住所地人民法院管辖。债务人住所地指债务人的主要办事机构所在地。债务人无办事机构的，由其注册地人民法院管辖。"即债务人住所地是指主要办事机构所在地，应以企业法人在成立时的登记为准，同时便于管辖法院查清债权债务，清理债务人财产以及清算组依法进行必要的民事活动。同时根据《市场主体登记管理条例》第三条的规定："市场主体的一般登记事项包括：（一）名称；（二）主体类型；（三）经营范围；（四）住所或者主要经营场所；（五）注册资本或者出资额；（六）法定代表人、执行事务合伙人或者负责人姓名。除前款规定外，还应当根据市场主体类型登记下列事项：（一）有限责任公司股东、股份有限公司发起人、非公司企业法人出资人的姓名或者名称……（五）法律、行政法规规定的其他事项。"第二十四条规定："市场主体变更登记事项，应当自作出变更决议、决定或者法定变更事项发生之日起30日内向登记机关申请变更登记。市场主体变更登记事项属于依法须经批准的，申请人应当在批准文件有效期内向登记机关申请变更登记。"若企业法人改变住所但并未进行变更登记的，该行为将不得对抗第三人。

（二）级别管辖

我国《企业破产法》并未对破产案件的级别管辖问题作出明确规定，根据《企业破产规定》第二条规定："基层人民法院一般管辖县、县级市或者区的工商行政管理机关核准登记企业的破产案件；中级人民法院一般管辖地区、地级市（含本级）以上的工商行政管理机关核准登记企业的破产案件，纳入国家计划调整的企业破产案件，由中级人民法院管辖。"但根据2017年1月20日《最高人民法院关于执行案件移送破产审查若干问题的指导意见》法发〔2017〕2号规定："在级别管辖上，为适应破产审判专业化建设的要求，合理分配审判任务，实行以中级人民法院管辖为原则、基层人民法院管辖为例外的管辖制度。中级人民法院经高级人民法院批准，也可以将案件交由具备审理条件的基层人民法院审理。"

（三）移送管辖与指定管辖

申请人向无管辖权的法院提交破产申请时，法院应当告知其向有管辖权的法院申请，也可以将该申请转交至有管辖权的法院。法院受理案件后发现自己无管辖权，应当将案件移送至有管辖权的法院，受移送的法院应当受理。受移送的法院认为移送的案件不属于本院管辖，应当报上级法院指定管辖，不得再自行移送。但应当注意的是，根据管辖权恒定原则，即使债务人住所地于破产申请后发生了变化，也不影响申请时有管辖权的法院行使其管辖权。因债务人住所地不明确，多个法院之间对管辖权发生争议的，应当报请共同的上级人民法院指定管辖。另在采用实质合并方式审理关联企业破产案件的，应由关联企业中的核心控制企业住所地人民法院管辖，核心控制企业不明确的，由关联企业主要财产所在地人民法院管辖。因各关联企业不在同一行政区域的，需要报请各企业所在辖区人民法院的共同的上级法院指定管辖。

四、企业破产案件审理程序

（一）法律适用

我国《企业破产法》第四条规定："破产案件审理程序，本法没有规定的，适用民事诉讼法的有关规定。"该条规定在一定程度上解决了在审理程序上破产法与非破产法之间的关系问题，明确了《企业破产法》有规定的，适用《企业破产法》的规定，《企业破产法》没有规定的，适用《民事诉讼法》的规定。

我国《企业破产法》第六条规定："人民法院审理破产案件，应当依法保障企业职工的合法权益，依法追究破产企业经营管理人员的法律责任。"保护破产企业职工的合法权益，是企业破产法立法的一项重要指导思想，人民法院在审理破产案件时，应当依照企业破产法规定，充分保障职工的合法权益。如2009年6月12日最高人民法院颁发的《关于正确审理企业破产案件为维护市场经济秩序提供司法保障若干问题的意见》（法发〔2009〕36号）也重申"依法优先保护劳动者权益，是破产法律制度的重要价值取向。人民法院在审理企业破产案件中，要切实维护职工的合法权益，严格依法保护职工利益。"同时，我国《企业破产法》在立法政策上设定企业的经营管理人员需承担相应的个人责任，包括民事责任、刑事责任与行政责任，以督促相应的经营管理人员积极履行自己职责与义务。如根据我国《企业破产法》第一百二十五条之规定："企业董事、监事或者高级管理人员违反忠实义务、勤勉义务，致使所在企业破产的，依法承担民事责任。有上述情形的人员，自破产程序终结之日起三年内不得担任任何企业的董事、监事、高级管理人员。"

（1）破产申请。

①债务人可以向人民法院提出重整、和解或者破产清算申请。

②债权人可以向人民法院提出对债务人进行重整或者破产清算的申请（不能申请和解）。

③依法负有清算责任的人应当向人民法院申请破产清算。

④向人民法院提出破产申请，应当提交破产申请书和有关证据。破产申请书应当载明下列事项：

a. 申请人、被申请人的基本情况；

b. 申请目的；

c. 申请的事实和理由；

d. 人民法院认为应当载明的其他事项。

⑤人民法院受理破产申请前，申请人可以请求撤回申请。

（2）裁定申请时间。

①人民法院应当自收到破产申请之日起15日内裁定是否受理。

②债权人提出破产申请的，人民法院应当自收到申请之日起5日内通知债务人。债务人对申请有异议的，应当自收到人民法院的通知之日起7日内向人民法院提出。人民法院应当自异议期满之日起10日内裁定是否受理。

③有特殊情况需要延长前两款规定的裁定受理期限的，经上一级人民法院批准，可以延长15日。

（3）裁定受理。

①人民法院受理破产申请的，应当自裁定作出之日起5日内送达申请人。

②债权人提出申请的，人民法院应当自裁定作出之日起 5 日内送达债务人。债务人应当自裁定送达之日起 15 日内，向人民法院提交财产状况说明、债务清册、债权清册、有关财务会计报告以及职工工资的支付和社会保险费用的缴纳情况。

③人民法院应当自裁定受理破产申请之日起 25 日内通知已知债权人，并予以公告。通知和公告应当载明下列事项：

a. 申请人、被申请人的名称或者姓名；
b. 人民法院受理破产申请的时间；
c. 申报债权的期限、地点和注意事项；
d. 管理人的名称或者姓名及其处理事务的地址；
e. 债务人的债务人或者财产持有人应当向管理人清偿债务或者交付财产的要求；
f. 第一次债权人会议召开的时间和地点；
g. 人民法院认为应当通知和公告的其他事项。

（4）裁定不受理。

①人民法院裁定不受理破产申请的，应当自裁定作出之日起 5 日内送达申请人并说明理由。申请人对裁定不服的，可以自裁定送达之日起 10 日内向上一级人民法院提起上诉。

②人民法院受理破产申请后至破产宣告前，经审查发现债务人不符合本法第二条规定情形的，可以裁定驳回申请。申请人对裁定不服的，可以自裁定送达之日起 10 日内向上一级人民法院提起上诉。

（二）破产程序的域外效力

破产程序的域外效力是指本国法律规定的破产程序是否具有及于破产人在境外的财产的效力，主要分为普及破产主义、属地破产主义和折中主义。我国《企业破产法》第二条规定："依照本法开始的破产程序，对债务人在中华人民共和国领域外的财产发生效力。对外国法院作出的发生法律效力的破产案件的判决、裁定，涉及债务人在中华人民共和国领域内的财产，申请或者请求人民法院承认和执行的，人民法院依照中华人民共和国缔结或者参加的国际条约，或者按照互惠原则进行审查，认为不违反中华人民共和国法律的基本原则，不损害国家主权、安全和社会公共利益，不损害中华人民共和国领域内债权人的合法权益的，裁定承认和执行。"根据该条可知，我国采取的是普及破产主义，即确认破产程序对债务人境外财产的效力。基于普及破产主义，我国对于外国法院作出的破产裁决也采取了比较开放的态度，以承认和执行为原则，但应由有关当事人向我国法院提出申请，我国法院经审查后作出裁定。但该判决或裁定有下列情形之一的，则应当裁定不予承认和执行：违反中华人民共和国法律的基本原则的；损害国家主权、安全和社会公共利益的；损害中华人民共和国领域内债权人的合法权益的。主张我国破产程序的域外效力只是单方面的，这种域外效力的实现最终要取决于该境外财产所在国家或地区的承认与协助。

(三) 重整程序

债务人或者债权人可以依照《企业破产法》规定，直接向人民法院申请对债务人进行重整。债权人申请对债务人进行破产清算的，在人民法院受理破产申请后、宣告债务人破产前，债务人或者出资额占债务人注册资本十分之一以上的出资人，可以向人民法院申请重整。人民法院经审查认为重整申请符合本法规定的，应当裁定债务人重整，并予以公告。债务人或者管理人应当自人民法院裁定债务人重整之日起6个月内，同时向人民法院和债权人会议提交重整计划草案。下列各类债权的债权人参加讨论重整计划草案的债权人会议，依照下列债权分类，分组对重整计划草案进行表决：

（1）对债务人的特定财产享有担保权的债权；

（2）债务人所欠职工的工资和医疗、伤残补助、抚恤费用，所欠的应当划入职工个人账户的基本养老保险、基本医疗保险费用，以及法律、行政法规规定应当支付给职工的补偿金；

（3）债务人所欠税款；

（4）普通债权。

人民法院在必要时可以决定在普通债权组中设小额债权组对重整计划草案进行表决。

人民法院应当自收到重整计划草案之日起30日内召开债权人会议，对重整计划草案进行表决。出席会议的同一表决组的债权人过半数同意重整计划草案，并且其所代表的债权额占该组债权总额的三分之二以上的，即为该组通过重整计划草案。债务人或者管理人应当向债权人会议就重整计划草案作出说明，并回答询问。债务人的出资人代表可以列席讨论重整计划草案的债权人会议。重整计划草案涉及出资人权益调整事项的，应当设出资人组，对该事项进行表决。

各表决组均通过重整计划草案时，重整计划即为通过。自重整计划通过之日起10日内，债务人或者管理人应当向人民法院提出批准重整计划的申请。人民法院经审查认为符合本法规定的，应当自收到申请之日起30日内裁定批准，终止重整程序，并予以公告。部分表决组未通过重整计划草案的，债务人或者管理人可以同未通过重整计划草案的表决组协商。该表决组可以在协商后再表决一次。双方协商的结果不得损害其他表决组的利益。未通过重整计划草案的表决组拒绝再次表决或者再次表决仍未通过重整计划草案，但重整计划草案符合下列条件的，债务人或者管理人可以申请人民法院批准重整计划草案：

在重整期间，有下列情形之一的，经管理人或者利害关系人请求，人民法院应当裁定终止重整程序，并宣告债务人破产：（1）债务人的经营状况和财产状况继续恶化，缺乏挽救的可能性；（2）债务人有欺诈、恶意减少债务人财产或者其他显著不利于债权人的行为；（3）由于债务人的行为致使管理人无法执行职务。债务人或者管理人未按期提出重整计划草案的，人民法院应当裁定终止重整程序，并宣告债务人破产。重整计划草案未获得通过且未依照《企业破产法》第八十七条的规定获得批准，或者已通过的重整计划未获得批准的，人民法院应当裁定终止重整程序，并宣告债务人破产。债务人不能执行或者不执行重整计划的，人民法院经管理人或者利害关系人请求，应当裁定终止重整计划的执行，并宣告债务人破产。

（四）和解程序

债务人可以依照《企业破产法》规定，直接向人民法院申请和解，也可以在人民法院受理破产申请后、宣告债务人破产前，向人民法院申请和解。人民法院经审查认为和解申请符合本法规定的，应当裁定和解，予以公告，并召集债权人会议讨论和解协议草案。债权人会议通过和解协议的决议，由出席会议的有表决权的债权人过半数同意，并且其所代表的债权额占无财产担保债权总额的三分之二以上。债权人会议通过和解协议的，由人民法院裁定认可，终止和解程序，并予以公告。管理人应当向债务人移交财产和营业事务，并向人民法院提交执行职务的报告。

和解协议草案经债权人会议表决未获得通过，或者已经债权人会议通过的和解协议未获得人民法院认可的，人民法院应当裁定终止和解程序，并宣告债务人破产。因债务人的欺诈或者其他违法行为而成立的和解协议，人民法院应当裁定无效，并宣告债务人破产。债务人不能执行或者不执行和解协议的，人民法院经和解债权人请求，应当裁定终止和解协议的执行，并宣告债务人破产。人民法院受理破产申请后，债务人与全体债权人就债权债务的处理自行达成协议的，可以请求人民法院裁定认可，并终结破产程序。

（五）破产清算程序

人民法院依照《企业破产法》规定宣告债务人破产的，应当自裁定作出之日起5日内送达债务人和管理人，自裁定作出之日起10日内通知已知债权人，并予以公告。破产宣告前，有下列情形之一的，人民法院应当裁定终结破产程序，并予以公告：（1）第三人为债务人提供足额担保或者为债务人清偿全部到期债务的；（2）债务人已清偿全部到期债务的。管理人应当及时拟订破产财产变价方案，提交债权人会议讨论。管理人应当按照债权人会议通过的或者人民法院依照《企业破产法》第六十五条第一款规定裁定的破产财产变价方案，适时变价出售破产财产。变价出售破产财产应当通过拍卖进行。但是，债权人会议另有决议的除外。管理人应当及时拟订破产财产分配方案，提交债权人会议讨论。

破产财产分配方案应当载明下列事项：（1）参加破产财产分配的债权人名称或者姓名、住所；（2）参加破产财产分配的债权额；（3）可供分配的破产财产数额；（4）破产财产分配的顺序、比例及数额；（5）实施破产财产分配的方法。债权人会议通过破产财产分配方案后，由管理人将该方案提请人民法院裁定认可。破产财产分配方案经人民法院裁定认可后，由管理人执行。管理人按照破产财产分配方案实施多次分配的，应当公告本次分配的财产额和债权额。管理人实施最后分配的，应当在公告中指明，并载明《企业破产法》第一百一十七条第二款规定的事项。对于附生效条件或者解除条件的债权，管理人应当将其分配额提存。管理人依照前款规定提存的分配额，在最后分配公告日，生效条件未成就或者解除条件成就的，应当分配给其他债权人。在最后分配公告日，生效条件成就或者解除条件未成就的，应当交付给债权人。债权人未受领的破产财产分配额，管理人应当提存。债权人自最后分配公告之日起满2个月仍不领取的，视为放弃受领分配的权利，管理人或者人民法院应当将提存的分配额分配给其他债权人。

破产财产分配时，对于诉讼或者仲裁未决的债权，管理人应当将其分配额提存。自破产程序终结之日起满2年仍不能受领分配的，人民法院应当将提存的分配额分配给其他债权人。破产人无财产可供分配的，管理人应当请求人民法院裁定终结破产程序。管理人在最后分配完结后，应当及时向人民法院提交破产财产分配报告，并提请人民法院裁定终结破产程序。人民法院应当自收到管理人终结破产程序的请求之日起15日内作出是否终结破产程序的裁定。裁定终结的，应当予以公告。管理人应当自破产程序终结之日起10日内，持人民法院终结破产程序的裁定，向破产人的原登记机关办理注销登记。管理人于办理注销登记完毕的次日终止执行职务。但是，存在诉讼或者仲裁未决情况的除外。自破产程序依照《企业破产法》第四十三条第四款或者第一百二十条的规定终结之日起2年内，有下列情形之一的，债权人可以请求人民法院按照破产财产分配方案进行追加分配：(1)发现有依照本法第三十一条、第三十二条、第三十三条、第三十六条规定应当追回的财产的；(2)发现破产人有应当供分配的其他财产的。有前款规定情形，但财产数量不足以支付分配费用的，不再进行追加分配，由人民法院将其上交国库。

第二节 企业破产实务

一、企业破产清算实务

（一）强制清算中发现企业资不抵债，非必须转为破产程序

《公司法司法解释（二）》第十七条规定："人民法院指定的清算组在清理公司财产、编制资产负债表和财产清单时，发现公司财产不足清偿债务的，可以与债权人协商制作有关债务清偿方案。债务清偿方案经全体债权人确认且不损害其他利害关系人利益的，人民法院可依清算组的申请裁定予以认可。清算组依据该清偿方案清偿债务后，应当向人民法院申请裁定终结清算程序。债权人对债务清偿方案不予确认或者人民法院不予认可的，清算组应当依法向人民法院申请宣告破产。"

可见，公司财产无法清偿债务时并不必然进入破产程序，清算组可与债权人协商制定债务清偿方案，该方案经全体债权人确认且不损害其他利害关系人利益的，经人民法院确认，清算组可按照该协商方案进行债务清偿，执行完毕后即可终结强制清算程序，无需转入破产程序。若债权人对清算组提出的债务清偿方案不予认可，或法院不予认可的，清算组应依法向法院申请宣告破产。

（二）可提起强制清算转破产的申请主体

清算组、债务人、债权人和依法负有清算义务的人都有权提起程序转换申请。清算组

在发现企业资不抵债时,应当提出程序转换的申请。这是法律规定的义务。法院不能主动转换程序。实践中,如法院发现公司出现破产原因,需向申请人或清算组释明,由清算组或申请人提出程序转换申请。

《企业破产法》第七条规定:"债务人有本法第二条规定的情形,可以向人民法院提出重整、和解或者破产清算申请。债务人不能清偿到期债务,债权人可以向人民法院提出对债务人进行重整或者破产清算的申请。企业法人已解散但未清算或者未清算完毕,资产不足以清偿债务的,依法负有清算责任的人应当向人民法院申请破产清算。"第七十条第一款规定:"债务人或者债权人可以依照本法规定,直接向人民法院申请对债务人进行重整。"第一百三十四条第一款规定:"商业银行、证券公司、保险公司等金融机构有本法第二条规定情形的,国务院金融监督管理机构可以向人民法院提出对该金融机构进行重整或者破产清算的申请。国务院金融监督管理机构依法对出现重大经营风险的金融机构采取接管、托管等措施的,可以向人民法院申请中止以该金融机构为被告或者被执行人的民事诉讼程序或者执行程序。"

《公司法》第一百八十七条规定:"清算组在清理公司财产、编制资产负债表和财产清单后,发现公司财产不足清偿债务的,应当依法向人民法院申请宣告破产。公司经人民法院裁定宣告破产后,清算组应当将清算事务移交给人民法院。"《最高人民法院关于审理公司强制清算案件工作座谈会纪要》【法发〔2009〕52号】(以下简称《强清案件座谈会纪要》)第三十二条规定:"公司强制清算中,清算组在清理公司财产、编制资产负债表和财产清单时,发现公司财产不足清偿债务的,除依据《公司法司法解释(二)》第十七条的规定,通过与债权人协商制作有关债务清偿方案并清偿债务的外,应依据《公司法》第一百八十八条和《企业破产法》第七条第三款的规定向人民法院申请宣告破产。"

(三)破产法规定的清算与公司法规定的清算有何联系与区别

《企业破产法》规定的清算是破产清算,即企业法人在发生资不抵债,无法清偿债务的情况下,宣告破产,在法院组织下,对其进行清算,偿付各类债务,清算完毕后企业法人资格终结。《公司法》规定的清算是解散清算,即公司解散时,为终结现存财产和其他法律关系,依照法定程序,对公司的财产和债权债务关系进行清理、处分和分配,了结其债权债务关系,从而剥夺公司法人资格的法律行为。一般来说,股东自行组织的解散清算会有剩余资产,不仅可以分配给债权人,还可以分配给股东,此时应是资大于债。

(1)二者之间存在着联系。首先,都是基于公司面临终止的情况下发生的。公司终止的两种原因,即公司的解散和公司的破产都会引起公司的清算。其次,二者后果一样,即企业法人资格结束。最后,解散清算可转化为破产清算。股东在自行进行清算过程中发现公司资不抵债,可向法院申请宣告破产,法院裁定破产后,清算组应当把清算事务移交给法院。《公司法司法解释(二)》第十七条规定了清算组发现公司财产不足以清偿债务的,可与债权人协商债务清偿方案。债务清偿方案经全体债权人依法确认,人民法院应当予以认可,清算组清偿债务后应申请裁定终结清算程序。若债务清偿方案未被予以确认或者予以认可的，清算组应当依法向人民法院申请宣告破产。

（2）二者之间也有区别。其一，清算组织不同。解散清算的主体是清算组，有限责任公司的清算组由股东组成，股份有限公司的清算组由董事或者股东大会确定的人员组成。破产清算的主体是法院，法院指定管理人负责具体的清算事务。其二，清算程序不同。解散清算的程序按照《公司法》规定的程序进行。而破产清算的程序则按照《企业破产法》规定的程序进行。

（四）强制清算程序中申报的债权与破产债权衔接

在强制清算和破产程序中，债权申报都是初期的核心工作。通过债权申报，摸清债权底细，方可进行下一步工作。强制清算程序中，清算组往往已开展或完成了债权申报工作，如果转为破产程序，原有的债权申报如何认定，就成了程序转换时必须解决的问题。

一般来说，如果强制清算中的债权申报没有违法违规，在破产程序中应予承认。也就是说，强制清算中已申报的债权不能直接作为破产程序中的已申报债权，在进入破产程序后，管理人应再次书面通知所有债权人并进行公告，债权人需再次进行申报，方可行使破产程序中的权利。但为了提高司法效率，破产管理人可参考清算组的债权审查意见，在审核确认债权审查意见不存在违法违规的情况下，可以承认其效力，如果存在违法违规行为，则不予承认，并出具新的审核意见进行纠正。

管理人对申报债权进行审核并编制的债权表，应提交第一次债权人会议核查。如果债权人或债务人对债权表记载的债权有异议，还可提起异议之诉。在强制清算程序中未申报或逾期申报的债权，在破产程序中应给予申报资格，以保障债权人公平受偿的权利。

《强清案件座谈会纪要》第三十五条规定："上述中介机构或者个人不宜担任破产清算中的管理人或者管理人的成员的，人民法院应当根据企业破产法和有关司法解释的规定，及时指定管理人。原强制清算中的清算组应当及时将清算事务及有关材料等移交给管理人。公司强制清算中已经完成的清算事项，如无违反企业破产法或者有关司法解释的情形的，在破产清算程序中应承认其效力。"

（五）执行转破产案件的管辖权归属确认

《最高人民法院关于执行案件移送破产审查若干问题的指导意见》【法发〔2017〕2号】（以下简称《指导意见》）第三条规定："执行案件移送破产审查，由被执行人住所地人民法院管辖。在级别管辖上，为适应破产审判专业化建设的要求，合理分配审判任务，实行以中级人民法院管辖为原则、基层人民法院管辖为例外的管辖制度。中级人民法院经高级人民法院批准，也可以将案件交由具备审理条件的基层人民法院审理。"结合该条文，可将"执转破"案件的管辖分为两部分。

第一，地域管辖。执转破案件由被执行人住所地法院管辖，企业法人被执行人住所地即其主要办理机构所在地。被执行人无办事机构的，由其注册地人民法院管辖。

第二，级别管辖。中级人民法院管辖为原则，基层人民法院管辖为例外，不再依据债务人的注册登记行政机关行政级别。但基层人民法院管辖执转破案件需要经过中级人民法院提请高级人民法院批准。除外基层人民法院管辖执转破案件应当注意以下几项内容：（1）基层人民法院不一定是被执行人住所地的基层人民法院，而是有审理条件的基层人民法院；（2）基层人民法院不能直接从执行法院接收执转破案件，只能通过中级人民法院移交；（3）基层人民法院不对执转破案件进行是否受理的审查，而是由中级人民法院对执转破案件审查受理后，再移交给有审理条件的基层人民法院审理。

《指导意见》第七条规定："执行法院作出移送决定后，应当于五日内送达申请执行人和被执行人。申请执行人或被执行人对决定有异议的，可以在受移送法院破产审查期间提出，由受移送法院一并处理。"

案例：某实业（深圳）有限公司执行转破产清算案

【**裁判要点**】：公司因经营不善、资金链断裂等问题被迫停业，继而引发诉讼或仲裁后相继进入强制执行程序，执行程序陷入僵局时，可将执行案件移送破产审查。

【**关键词**】：执行僵局；执行转破产

【**关键法条**】：《中华人民共和国企业破产法》第二条第一款；《最高人民法院关于适用〈中华人民共和国民事诉讼法〉的解释》第五百一十一条

【**基本案情**】：

某实业（深圳）有限公司（以下简称某实业公司）成立于2002年12月10日，主要经营工程塑料、塑胶模具等生产、批发业务。2015年5月，某实业公司因经营不善、资金链断裂等问题被迫停业，继而引发1384宗案件经诉讼或仲裁后相继进入强制执行程序。在执行过程中，该市某区人民法院查明，某实业公司名下的财产除银行存款3483.13元和机器设备拍卖款1620000元外，无可其他供执行的财产，459名员工债权因查封顺序在后，拍卖款受偿无望，执行程序陷入僵局。2017年2月23日区法院征得申请执行人该市某区人力资源局同意后，将其所涉某实业公司执行案移送破产审查。2017年4月5日，该市中级人民法院裁定受理某实业公司破产清算案，某实业公司其他执行案件相应中止，所涉债权债务关系统一纳入破产清算程序中处理。

中院受理某实业公司破产清算申请后，立即在报纸上刊登受理公告并依法指定管理人开展工作。经管理人对某实业公司的资产、负债及经营情况进行全面调查、审核后发现，某实业公司因欠薪倒闭停业多年，除银行存款3483.13元和机器设备拍卖款1620000元外，已无可变现资产，而负债规模高达1205.93万元，严重资不抵债。2017年6月28日，中院依法宣告某实业公司破产。按照通过的破产财产分配方案，可供分配的破产财产1623645.48元，优先支付破产费用685012.59元后，剩余938632.89元全部用于清偿职工债权11347789.79元。2017年12月29日，中院依法裁定终结某实业公司破产清算程序。

【**典型意义**】：

本案是通过执行不能案件移送破产审查，从而有效化解执行积案、公平保护相关利益方的合法权益、精准解决"执行难"问题的典型案例。由于某实业公司财产不足以清偿全部债权，债权人之间的利益冲突激烈，尤其是涉及的459名员工权益，在执行程序中很难平衡。通过充分发挥执行转破产工作机制，一是及时移送、快速审查、依法审结，直接消化执行积案1384宗，及时让459名员工的劳动力资源重新回归市场，让闲置的一批机器设备重新投入使用，有效地利用破产程序打通解决了执行难问题的"最后一公里"，实现对所有债权的公平清偿，其中职工债权依法得到优先受偿；二是通过积极疏导和化解劳资矛盾，避免了职工集体闹访、上访情况的发生，切实有效的保障了职工的权益，维护了社会秩序，充分彰显了破产制度价值和破产审判的社会责任；三是通过执行与破产的有序衔接，对生病企业进行分类甄别、精准救治、及时清理，梳理出了盘错结节的社会资源，尽快释放经济活力，使执行和破产两种制度的价值得到最充分、最有效的发挥。

二、企业破产重整实务

公司重整，是破产法中一项以挽救濒于破产的公司为目的的法律制度。当公司面临破产时，保护债权人的利益是破产法最初产生的原因。在公司丧失清偿能力时，破产法的设立能够解决对债权人的债权公平清偿问题。但是破产法的立法宗旨随着社会的发展和进步，也发生了相应的变化，由一开始的债权人本位，到利益平衡本位，再到利益本位。❶重整制度正是基于社会利益本位的价值取向而产生的。重整制度是指，对可能或已经发生破产原因，但是存有再建希望的公司，能够通过各方利益主体的协商谈判，借助法律对他们的利益进行一定的调整，以达到挽救困境公司，实现更生目的的制度。❷公司重整是专门为陷入困境但具有维持价值的公司进行重建所建立的一项法律制度。❸

（一）重整期间关于营业保护的规定

1. 对担保物权的限制

在担保权人的基本利益不受损害的前提下，适当限制其权利行使，以便那些为债务人营业所必要的财产能够被继续使用，对于企业拯救是必要的，对债务人享有的担保物权如抵押权、质权，只能在和解程序或者清算程序开始后才能行使。《企业破产法》第七十五条第一款规定："在重整期间，对债务人的特定财产享有的担保权暂停行使。但是，担保物有损坏或者价值明显减少的可能，足以危害担保权人权利的，担保权人可以向人民法院请求恢复行使担保权。"《企业破产法》第三十七条也赋予管理人通过清偿债务或者提供替代担保取回质物、留置物的权利。

2. 新借款

对债务人企业的继续营业来说，取得资金和其他资源供应是至关重要的。《企业破产法》第七十五条第二款规定："重整期间债务人或者管理人为继续营业而借款的，可以为该借款设定担保。"由于这种担保设定于债务人的无担保财产之上，其权利人实际上取得了一种优

---

❶ 王欣新.破产法.北京：中国人民大学出版社，2007：345.
❷ 王欣新.破产法专题研究.北京：法律出版社，2002：81.
❸ 施天涛.公司法论.4版.北京：法律出版社，2018：614.

先于破产费用和共益债务的"超级优先权"。

3. 对取回权的限制

债务人通过租赁、借用、合作经营等法律关系占有、使用的他人财产，对于债务人在重整期间的继续营业是重要的。《企业破产法》第七十六条规定："债务人合法占有的他人财产，该财产的权利人在重整期间要求取回的，应当符合事先约定的条件。"例如，债务人租赁的场地、设备，如果租期未到，则出租人不得在重整期间要求取回。

4. 对出资人和管理层的限制

债务人的出资人和高级管理人员在重整期间兑现分配和转让股权，往往会导致消极预测或者流动资金的减少，《企业破产法》第七十七条对此作出了规定，即在重整期间，债务人的出资人不得请求投资收益分配。债务人的董事、监事、高级管理人员也不得向第三人转让其持有的债务人的股权。但是，经人民法院同意的除外。

（二）破产重整过程中，股东对公司的控制权因管理模式不同而异

在公司重整过程中，股东会、董事会、监事会的治理结构虽然仍然存在，但大多数国家的破产法律都对股东的控制权进行限制，股东原有的最终的控制权已经丧失，转移给了债权人。债权人通过债权人会议、债权人委员会等机构行使权利。而公司的经营控制权，则由重整人行使。我国立法中重整有两种管理模式，一种是管理人管理模式，一种是债务人管理模式，在不同的重整管理模式下，公司的控制权是不同的。

（1）在管理人管理模式下，管理人掌握公司的经营控制权，使原有股东会、董事会和监事会的职权发生变化，董事会与经营管理层的委托代理关系中断，从而使股东丧失了控制公司的渠道。管理人取代了原董事会的主要地位，根据《企业破产法》相关规定履行基本职责，行使董事会的相关职权。同时，管理人在重整程序中还有一些特有职权，如审查确认债权、合同履行选择权、撤销权、提议召开债权人会议、重整计划制定权等等。管理人可以聘任经理等原经营管理层对营业事务进行管理，在此模式下，经营管理人员的权利来自于管理人的授权，为管理人而非为股东和董事会服务。

（2）在债务人自行管理模式下，公司的经营控制权由董事会行使，但该董事会与原有的董事会不同，是被特定化的。首先，董事会人员的具体范围需要法院确认，并不是所有的董事都享有在重整期间行使经营管理权的资格，董事会人员的范围，要由法院根据情况进行确认。其次，董事会的地位类似于管理人的中立地位，其行为以债务清理和企业拯救为目标，受到管理人和其他利益主体的监督。最后，董事会的权利义务被特定化，除了可以继续行使《公司法》规定的职权，董事会还需依照《企业破产法》的规定行使与管理人一样的职权。

（三）破产重整过程中，股东的合法权利

股东对公司丧失了最终的控制权，并非意味着股东在重整过程中完全没有权利，股东

在重整中享有对控制权的有限参与权，这种参与表现为：知情权、重整的申请权、重整计划制定的参与权、重整计划的表决权等等。

（1）股东的知情权一方面是通过管理人及法院发布程序性、阶段性的成果予以保障，例如，受理重整的裁定、指定管理人的通知；另一方面，要通过具体参与破产事务的人员，尤其是企业原来的管理人员来获得信息。《企业破产法》明确规定了股东申请重整的权利，但是该权利只能在债权人申请债务人破产清算的情况下，在法院受理破产申请后宣告破产前的时间内，必须是出资额占债务人注册资本 1/10 以上的出资人才能申请。另外，《公司法》规定，股东大会有权对公司合并、分立、变更公司形式、解散和清算等事项作出决议，该决议需要出席股东会议的有表决权的股东 2/3 以上同意才能通过。

（2）股东在重整计划制定中有参与权。我国破产法对重整计划的制订采取了谁管理谁制订的原则，也就是说，债务人自行管理模式下，债务人即为重整计划的制订人；管理人管理模式下，管理人为重整计划的制订人。为了避免出资人权益的不当损失，必须赋予出资人必要的异议权，同时发挥法院在重整程序中的平衡作用。

（3）股东对重整计划草案具有表决权。该权利的行使有前提条件，《企业破产法》第八十五条规定："重整计划草案涉及出资人权益调整事项的，应当设出资人组，对该事项进行表决。"换言之，如果重整计划草案不涉及出资人权益调整事项，股东对该草案就没有表决权。

（四）破产程序中的破产重整投资风险

破产重整投资中，重整方在期望获得高收益的同时也面临着较高的风险。若管理人对这些投资风险不加以预见和提示，在出现投资协议漏洞时很可能导致重整投资失败，实务中，管理人应当预见并充分提示的投资风险，包括但不限于：

（1）重整计划草案无法通过或重整计划执行不能的风险。管理人通过投资人招募程序可以初步确定重整投资人，并与其签订协议，但这并不意味着重整投资的最终确定完成。其后，管理人将以重整投资协议为基础制作重整计划草案，并提交债权人会议进行表决。若重整计划未被通过，法院也不同意裁定批准，则投资通道将被封锁，重整失败。若重整计划获得通过并被法院批准，或使未获得表决通过但获得法院强制批准，则重整计划将转入执行阶段，此时，重整投资还可能面临执行不能的风险，如重整资金无法及时到位影响债权清偿也将导致重整失败，债务人将被宣告破产转入清算程序。

（2）共益债务不足的风险。重整期间，管理人可能通过债权融资方式实现项目复工，但因此产生的共益债务可能不足以保障复工全部完成，继续产生的费用由重整方承担，可能影响投资成本。

（3）余债风险。即根据破产法的规定，在重整计划执行完毕后，未申报的债权人可以按照重整计划规定的同类债权的清偿条件行使权利，由此给债务人带来的风险。

（4）部分资产变现风险。重整计划方案中，管理人一般将债务人账面上的应收账款作为资产打包交予重整方进行处置，这些应收账款可能大多账龄较长，实际收回的可能性较小。管理人应就此提示重整方注意相应的投资成本在重整案件的重整计划执行阶段。在向重整方移交债务人企业后，因部分破产财产存在权属争议（如网签备案未被解除等）也会影响此类资产的处置变现，造成投资成本压力。

（5）管理风险。实践中，如在部分房企重整中，因项目停工时间较长，交房时间延期又不能及时全额清偿违约金，可能导致购房业主群体对物业管理产生抵触情绪。重整方接管企业后，面临上述物业管理的风险，需要做好相应的稳定工作。

（五）破产程序中，重整方案可以进行调整

最高人民法院于 2018 年 3 月 4 日印发的《全国法院破产审判工作会议纪要》（法〔2018〕53 号）（以下简称《破产会议纪要》）第十九条、第二十条对重整计划的变更问题作了规定，重整计划可以进行调整一次。为防止已经进入执行阶段的重整计划随意变更，因变更权的滥用导致重整程序不当拖延，损害利害关系人的合法权益，在肯定重整计划可以变更的同时，《破产会议纪要》对变更的条件、程序等也作出明确限定，针对重整方案的调整主要有以下几点：

（1）明确规定了重整计划变更的前提条件是原重整计划因客观原因无法执行。如果债务人能够执行重整计划而拒绝执行，则不适用变更程序，以维护重整计划的严肃性。

（2）限定了重整计划变更的次数。债务人或管理人仅能申请变更一次，以防久变不绝，无限拖延。

（3）规定了重整计划变更的程序。按《破产会议纪要》的要求，重整计划的变更应遵循以下程序：第一，应由债务人或管理人提出变更申请。从域外做法看，重整计划的批准后修改也并非一种当然的权利。只有计划提交方或重整债务人可以寻求对批准后计划的修改，并且只有在法院认定依照具体情况可进行修改时，才能进行批准后修改。第二，召开债权人会议，对变更申请进行表决。第三，债权人会议表决同意变更申请的，应自决议通过之日起 10 日内提请人民法院批准。第四，人民法院裁定批准变更申请的，由债务人或管理人在 6 个月内提出新的重整计划。第五，新的重整计划提交给因重整计划变更而遭受不利影响的债权人组和出资人组进行表决，利益未受不利影响的组别无需再次表决。第六，人民法院依申请审查是否批准变更后的重整计划。表决、申请人民法院批准以及人民法院裁定是否批准的程序与原重整计划相同。

案例：某股份有限公司破产重整案

【裁判要点】：国家鼓励完善市场化重整机制，对陷入财务困境但仍具有发展前景和挽救价值的企业，按照市场化、法治化原则，积极适用破产重整、破产和解程序。

【关键词】：资不抵债；市场化重组

【关键法条】：《中华人民共和国企业破产法》第二条第一款、第七条第二款

【基本案情】：

某股份有限公司系上市公司，是长江及沿海干散货航运主要企业之一。自 2008 年全球金融危机以来，受财务费用负担沉重、航运运价长期低迷等因素影响，某股份公司经营逐

步陷入困境。截至2013年6月30日，某股份公司合并报表项下的负债总额合计达58.6亿元，净资产为-9.2亿元，已严重资不抵债。经债权人申请，该省某市中级人民法院于2013年11月26日依法裁定受理某股份公司重整一案，并指定破产管理人。因连续三年亏损，某股份公司股票于2014年5月16日起暂停上市。

在武汉中院的监督指导下，管理人以市场化的重组方式为基础，制定了重整计划草案，获得了债权人会议及出资人会议表决通过。由于无外部重组方参与某股份公司破产重整，如何通过某股份公司自身筹集足够资产以提高普通债权清偿比例，以促使普通债权人支持重整是重整工作有序推进的重点。为解决偿债资金筹集的问题，经过中院与管理人多番论证，最终制定了以公司账面的货币资金、处置剥离亏损资产的变现资金以及追收的应收款项、出资人权益调整方案以及股票公开竞价处置等多种渠道的资金筹集方案。实践证明，上述资金筹集方案具有可行性。通过资产公开处置、出资人权益调整以及股票公开竞价处置，某股份公司不但清偿了重整中的全部债务，同时，由于股票公开竞价处置产生溢价，公司在重整程序中依法获得了约7000万元的资金用于补充公司现金流。

2014年3月18日，中院裁定批准了重整计划并终止重整程序。通过成功实施重整计划，在无国有资产注入及外部重组方资金支持的情况下，某股份公司2014年底实现净资产约1.2亿元、营业利润约2.24亿元，成功实现扭亏，股票于2015年12月18日恢复上市。

【典型意义】：

某股份公司重整案是以市场化方式化解债务危机的典型案例。借助于破产重整程序，某股份公司摆脱了以往依赖国有股东财务资助、以"堵窟窿"的方式挽救困境企业的传统做法，以市场化方式成功剥离亏损资产、调整了自身资产和业务结构、优化了商业模式，全面实施了以去杠杆为目标的债务重组，最终从根本上改善了公司的资产及负债结构，增强了持续经营及盈利能力，彻底摆脱了经营及债务困境。

三、企业破产和解实务

破产和解是指在人民法院受理破产案件后，在破产程序终结前，债务人与债权人之间就延期偿还和减免债务问题达成的协议。破产和解是中止破产程序的一种方法，该程序旨在使债务人避免破产的厄运，并且如果破产和解符合法定的条件，债务人可申请人民法院裁定终结破产程序。在破产和解协议达成后，法院裁定终结破产程序。

（一）破产和解程序终结的相关法律依据

根据《企业破产法》第一百条、第一百零二条、第一百零五条、第一百零六条及第一百零八条之规定，破产宣告前，有下列情形之一的，人民法院应当裁定终结破产程序，并予以公告：（一）第三人为债务人提供足额担保或者为债务人清偿全部到期债务的；（二）债务人已清偿全部到期债务的。人民法院受理破产申请后，债务人与全体债权人就债权债务的处理自行达成协议的，可以请求人民法院裁定认可，并终结破产程序。经人民法院裁定认可的和解协议，对债务人和全体和解债权人均有约束力。和解债权人是指人民法院受理破产申请时对债务人享有无财产担保债权的人。和解债权人未依照本法规定申报债权的，在和解协议执行期间不得行使权利；在和解协议执行完毕后，可以按照和解协议规定的清偿条件行使权利。债务人应当按照和解协议规定的条件清偿债务。按照和解协议减免的债务，自和解协议执行完毕时起，债务人不再承担清偿责任。

（二）相关案例

（1）债务人已依照和解协议清偿全部债务的，人民法院应当依法终结破产程序。例如：某工业（集团）有限责任公司、某变压器公司等国有企业破产案。本案要旨：债务人依据人民法院裁定认可的破产和解协议内容向债权人履行了全部付款义务，债务已经全部清偿完毕。此时，由于债务人破产的原因已消失，破产程序没有再进行下去的理由，债务人请求人民法院终结破产程序的，人民法院应当依法终结破产程序。

（2）债务人已按照和解方案确定的内容执行完毕后，法院可依债务人申请裁定终结破产程序。例如，郑州中储起重运输机械厂破产案，在本案中，债务人提出希望通过和解的方式对债权进行清偿，债权人会议通过了债务人可以通过和解程序进行债权清偿的决议和和解方案，人民法院发布了中止案件审理的公告。人民法院可根据债务人的申请，在其已经按照和解方案确定的内容执行完毕后，裁定终结破产程序。

（三）实务经验

（1）债务人与债权人自行达成和解协议的，可以请求人民法院裁定认可并终结破产程序。

和解协议草案经债权人会议多数决通过并由法院裁定认可，主要是考虑到各债权人在债权人会议上不太可能就和解协议草案完全达成一致意见。为了避免少数不同意的债权人与多数同意的债权人发生争执而影响到和解协议的顺利执行，必须由法院代表国家司法机关来对和解协议作出裁定认可，同时针对和解的具体进展继续全面控制破产程序的进行。

（2）债务人与全体债权人一致同意就债权债务的处理自行达成协议的，可以请求人民法院裁定认可，终结破产程序。

破产发生的条件是债务人不能清偿到期债务或资产不足以清偿全部债务。当事人申请破产是为了保证破产财产清偿所有破产债权的公平性。和解的目的在于克服破产程序的弊端，避免破产宣告或破产分配，减少债权人的损失。但在破产或者和解程序的受理和执行过程中，被申请破产的债务人的财产首先会用来支付破产费用和共益债务，最后用以清偿债务的财产便所剩无几，对债权人来说犹如雪上加霜。如果能在人民法院受理破产案件后，债务人与全体债权人一致同意就债权债务的处理自行达成协议，减少破产程序进行过程中费用的支出，无疑对债权人是非常有利的。

债务人与全体债权人自行达成的协议有民事合同的类似之处，又有法院裁判的因素，还具有终止破产的功能，而且在破产程序恢复之后，它又无溯及力。因此应将其视为一种契约关系，也就是合同关系，其具有债权合同的特征，表现如下：

①债务人与全体债权人就债权债务的处理自行达成协议是双方的法律行为,即有两个或两个以上的当事人互为意思表示。

②双方当事人意思表示一致,如只有单方意思表示或意思表示不一致,则不能成立。

债务人与全体债权人一致同意就债权债务的处理自行达成的协议,必须是全体债权人一致同意,不同于和解程序中债权人会议通过和解协议的决议,只需出席会议的有表决权的债权人过半数同意,在此不适用少数服从多数的原则。

参考文献

[1] 李连宇.公司法新解读.4版.北京：中国法制出版社，2016.

[2] 罗伯特·W.汉密顿.公司法概要.李存棒，译.北京：中国社会科学出版社，1998.

[3] 林立华.公司章程性质辨析.广东行政学院学报，2003（4）.

[4] 卞耀武.当代外国公司法.北京：法律出版社，1995.

[5] 张国键.商事法论.台北：台湾三民书局，1980.

[6] 日本商法.王书江，殷建平，译.北京：煤炭工业出版社，1994.

[7] 郭哲，符勇.论股东资格确认的法律规则.财经理论与实践，2018（4）.

[8] 刘俊海.公司法学.北京：北京大学出版社，2008.

[9] 郑瑞平.论隐名股东利益之法律保护.中国政法大学学报，2010（5）.

[10] 施天涛.公司法论.北京：法律出版社，2006.

[11] 施天涛.公司法论.4版.北京：法律出版社，2018.

[12] 沈贵明.股东资格研究.北京：北京大学出版社，2011.

[13] 谢秋荣.公司法实务全书.北京：中国法制出版社，2018.

[14] 钱玉林.民法总则与公司法的适用关系论.法学研究，2018（3）.

[15] 朱慈蕴.公司法人格否认.北京：法律出版社，1998.

[16] 柯菊.一人公司.台大法学论丛，2018（2）.

[17] 李文祥，付国华.论我国的法人人格否认制度.行政与法，2004（5）.

[18] 刘俊海.现代公司法.3版.北京：法律出版社，2008.

[19] 蔡立东.公司人格否认论.民商法论丛，1994（2）.

[20] 朱慈蕴.公司法原论.北京：清华大学出版社，2011.

[21] 彭真明，江华.美国独立董事制度与德国监事会制度之比较：也论中国公司治理结构模式的选择.法学评论，2003（1）.

[22] 李占猛，杨宏伟.美国公司独立董事制度研究.国外财经，2000（4）.

[23] 汤欣.公司治理与上市公司收购.北京：中国人民大学出版社，2001.

[24] 徐洁.健全和完善股份公司机关的策略.现代法学，2000（1）.

[25] 叶敏，周俊鹏.从股东会中心主义：现代公司法人治理结构的发展与变化.商业经济与管理，2008（1）.

[26] 伍坚.股东提案权制度：美国的立法与启示.证券市场导报，2012.

[27] 裴久徽. 董事长制度及其法律完善. 重庆：西南政法大学，2014.

[28] 吴伟央. 公司经理法律制度研究. 北京：中国政法大学，2009.

[29] 何美欢. 公众公司及其股权债券（上册）. 北京：北京大学出版社，1999.

[30] 刘凯湘. 股东代表诉讼的司法适用与立法完善：以《公司法》第152条的解释为中心. 中国法学，2008（4）.

[31] 李哲松. 韩国公司法. 北京：中国政法大学出版社，2000.

[32] 施天涛. 公司法论. 北京：法律出版社，2018.

[33] 刘敏. 公司解散清算制度. 北京：北京大学出版社，2012.

[34] 范健. 公司法. 5版. 北京：法律出版社，2018.

[35] 王欣新. 破产法. 北京：中国人民大学出版社，2007.

[36] 王欣新. 破产法专题研究. 北京：法律出版社，2002.

[37] 许德风. 破产法论：解释与功能比较的视角. 北京：北京大学出版社，2015.